# 公司战略与风险管理实务

（第2版）

主编 施永霞 黄 磊

东南大学出版社
·南京·

图书在版编目(CIP)数据

公司战略与风险管理实务/施永霞,黄磊主编.—2版.—南京:东南大学出版社,2023.1(2025.1重印)
ISBN 978-7-5766-0274-6

Ⅰ.①公… Ⅱ.①施… ②黄… Ⅲ.①公司-企业管理-教材 ②公司-风险管理-教材 Ⅳ.①F276.6

中国版本图书馆CIP数据核字(2022)第190127号

责任编辑:胡中正　责任校对:李成思　封面设计:毕　真　责任印制:周荣虎

## 公司战略与风险管理实务（第2版）

| 主　　编 | 施永霞　黄　磊 |
| --- | --- |
| 出版发行 | 东南大学出版社 |
| 社　　址 | 南京四牌楼2号　邮编：210096　电话：025-83793330 |
| 网　　址 | http://www.seupress.com |
| 电子邮件 | press@seupress.com |
| 经　　销 | 全国各地新华书店 |
| 印　　刷 | 兴化印刷有限责任公司 |
| 开　　本 | 787 mm×1092 mm　1/16 |
| 印　　张 | 15.75 |
| 字　　数 | 360千字 |
| 版　　次 | 2023年1月第2版 |
| 印　　次 | 2025年1月第2次印刷 |
| 书　　号 | ISBN 978-7-5766-0274-6 |
| 定　　价 | 45.00元 |

＊ 本社图书若有印装质量问题,请直接与营销部联系,电话(传真):025-83791830。

# 第 2 版前言

为贯彻落实党中央、国务院关于加强和改进新形势下《职业院校教材管理办法》的意见，适应新时代高等职业院校技术技能人才培养的新要求，适应人才培养模式创新、行业发展、职业岗位以及优化课程体系需要，增强教材育人功能，本着"实用""够用""能用"原则，通过专家访谈、企业调研、毕业生反馈、校企合作专业建设委员会等多种方式，采取问卷调查、实地调研、文献综述等具体方法，在原教材基础上重点对教学目标、教学案例、人物介绍、推荐阅读材料、项目总结、闯关考验等内容进行了补充和完善。

第 2 版教材相比第 1 版教材，内容上有三方面特点：

一、教学体系完整清晰，更加注重学习者的感受。

本次修订教材内容对应财经商贸大类大数据与财务管理等专业人才培养方案，对标注册会计师、高级会计师等职业标准，共分二大模块五个项目。项目之间相互衔接，主题丰富，涵盖了"三位一体"教学目标、知识结构图、情境写实、人物介绍、推荐阅读材料、项目总结、闯关考验等，体系完整清晰，更加注重学习者的感受。

二、教学案例丰富实用，更加注重学习者技能的培养。

本教材修订的案例丰富实用，以"学训结合"为原则，以强化技能为目标，融理论、案例和实训于一体，使学生更好地将理论学习与实践经验相结合，加深对课程知识的理解，掌握理论与实践之间的联系，提高学生理论学习的主动性和积极性。

三、紧扣学科核心素养，落实立德树人根本任务。

本教材以人物介绍、教学案例等为载体，以毛泽东思想、习近平新时代中国特色社会主义思想等为指导，培养战略思维，弘扬精益求精的专业精神、职业精神、工匠精神，引导学生树立正确的战略观和风险观，努力培养适应企业岗位需要的具有良好职业素养、战略管理知识、分析并解决基本战略和风险管理问题能力的高素质复合型、创新型技术技能人才。

另外，本次再版教材是"江苏经贸职业技术学院'领军人才'资助"成果。由于时间仓促，编者水平有限，书中不足之处在所难免，恳请广大读者批评指正。

施永霞

2022 年 8 月

教学资源

# 第1版前言

中国注册会计师协会 2009 年对注册会计师考试制度进行了改革，增加一门"公司战略与风险管理"考试科目。通过调研发现，每年都有一部分刚刚走出校门的高职院校学生参加注册会计师考试，他们在校学习的课程体系与本科院校学生有一定的差异性，因此，就应用注册会计师《公司战略与风险管理》考试教材来说有相当的难度。而随着"大数据"时代的到来，人们在采集、处理和使用数据时思维的转变将改变我们理解和研究社会经济现象的技术和方法。在"互联网+"时代下，与战略相关的客观全面的信息渠道和科学严谨的研究方法较为缺乏，这也意味着"战略研究的内容"和"互联网、大数据的方法"需要进行资源整合。在上述背景下，萌生了与江苏省昆山第一中等专业学校共同进行相关教材的开发的想法。

本教材主要包括四大部分内容：第一部分是公司战略部分。具体包括四个项目，战略与战略管理的基础认知（项目一）、战略分析（项目二）、战略选择（项目三）、战略实施（项目四）；第二部分是风险管理部分（项目五）；第三部分是案例分析及模拟试题；第四部分为参考答案。

本书呈现如下特点：

一、突出项目化教学。采用项目化课程开发模式，本着"够用"原则，遵循教育部提出的"注重基础、突出适用、增加弹性、精选内容"，着重战略基本理论的传播、职业能力实训和职业素养的提高，确定本课程学习目标和学习内容。

二、突出实用性。每一项目都设有典型任务和案例教学，目的是让学生通过任务和案例的模拟仿真训练，实现课程教材内容与职业标准对接，充分体现了"做中学，做中教""理论实践一体化"的要求，科学地将专业知识和专业技能的培养结合起来。

三、体现课证融通。本教材吸收了注册会计师考试科目"公司战略与风险管理"的最新理论成果，融合一定的应试内容和专业技能，教材内容在确保学生具备一定职业资格要求的同时，还能促进学生综合职业素养的发展。

四、通俗易懂、脉络清晰。每个项目内容设计上尽量贴近学生的认知水平、学习能力和对生活常识的判别，尽量做到取材广泛、通俗易懂；在每个项目的设计上，首先设定学习目标，包括知识目标和技能目标，进而给出本项目的知识结构图，用情境写实的方式导出案例，选取的案例尽量体现趣味化、生活化、国际化等方面特点，也有些直接来源于CPA 考试真题的改编，目的是方便学生明确本项目相关知识点需要达到什么样的目标和大概学习的内容；必备知识部分，通过小故事大道理、典型任务举例、推荐阅读材料、相关知识链接、止步思考等形式呈现教材重难点的学习，巩固所学的知识，以求达到系统化、整合化;在闯关考验部分,以单选题、多选题、简答题、任务训练等多种形式加强对本项目所学重要知识点的深入学习。

  本书由江苏经贸职业技术学院副院长王志凤博士担任主审,由江苏经贸职业技术学院会计学院施永霞副教授负责总体组织策划、总纂、修改和定稿。具体分工如下:项目一、项目二、项目三、项目四,模拟题(一)、(二)由施永霞编写;项目五、案例分析部分由黄磊编写。同时也对江苏经贸职业技术学院会计学院许佳老师前期收集的资料、付出的时间和精力一并表示感谢!

  由于时间仓促,编者水平有限,书中不足之处在所难免,恳请广大读者批评指正。

编者<br>2015 年 5 月

# 目 录

## 第一部分　公司战略部分

**项目一　战略与战略管理的基础认知** ·················································· 03
　【学习目标】 ························································································ 03
　【知识结构图】 ···················································································· 03
　【情境写实】 ························································································ 04
　【必备知识】 ························································································ 04
　　任务一　企业的基础认知 ································································· 04
　　任务二　管理的基础认知 ································································· 08
　　任务三　战略管理的基础认知 ························································· 11
　【项目总结】 ························································································ 21
　【闯关考验】 ························································································ 21

**项目二　战略分析** ·················································································· 25
　【学习目标】 ························································································ 25
　【知识结构图】 ···················································································· 26
　【情境写实】 ························································································ 26
　【必备知识】 ························································································ 27
　　任务一　企业外部环境分析 ····························································· 27
　　任务二　企业内部环境分析 ····························································· 36
　　任务三　SWOT 分析 ········································································ 43
　【项目总结】 ························································································ 49
　【闯关考验】 ························································································ 49

## 项目三　战略选择　54

- 【学习目标】　54
- 【知识结构图】　55
- 【情境写实】　55
- 【必备知识】　56
  - 任务一　总体战略　56
  - 任务二　业务单位战略　65
  - 任务三　职能战略　74
  - 任务四　国际化经营战略　87
- 【项目总结】　90
- 【闯关考验】　90

## 项目四　战略实施　97

- 【学习目标】　97
- 【知识结构图】　98
- 【情境写实】　98
- 【必备知识】　99
  - 任务一　企业八种横向组织结构　99
  - 任务二　公司战略与企业文化　105
  - 任务三　战略控制的方法　109
  - 任务四　战略变革管理　113
  - 任务五　战略管理中的利益相关者及利益矛盾和冲突　114
- 【项目总结】　115
- 【闯关考验】　115

# 第二部分　风险管理部分

## 项目五　风险管理　123

- 【学习目标】　123
- 【知识结构图】　124
- 【情境写实】　124

【必备知识】·············································································· 125
    任务一　风险管理的基础认知················································ 125
    任务二　公司治理·································································· 145
    任务三　风险管理框架下的内部控制基础认知························ 150
【项目总结】·············································································· 154
【闯关考验】·············································································· 155

## 第三部分　案例分析及模拟试题

## 第四部分　参考答案

【参考文献】·············································································· 239

>>>>>> 第一部分

公司战略部分

# 项目一　战略与战略管理的基础认知

 **学习目标**

※ **知识目标**
1. 了解企业、企业组织形式和组织架构。
2. 了解管理的基本理论,体会管理与战略的关系。
3. 理解并掌握战略的概念。
4. 了解并掌握战略层次内容。
5. 了解公司战略管理过程以及各环节之间的关系。

※ **技能目标**
1. 能描述战略在企业中的重要意义。
2. 能识别战略在企业组织形式中的层次地位。
3. 能描述公司战略的传统概念与现代概念的性质和区别。
4. 能识别公司战略管理流程。
5. 能为当地一家公司和自己的大学撰写使命和目标。
6. 能为当地一家公司和自己的大学制定战略规划。

※ **素质目标**
1. 培养战略素养意识。
2. 具有管理思维。
3. 具有初步分析和解决问题的能力。

 **知识结构图**

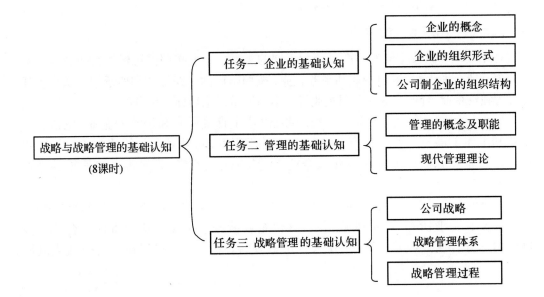

**情境写实**

在全球的Costco里,都藏着一个14的神秘数字,意思是一般商品定价后的毛利润率最高不得超过14%。Costco接近个位数的毛利润率,除去费用,交完税款等之后,纯利润就几乎为0了。可见,Costco"完全不靠卖东西赚钱"。而且,关键的是,这不是被动行为。不是因为竞争激烈导致毛利润率下降。而是主动行为,主动把毛利润率降到根本不赚钱的水平。也就是说,Costco"完全不打算靠卖东西赚钱"!

本案例中该公司战略管理中的战略定位是什么?产品与市场领域、成长方向、竞争优势和协同效应是什么?这些均涉及战略管理中的相关理论。在本项目中我们将讨论企业、管理、战略管理等基础内容。

 **必备知识**

## 任务一 企业的基础认知

### 一、企业的概念

企业是指从事生产、流通、服务等经济活动,以生产或服务满足社会需要,实行自主经营、独立核算、承担风险、依法设立的一种营利性的经济组织,是社会的基本经济细胞,也是现代社会中普遍存在的最具活力、最为复杂的组织。

这类组织一般具备如下5个特征:

(1)依法设立,即企业要按照国家法律规定的条件和程序设立;
(2)具有开展经营活动的相应场所;
(3)从事的是商品经营或者营利性服务的经济活动;
(4)进行自主经营、独立核算,并具有法人地位;
(5)生产经营活动的目的是获取利润。

### 二、企业组织形式的类型

企业组织形式按不同的标准可分为不同的类型。企业按照国民经济行业分类标准可分为制造企业、商品流通企业和服务企业;按照财产的组织形式和所承担的法律责任可分为独资企业、合伙企业和公司企业等。本书着重讨论后面一种分类。

1. **独资企业** 是指业主个人出资兴办,由业主直接所有和经营的企业,包括私营企业和个体工商户。业主享有企业的全部经营所得,同时对企业的债务负有无限责任。这种企业在法律上称为自然人企业,不具有法人资格,是最古老和简单的企业形式。

2. **合伙企业** 是指由两个或两个以上的个人或法人共同出资、合伙经营的企业。合伙人分享企业所得,共担风险,并对合伙企业债务承担无限连带责任。合伙企业可以由部分合伙人经营,其他合伙人仅出资并共负盈亏;也可以由所有合伙人共同经营。

3. 公司 是指以资本联合为基础设立的一种企业组织形式,是所有权与经营权分离的企业形式。公司的股东以其出资额或股份享受权利,承担义务。股东享有参与管理的权利和享受股利的权利,同时以其出资额或股份向公司债务承担有限责任。通常分为有限责任公司和股份有限公司两种。

(1)有限责任公司。是指由两个以上股东共同出资,每个股东以其认缴的出资额对公司行为承担有限责任,公司以其全部资产对其债务承担责任的企业法人。这种公司不对外公开发行股票,股东的出资额由股东协商确定。股东之间并不要求等额,可以有多有少。股东交付股本金后,公司出具股权证书,作为股东在公司中所拥有的权益凭证。这种凭证不同于股票,不能自由流通,必须在其他股东同意的条件下才能转让,并要优先转让给公司原有的股东。

(2)股份有限公司。是指注册资本由等额股份构成,并通过发行股票(或股权证)筹集资本,公司以其全部资产对公司债务承担有限责任的企业法人。在交易所上市的股份有限公司,其股票可在社会上公开发行,并可以自由转让,但不能退股。股东不论大小,只以其认购的股份对公司承担责任。一旦公司破产或解散进行清盘,公司债权人只能对公司的资产提出还债要求,而无权直接向股东讨债。

推荐阅读材料1.1

### 《中小企业划型标准规定(修订征求意见稿)》

一、根据《中华人民共和国中小企业促进法》和国民经济社会发展需要,制定本规定。

二、中小企业划分为中型、小型、微型三种类型,具体标准根据企业从业人员、营业收入、资产总额等指标以及企业控股等情况,结合行业特点制定。

三、本规定适用于《国民经济行业分类》中的以下行业:农、林、牧、渔业,采矿业,制造业,电力、热力、燃气及水生产和供应业,建筑业,批发和零售业,交通运输、仓储和邮政业,住宿和餐饮业,信息传输、软件和信息技术服务业,房地产业,租赁和商务服务业,科学研究和技术服务业,水利、环境和公共设施管理业,居民服务、修理和其他服务业,教育,卫生和社会工作,文化、体育和娱乐业。

四、各行业中小企业划型定量标准为:

(一)农、林、牧、渔业。营业收入2亿元以下的为中小微型企业。其中:营业收入300万元以下的为微型企业;营业收入3 000万元以下的为小型企业;营业收入2亿元以下的为中型企业。

(二)工业(采矿业,制造业,电力、热力、燃气及水生产和供应业),交通运输、仓储和邮政业。从业人员1 000人以下且营业收入20亿元以下的为中小微型企业。其中:从业人员20人以下且营业收入2 000万元以下的为微型企业;从业人员300人以下且营业收入2亿元以下的为小型企业;从业人员1 000人以下且营业收入20亿元以下的为中型企业。

（三）建筑业，组织管理服务。营业收入8亿元以下且资产总额10亿元以下的为中小微型企业。其中：营业收入800万元以下且资产总额1 000万元以下的为微型企业；营业收入8 000万元以下且资产总额1亿元以下的为小型企业；营业收入8亿元以下且资产总额10亿元以下的为中型企业。

（四）批发业。从业人员200人以下且营业收入20亿元以下的为中小微型企业。其中：从业人员5人以下且营业收入2 000万元以下的为微型企业；从业人员20人以下且营业收入2亿元以下的为小型企业；从业人员200人以下且营业收入20亿元以下的为中型企业。

（五）零售业。从业人员300人以下且营业收入5亿元以下的为中小微型企业。其中：从业人员10人以下且营业收入500万元以下的为微型企业；从业人员50人以下且营业收入5 000万元以下的为小型企业；从业人员300人以下且营业收入5亿元以下的为中型企业。

（六）住宿和餐饮业。从业人员300人以下且营业收入4亿元以下的为中小微型企业。其中：从业人员10人以下且营业收入200万元以下的为微型企业；从业人员100人以下且营业收入4 000万元以下的为小型企业；从业人员300人以下且营业收入4亿元以下的为中型企业。

（七）信息传输、软件和信息技术服务业。从业人员500人以下且营业收入10亿元以下的为中小微型企业。其中：从业人员10人以下且营业收入1 000万元以下的为微型企业；从业人员100人以下且营业收入1亿元以下的为小型企业；从业人员500人以下且营业收入10亿元以下的为中型企业。

（八）房地产开发经营。营业收入10亿元以下且资产总额50亿元以下的为中小微型企业。其中：营业收入1 000万元以下且资产总额5 000万元以下的为微型企业；营业收入1亿元以下且资产总额5亿元以下的为小型企业；营业收入10亿元以下且资产总额50亿元以下的为中型企业。

（九）房地产业（不含房地产开发经营），租赁和商务服务业（不含组织管理服务），科学研究和技术服务业，水利、环境和公共设施管理业，居民服务、修理和其他服务业，教育，卫生和社会工作，文化、体育和娱乐业。从业人员300人以下且营业收入5亿元以下的为中小微型企业。其中：从业人员10人以下且营业收入500万元以下的为微型企业；从业人员100人以下且营业收入5 000万元以下的为小型企业；从业人员300人以下且营业收入5亿元以下的为中型企业。

五、企业规模类型划分以企业有关指标上年度数据为定量依据。

没有上年度完整数据的企业规模类型划分，从业人员、资产总额以划型时的数据为定量依据，营业收入按照以下公式计算：

营业收入（年）= 企业实际存续期间营业收入 / 企业实际存续月数 ×12。

六、不符合中小企业划型定量标准的企业即为大型企业。国家统计部门据此制定大中小微型企业的统计分类。

七、本规定适用于在中华人民共和国境内依法设立的企业,企业的分支机构除外。

符合中小企业划型定量标准,但有下列情形之一的,视同大型企业:

(一)单个大型企业或大型企业全资子公司直接控股超过50%的企业;

(二)两个以上大型企业或大型企业全资子公司直接控股超过50%的企业;

(三)与大型企业或大型企业全资子公司的法定代表人为同一人的企业。

八、企业规模类型采用自我声明的方式,企业对自我声明内容的真实性负责。

在监督检查、投诉处理中对中小企业规模类型有争议的,有关部门可以向有争议的企业登记所在地同级负责中小企业促进工作综合管理部门书面提请认定。

九、本规定由国务院负责中小企业促进工作综合管理部门、国家统计部门会同有关部门根据经济社会发展情况,每5年定期评估,根据评估情况适时修订。

十、本规定由国务院负责中小企业促进工作综合管理部门、国家统计部门会同有关部门负责解释。各部门各地区不得制定与本规定不一致的中小企业划型标准。

十一、个体工商户参照本规定进行划型。

十二、本规定自发布之日起执行,工业和信息化部、国家统计局、国家发展和改革委员会、财政部2011年颁布的《中小企业划型标准规定》同时废止。

(资料来源:工业和信息化部、国家统计局等研究制定《中小企业划型标准规定(修订征求意见稿)》,二〇二一年四月二十三日)

### 三、公司制企业的组织结构

组织结构是组织为实现共同目标而进行的各种分工和协调的系统。它可以平衡企业组织内专业化与整合两个方面的要求,运用集权和分权的手段对企业生产经营活动进行组织和控制。不同产业、不同生产规模的企业的组织结构是不同的。因此,它的基本构成要素是分工与整合。

分工是指企业为创造价值而对其人员和资源的分配方式。一般来讲,企业组织结构内部不同职能或事业部的数目很多,而且越专业化,企业的分工程度就越高。而整合是指企业为实现预期的目标而用来协调人员与职能的手段。为此,企业必须建立组织结构,协调不同职能与事业部的生产经营活动,以便有效地执行企业的战略。例如,为了开发新产品,企业可以建立跨职能的团队,使不同职能的员工一起工作。这就是一般意义上的整合。总之,分工是将企业转化成不同职能及事业部的手段,而整合是要将不同的部门结合起来。

为更好地创造效益,企业在组织分工上有纵向和横向两个方面。而组织结构也有纵向分工结构和横向分工结构两方面。表1-1是纵向分工结构的相关内容。横向分工结构在本书项目四战略实施中作详细介绍。

表 1-1 高长型和扁平型组织结构

| 类型 | 说明 | 图示 |
|---|---|---|
| 高长型组织结构 | 指具有一定规模的企业的内部有很多管理层次。在每个层次上，管理人员的控制幅度较窄。这种结构有利于企业内部的控制，但对市场变化的反应较慢。举例：从实际管理来看，拥有3 000名员工的企业平均的管理层次一般为7个层次。如果某公司有8个管理层次，则为高长型结构 | 1<br>2<br>3<br>4<br>5<br>6<br>7<br>8<br>高长型结构（8个层级） |
| 扁平型组织结构 | 指具有一定规模的企业的内部管理层次较少。在每个层次上，管理人员的控制幅度较宽。这种结构可以及时地反映市场的变化，并做出相应的反应，但容易造成管理的失控。举例：从实际管理来看，拥有3 000名员工的企业平均的管理层次一般为7个层次，但如果某公司有3个管理层次，则为扁平型结构 | 1<br>2<br>3<br>扁平型结构（3个层级） |

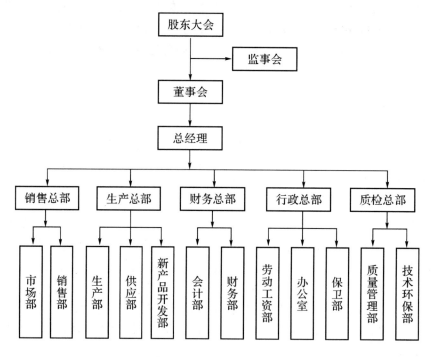

图 1-1 公司制企业的组织结构

## 任务二 管理的基础认知

【小故事 大道理】

田忌赛马的故事可谓家喻户晓。齐国的大将田忌很喜欢赛马。有一回，他和齐威王约定,要进行一场比赛。他们商量好,把各自的马分成上、中、下三等。比赛的时候规定:上马对上马,中马对中马,下马对下马。由于齐威王每个等级的马都比田忌的马强得多,所以每次比赛,田忌的三匹马都略逊一筹,因而输金无数。异日又赛,田忌听从孙膑建议,以自己的下等马对对方的上等马,以自己的上等马、中等马分别对对方的中等马、下等马,终以一负两胜赢得千金,留下一段脍炙人口的智慧典故。看似简单的故事中,蕴涵着丰富的哲理。从管理学的角度来看,田忌赛马功不在马,而在人的组织统筹。同样,团队的整体绩效并非个人能力简单叠加,而取决于管理者的排兵布阵。结合实际情况,对工作进行组织设计,发挥个人特长,互相弥补短处,从而创造出强大的集体效应,这正是管理者的责任和价值所在。

## 一、管理的概念及职能

### (一)管理的概念

因考察角度的不同,学者们对管理的定义也各不相同。综合前人的研究,本书对管理的定义是依据周三多(2012)的提法,"管理是指组织为了达到个人无法实现的目标,通过各项职能活动,合理分配、协调相关资源的过程。"管理的目的是为了实现预期的目标,管理的本质就是合理分配和协调各种资源的过程。

### (二)管理的职能

所谓管理的职能是管理过程中各项行为的内容的概括,是人们对管理工作应有的一般过程和基本内容所作的理论概括。20世纪早期,法国工业家亨利·法约尔(Henri Fayol)首次提出,所有的管理者都从事五种职能活动:计划、组织、指挥、协调和控制。美国管理大师斯蒂芬·P.罗宾斯(Stephen P. Robbins)则将其简化为四种职能:计划、组织、领导和控制。众多学者对管理职能的理解各不相同,但是管理学实践已证明:计划、组织、领导、控制、创新这五种管理职能是一切管理活动最基本的职能。

1. **计划**　是指制定目标并确实为达成这些目标所必需的行动。组织中所有的管理者都必须制定符合并支持组织总体战略的计划。

2. **组织**　是指根据工作的要求与人员的特点,设计岗位,并将适当的人员安排在适当的岗位上,用制度规定各个岗位的职责和上下左右的相互关系,形成一个有机的组织结构,使整个组织协调运转。

3. **领导**　是指导和影响群体或组织成员的思想和行动,激励每个成员自觉地为实现组织目标而共同努力的过程。

4. **控制**　实质就是使实践活动与计划相一致的管理职能。控制活动的主要内容包括:确立标准、衡量绩效和纠正偏差。

5. **创新**　创新职能与上述各种管理职能不同,它本身并没有某种特有的表现形式,它总是在与其他管理职能的结合中表现自身的存在与价值。

### (三)管理职能之间的关系

各种管理职能之间不是相互独立的,它们是相辅相成、相互补充的。计划是其他管理职能的基础和依据;组织、领导和控制是有效管理的重要环节和必要手段,是决策和计划的顺利完成的保障;创新则贯穿于整个管理的过程之中。只有协调以上五个方面,才能保证管理工作的顺利进行。五种职能及相互关系参见下表1-2。

表 1-2　管理的职能及关系

| 计划 | 组织 | 领导 | 控制 | |
|---|---|---|---|---|
| 定义目标,确定战略,制订计划以协调活动 | 决定需要做什么,怎么做以及由谁去做 | 指导和激励所有的群体和个人,解决冲突 | 监控活动以确保它们按计划完成 | 实现组织目标 |
| 创新:结合实际情况,高效高质完成上述职能 | | | | |

## 二、现代管理理论的发展

管理理论的发展经历了三个各具特色的发展阶段,分别是古典管理、行为管理和现代管理。互联网的迅猛发展以及全球数字通信基础设施的建立,促进了经济的全球化,进而改变了企业的组织架构和生产方式。随着企业组织形式的变革,现代的管理理论也进入了一个崭新的发展时期。

面对当前激烈竞争的经济格局,企业进行战略管理势在必行。战略管理被认为是一种特殊的计划。西方管理学对战略管理的研究始于 20 世纪 60 年代。1962 年,美国管理学家钱德勒的著作《战略与结构》是企业战略管理理论较为权威的著作之一。在 20 世纪 90 年代初,战略管理理论再一次得到广泛的重视。一方面 90 年代以后,全球在经济领域的竞争愈发激烈,企业发展的影响因素从单因素扩展为多因素,从国内扩展到国外,提高企业核心竞争力变得愈发困难;另一方面,随着企业规模的扩大,企业管理的层次变多,幅度变大,使得企业管理的效率问题变得愈发重要。企业能否通过利用各种资源来适应外部环境的变化成为企业成败的关键因素。为了最大限度地减少企业风险,获得规模效应和收益,企业在寻找最佳的发展机遇。基于以上的环境变化,战略管理的重要性已得到空前提升。

战略管理是指对一个企业或组织在一定时期的全局的、长远的发展方向、目标、任务和政策,以及资源调配做出的决策和管理艺术。包括公司在完成具体目标时对不确定因素做出的一系列判断。战略管理体系涉及的三个核心问题指企业本身所处的位置和优劣势、企业未来的发展方向、企业如何去战胜竞争对手。战略管理大师迈克尔·波特认为,一项有效的战略管理必须具备五项关键点:独特的价值取向、为客户精心设计的价值链、清晰的取舍、互动性、持久性。迈克尔·波特的具体观点我们将会在本书的项目二、三中详细阐述。

风险控制属于管理职能的控制,组织的控制是调节组织的行为,使其与计划、目标和绩效中的预期相吻合的系统过程。实施组织控制需要掌握大量的信息,如绩效标准、实际绩效以及纠正偏差的能力。管理者必须对信息进行筛选和评判,从而根据正确的信息做出决策。在当今的很多组织,管理者常常鼓励员工参与企业的决策和实施员工的授权,实现从分级控制到分权控制。企业在经营过程中会遇到各种风险,包括系统风险和非系统风险,如何利用有限的资源进行投资,同时将风险降到最低,这是企业管理者们共同关心的话题。本书的项目五将对企业的风险控制理论和实践进行详细的描述。

综上所述,我们认为管理是指组织为了达到个人无法实现的目标,通过各项职能活动,合理分配、协调相关资源的过程。管理的主要职能包括计划、组织、领导、控制、创新这五种管理职能。管理理论的发展经历古典管理、行为管理和现代管理三个发展阶段。随着经济的全球化,企业之间的竞争愈发激烈,对战略管理的要求也越来越高,构建企业的战略管理体系势在必行。

>>> **典型任务举例1.1** 认知企业

1. 资料

根据安排,老师组织学生到某科技实业有限公司进行实地参观,开展认知企业实习。

2. 要求

根据企业基本情况,了解该科技实业有限公司在管理过程中体现了哪些管理职能。

3. 工作过程

步骤①:将全班同学分成5个小组,每组推选1名同学担任组长,在老师指导下制定认知企业方案。

步骤②:了解企业组织。

某科技实业有限公司创立于1996年,是一家集软件、硬件开发研制、生产、销售为一体的高新技术企业。公司以××大学为依托,聚集了一批热爱科学、敢于创新、乐于奉献的优秀技术人才。长期以来,他们发扬"团结、奉献、求是、创新"的光荣传统,秉持"追根究底,持续改善"的科学态度,先后推出了一代又一代"值得用户信赖"的软硬件产品,使得公司在短短的几年内得到了较大的发展,在激烈的市场竞争中赢得了良好的声誉,用户遍及全国近20个大中城市。2001年公司被认定为"××省软件企业"。

自1997年起,该公司就把"智能卡技术及相关应用软件的开发、各种机具研制以及系统方案的设计"作为工作重点,先后成功地开发了具有完全自主知识产权的"理达银校一卡通系统""理达高校财务收费管理系统""理达智能卡上机收费管理系统""理达校园消费一卡通系统""理达智能卡自动计量管理系统""太平洋安全一卡通系统""理达智能卡乘梯管理系统""理达考勤门禁管理系统"等,从而确立了公司在智能卡领域的重要位置,并为下一步的快速发展,奠定了厚实的基础。在过去的几年里,公司曾多次被评为"××大学先进企业",公司的主要产品也曾被××省质量技术监督局评为"××市场用户满意产品"。

该公司的主营业务是理达银校一卡通系统、理达IC卡乘梯收费控制系统、理达高校财务收费管理系统、理达IC卡智能计量、收费管理系统、理达×××医院管理系统(HIS),销售各类条码、磁卡、IC卡读写机具及相关设备,还有卡片制作,包括条码卡、磁卡、IC卡及人像卡,承接软件开发项目。

质量方针是顾客导向、全员参与、追根究底、持续改善、秉持诚信、追求卓越、永续经营、共享成果。质量目标是:合同履行率100%、一次交付合格率98%、顾客满意率>90%。

企业用人观:不以资格论贡献、不以阅历论现在、不以学历论能力、不以职称论称职、不以文凭论水平、不以过去论未来。

步骤③:该企业在管理过程中体现了计划、组织、领导、控制、创新五种管理职能。

## 任务三 战略管理的基础认知

【小故事 大道理】

从前,有两位在同一产业相互竞争的公司经理,他们正在进行一次野营以商讨可能的两公司合并。当他们共同走入密林深处时,突然遇到一只灰熊,灰熊直立起身子向他们吼叫。其中一位经理立即从背包中取出一双运动鞋,另一位经理忙说:"喂,你不要指望跑得过熊。"取鞋经理回答道:"我可能跑不过那只熊,但肯定能跑得过你。"这个小故事形象地比喻了战略管理活动的意义,即实现和保持竞争优势。

## 一、公司战略

### 1. 战略的定义

"战略"一词主要源于军事,指军事家们对战争全局的规划和指挥,或指导重大军事活动的方针、政策和方法。"习起剪之兵书,用关张之战略"(唐,郑数)、"当时无战略,此地即边戎"(唐,唐适)。另外《孙子兵法》中也强调战略制胜的理念。"运筹于帷幄之中,决胜于千里之外"是指对全局的把握和决策,由此说明我国自古就有"战略"一词。

随着生产力水平的不断提高和社会实践内涵的不断丰富,"战略"一词逐渐被引申至政治和经济领域。1962年,美国学者钱德勒在其《战略与结构》一书中,将战略定义为"确定企业基本长期目标、选择行动路径和为实现这些目标进行资源分配"。这标志着"战略"一词被正式引入企业经营管理领域,由此形成了企业战略的概念。

### 2. 公司战略的定义

许多学者和企业高层管理者都曾分别赋予公司战略不同的含义,下面列举的是几种国外具有代表性的观点:

(1)美国哈佛大学教授波特(Porter M.)认为,"战略是公司为之奋斗的一些终点与公司为达到它们而寻求的途径的结合物。"

(2)加拿大学者明茨伯格(Mintzberg H.)提出"战略是一系列或整套的决策或行动方式,包括有计划性的战略和临时出现的非计划性的战略。"

(3)美国学者汤姆森(Tomson S.)指出,"战略是预先性的,又是反应性的。"一个战略是企业的管理者在面对不断变化的内外部环境时,对原先的计划进行规划和调整的过程。

(4)美国的安索夫认为,"战略是企业为了实现其宗旨和长期目标的基本方案。为了建立竞争优势,企业需要根据外部环境的变化来考虑企业的发展和生存。"

实际上,很多教材中把波特的观点表述成传统概念,而把明茨伯格的观点定位成现代概念。需要说明的是本书中采用的是百花齐放的特点,没有明确说明哪种概念是绝对正确或是不正确,只是侧重点不一样。但是,就属性而言,传统概念强调的是计划性、全局性和长期性,而现代概念更强调应变性、竞争性和风险性。战略的应变性强调企业在面对复杂多变的内外部环境时,应该如何利用外部的机会规避威胁,正确配置资源发挥优势,克服劣势,从而形成企业可持续的竞争优势。战略是协调企业内部资源与外部环境的过程。战略的竞争性是指,战略是为一定的团体或者组织服务的,而这种服务可能会导致不同集团的冲突或者矛盾,因此具有竞争性。战略是管理者在公司内外部环境不断变化过程中不断规划和调整的结果。战略的形成不可能一步到位,必须经历战略识别、战略分析、战略选择和战略实施这四个循环往复的阶段,在调整摸索的过程中会产生人力物力的耗费。因而,战略肯定存在一定的风险性。

### 战略人物介绍

毛泽东(1893-1976),生于湖南,伟大的无产阶级革命家、战略家和理论家,中国共产党、中国人民解放军和中华人民共和国的主要缔造者和领导人,诗人,书法家。

毛泽东同志作为战略家提出的方略脍炙人口,影响深远。比如《孙子》曰:"知彼知己,百战不殆",毛泽东强调"没有调查就没有发言权,不打无准备之仗,不打无把握之仗";《孙子》曰:"并敌一向,千里杀将",毛泽东强调"抓主要矛盾,纲举目张"。还有"集中力量,各个击破;快速强攻,先发制人;整体对抗、系统制胜;竞争合作,共存共赢;顺水推舟,量力而行"等企业经营管理思想体现了毛泽东伟大战略家的智慧。战略最早是军事方面的概念,现如今,也经常被应用到日常工作和生活中。我们会为自己制定人生战略。作为企业的决策者,也常在企业的不同发展阶段制定相应的商业战略。希望同学们要树立远大目标,不计较一城一池的得失,遇事胸有成竹,不再焦虑,运筹帷幄,用战略思维考虑问题,逐步培养战略思维意识。

(资料来源:百度等相关资料整理)

**推荐阅读材料1.2**

### 定位效应的启示

美国密执安大学教授卡尔·韦克做过这样的实验:把6只蜜蜂和6只苍蝇放进同一个玻璃瓶中,然后将玻璃瓶子平放,让瓶子底朝窗户。蜜蜂不停地想在瓶底上找到出口,一直到它们力竭而死;而苍蝇在两分钟之内,穿过另一端的瓶颈逃逸一空。事实上,正是由于蜜蜂对光亮的喜爱,才使它们死亡的。蜜蜂认为,囚室的出口必然在光线最明亮的地方,它们不停地重复着这种看似合乎逻辑的行为。

后来,韦克教授把这个实验移植到人的身上,重新做了一个实验:在召集会议时,他先让人们自由选择位子,之后让大家到室外休息片刻再进入室内入座,如此五六次,他发现大多数人都选择了他们第一次坐过的位子。

最后,韦克教授得出一个结论:人们像蜜蜂一样,凡是自己认定的,人们大都不想轻易改变它。也就是说无论是一个人,还是一个企业,最初的定位是至关重要的,因为它会决定你以后的思维定式。这就是有名的"定位效应"。

定位效应同样也告诉我们——企业的战略定位要慎重确定。因为从企业战略管理的过程来看,战略定位处于制定企业战略这一环节的最前端,一个好的战略定位是企业战略管理成功的开端。可以说,它是企业战略管理的基础和前提;是企业战略管理的方向和目标;是保持和增强企业竞争优势的前提;是企业发展的指南针。只有找准了方向,企业才能最大限度地集中资源,高效地利用资源,从重点突破,有所为有所不为,使自己在发展中不断壮大。

(资料来源:刘志海,李松玉.管理中的小故事与大道理.北京:人民邮电出版社,2006.

## 二、企业战略管理内涵与体系

所谓企业战略管理是在分析企业内外部环境的基础上,选择和制定达到企业目标的有效战略,并将战略付诸实施、控制和评价的一个动态管理过程。企业进行战略管理时,一般应遵循目标可行、资源匹配、责任落实和协同管理四个原则。战略管理具有综合性、高层次、动态性、效能性特征。比如某公司根据集团"十四五"规划战略目标要求,总部正在编制明年的预算草案,草案下达给 A 子公司 5 000 万元利润目标,A 子公司在今年的利润基础上结合明年的情况预测最高可完成 4 000 万元利润。请问如 A 子公司何确定明年的利润目标?答案不言而喻,应以 5 000 万元为目标。

通常而言,企业战略管理体系被分为三个层次:总体战略、业务单位战略和职能战略。其中业务单位战略要服从总体战略,职能战略既要服从总体战略,又要服务于业务单位战略。这种战略层次划分的依据主要是明茨伯格关于战略的定义。三种战略的制定不仅仅是企业最高领导层的事情,中层和低层管理者也必须尽可能地参与战略制定过程。表 1-3 列出了三种战略需要掌握的具体内容。

表 1-3 总体战略、业务单位战略和职能战略的具体内容

| 战略层次 | 定义 | 战略类型 | 管理层次和战略制定者 |
| --- | --- | --- | --- |
| 总体战略<br>(公司层战略)<br>—做什么 | 总体战略即公司层战略,是最高战略,统御着企业未来发展方向。它需要根据企业的目标,选择企业可以竞争的经营领域,合理配置企业经营所必需的资源,使各项经营业务相互支持、相互协调。通常涉及整个企业的财务和组织结构问题 | 发展战略<br>稳定战略<br>收缩战略 | 总体战略是由公司最高管理层(董事会)制定的最高层次的战略。比如首席执行官、董事会成员、公司总经理、其他高级管理人员等才具备制定此类战略的资格 |
| 业务单位战略<br>(竞争战略)<br>—怎么做 | 业务单位战略是公司的二级战略,也称竞争战略,是企业在市场中直面竞争对手进行厮杀,如何克敌制胜的战略。它需要根据不断变化的外部环境,有效地控制、分配和使用资源,进而获得较好的竞争优势。主要任务是将企业目标、发展方向、措施的具体化,包括对特定产品、市场、客户或地理区域做出战略决策 | (1)基本竞争战略(成本领先战略、差异化战略和集中化战略)<br>(2)中小企业的竞争战略<br>(3)蓝海战略 | 业务单位战略管理层次属于事业部门的管理层,通常由业务单位来制定部门战略。比如业务单位的主管、事业部经理、大区经理等具备制定此类战略的资格 |
| 职能战略<br>(职能层战略)<br>—各部门怎么做 | 职能战略又称职能层战略,是为了更好地配置企业内部的资源,提高组织效率,为各级战略服务,主要涉及企业内各职能部门。在本战略中,协同作用具有非常重要的意义 | 市场营销战略<br>生产运营战略<br>研究与开发战略<br>人力资源战略<br>财务战略等 | 职能战略管理层次属于职能部门管理层,通常职能部门主管,比如营销经理、生产经理、人力资源经理等具备制定此类战略的资格 |

## 三、战略管理过程

战略管理是管理者为制定组织的战略而进行的工作,涵盖了管理的5个基本职能,即计划、组织、领导、控制、创新。战略管理过程具体包含战略识别、战略分析、战略选择和战略实施四个部分。战略分析和战略选择是描述组织必须进行的计划工作,但是战略实施同样重要。如果管理层没有正确地实施制定的战略,即便是再好的战略也可能会失败。如美国在1951—1975年间,180家跨国公司购并外国公司而建立的5 914家国外子公司中,有22.5%最终被清理和出售,13%被并入其他的子公司,购并的失败率达到35.5%。这些失败的案例,并非全部归咎于购并战略本身的决策失误,有不少是由于在实施购并战略的过程中,没有很好地处理好利益分配与文化协调等原因所致。

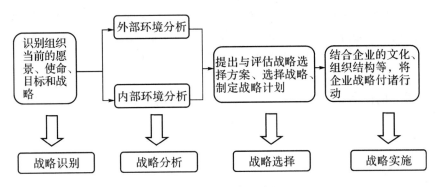

图1-2 战略管理过程

### (一)战略识别

**【小故事 大道理】**

三个人一同在一个建筑工地工作,他们做的是同样的工作,但当被问到他们在做什么时,三个人的回答却各不相同,第一位回答说"敲石头"。第二位说"挣钱糊口"。第三位则说"帮助建教堂"。我们中很少有人能建教堂,但当我们从所信奉的不管是哪种神明的角度看待这一教堂时,他们的工作似乎更有价值。好的战略制定者和一个明确的使命能够帮助我们透过本可能是令人沮丧的问题和无谓的事业发现那些"教堂"。

战略制定过程的初期,公司的高层管理者需要决定公司应该朝什么方向前进,以及产品、客户、市场集中在什么方向,也就是为公司形成和提出战略愿景。识别组织当前愿景,了解组织的使命、目标和战略,可以帮助我们了解组织把什么当作组织的最终目标,以及愿意为达成目标付出的代价。

战略是实现企业既定目标的方式和手段。企业存在的理由不仅是为了实现利润最大化,还包括企业的社会责任等多重要求。企业在进行战略规划以前必须先认清企业的愿景,明确企业的使命与目标,掌握企业在社会经济中的地位、业务范围等,才能制定实现价值目标的战略。

因此,战略管理的第一步就是确定公司的愿景,在此基础上明确公司的使命,然后形成公司的战略目标。

1. 愿景　企业愿景是对未来的一种憧憬和期望,是企业努力经营想要达到的长期目标,是企业发展的蓝图,体现企业永恒的追求。它要解决一个问题即"我们要成为什么?"。反映了管理者对企业与业务的期望,描绘了未来向何处去,旨在为企业未来定位,是引导企业前进的"灯塔"。比如迪士尼公司的愿景是"成为全球的超级娱乐公司";索尼公司的愿景是"成为最知名的企业,改变日本产品在世界上的劣质形象";华为公司的愿景是"实现客户的梦想"。

止步思考1

[情境写实]中Costco愿景是什么?

2. 公司的使命　企业使命是核心价值观的反映,是企业生存与发展的理由,它表达了"我们要做什么,我们的事业(业务、任务)是什么,我们的企业为什么要存在"的问题。比如华为公司的使命是"聚焦客户关注的挑战和压力,提供有竞争力的通信解决方案和服务,持续为客户创造最大价值";百度的使命是"让人们最便捷地获取信息,找到所求";沃尔玛的使命是"让普通人享受富人一样的购物体验。"它一般包括公司目的、公司宗旨和经营哲学三个方面,具体内容参见表1-4。

止步思考2

[情境写实]中Costco使命是什么?

表1-4　公司使命的组成

| 内容 | 说明 |
| --- | --- |
| 公司目的 | ①是企业组织的根本性质和存在理由的直接体现。<br>②营利组织的首要目的是为其所有者带来经济价值,其次是履行社会责任;非营利组织首要目的是提高社会福利、促进政治和社会变革,而不是营利 |
| 公司宗旨 | ①旨在阐述公司长期的战略意向,其具体内容主要说明公司目前和未来所要从事的经营业务范围(包括企业的产品或服务、顾客对象、市场和技术等)。<br>②公司宗旨反映出企业的定位。定位包括相对于其他企业的市场定位,如生产或销售什么类型的产品或服务给特定的部门,或以什么样的方式满足客户和市场的需求,如何分配内部资源以保持企业的竞争优势等等 |
| 经营哲学 | ①是公司为其经营活动方式所确立的价值观、基本信念和行为准则,是企业文化的高度概括。<br>②经营哲学主要通过公司对利益相关者的态度、公司提倡的共同价值观、政策和目标以及管理风格等方面体现出来 |

3. 公司的战略目标　公司的战略目标是公司愿景和使命的具体化,是多元化的,比如业绩水平、发展速度等。与企业使命不同,战略目标要有具体的数量特征和时间界

限,既包括经济目标,又包括非经济目标;既包括定量目标,又包括定性目标。主要有:(1)盈利目标;(2)产品目标;(3)市场竞争目标;(4)发展目标;(5)职工发展目标;(6)社会责任目标等六类内容。其实任何一种企业战略的基本目标都是获得战略竞争力和超额利润。如果一家企业比竞争对手持续创造出更多的经济价值或超额利润,我们就说该企业具有较强的战略竞争力并显示出竞争优势。在实践中,可以利用财务比率、平衡计分卡(BSC)、经济增加值(EVA)等指标衡量不同企业的竞争优势。

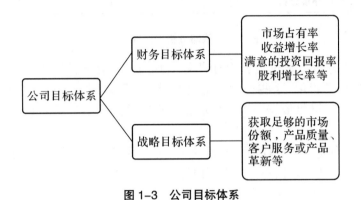

图1-3 公司目标体系

### 典型任务举例1.2 评价使命

**1. 资料**

①美的集团的企业使命是"为人类创造美好生活,为客户创造价值、为员工创造利润、为社会创造财富"。

②伊利的企业使命是"不断创新,追求人类健康生活"。

③腾讯公司的使命是"通过互联网服务提升人类生活品质"。

④中国移动通信的企业使命是"创无限通信世界,做信息社会栋梁"。

⑤万科的使命是"建筑无限生活"。

⑥京东的使命是"科技引领生活"。

**2. 要求**

根据以上材料,练习使命的评价,以培养你撰写一个好的使命所需要的技能。

**3. 工作过程**

步骤①:老师先设定上面材料中提及的某些或全部的使命,学生接着在一张纸上依据3条标准列出一张表构造一个评价矩阵,并依据3条标准对使命进行评价。

步骤②:当特定使命满足相应评级标准时,在评价矩阵方格中填写"是",反之填写"非"。

步骤③:老师抽查部分学生的结果进行点评。

### (二)战略分析

战略分析主要是根据企业的目前状况,评价影响企业目前和今后发展的关键因素,并确定会影响企业战略选择的具体因素。战略分析的内容主要包括外部环境分析、内部环境分析(见图1-4),具体内容详见项目二战略分析。

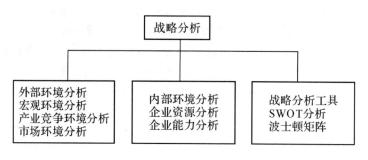

图1-4 战略分析的内容

1. 外部环境分析 通过分析企业所处的环境(包括宏观环境、产业环境、经营环境)正在发生哪些变化,这些变化给企业将带来更多的机会还是更多的威胁,从而为制定今后的战略提供依据。PEST分析是波特五力模型常用的企业外部环境分析工具。

2. 内部环境分析 内部环境分析通常从企业的资源与能力等方面展开,明确哪些资源和能力可以为企业带来核心竞争力,并且由此识别出组织的优势和劣势。波士顿矩阵是常用的企业内部环境分析工具。

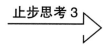

[情境写实]中Costco产品的市场领域和竞争优势分别是什么?

### (三)战略选择

战略选择是在分析企业现有的战略、外部存在的机会威胁,掌握企业自身的优势和劣势的前提条件下,确定企业未来发展方向的阶段。战略选择过程主要包括以下三个步骤:

1. 制定战略选择方案 企业可以基于对总体目标的把握上,从满足高层管理者的期望和发挥中下层管理人员工作的积极性和创新性,加强部门之间的协作等多个方面采用多种方法制定企业战略。但是备选的方案并非越多越好,因为制定选择方案也需要投入一定的人力、物力,众多的可选方案可能会增加企业成本。

2. 评估战略备选方案并且做出选择 评估备选方案通常使用三个标准:一是适用性标准,即考虑选择的战略是否发挥了企业的优势,克服了企业的劣势,是否利用了外部环境提供的机会,削弱外部威胁;二是可接受性标准,即考虑选择的战略能否被企业利益相关者所接受;三是可行性标准,即考虑企业是否有相应的资源和能力来实施该战略。

3. 选择战略 最终的战略选择可以由企业高层管理者商议决定,或者聘请企业外部的专家或者机构选择适合的战略。选择战略的标准有很多,有的企业只关注企业的财务绩效,忽视战略绩效,只注重短期收益,不考虑长远发展,为了实现企业的经济收益,放弃企业的伦理责任,这样的战略肯定不能为企业带来可持续的绩效。

**止步思考 4**

[情境写实]中 Costco 是怎样进行战略选择的?

### (四)战略实施

战略实施就是将战略转化为实际行动,无论一个组织如何有效地规划自己的战略,如果这些战略没有正确实施,那么该组织的绩效会受到很大的影响。所以,良好的战略仅是战略成功的前提,有效的战略执行才是企业战略目标顺利实现的根本保证。为了保证战略的实施,企业必须对其组织系统、人员系统、资本系统和控制系统进行选择。

1. 有效的组织系统对企业战略执行起着重要作用　制定组织结构涉及如何分配企业内的工作职责范围和决策权力,需要做出如下决定:企业需要确定其管理的层级和管理幅度,比如管理层次数目是高长型还是扁平型结构,决策权力集中还是分散等。

2. 人员系统管理也颇为重要　人力资源关系到战略实施的成功与失败,而采用什么样的人员评估、考核和激励机制是企业必须慎重考虑的重要问题。

3. 战略执行涉及选择适当的组织控制系统　控制系统主要是研究如何协调企业内部各个部门之间工作,促使企业提升效率。

4. 战略的成功实施还离不开企业对资本系统的管理　企业所有一切的物资都是企业监督管理的范围,从原材料、产成品、厂房等到资金,企业生产经营过程中存在的各种各样的财物的增减、占用和使用情况都需要有严格的管理制度。

总之,战略识别、战略分析、战略选择、战略实施是循环的过程,需要企业不断监控和评价战略执行的情况,根据内外部环境的变化,慢慢修正原先的战略计划并且执行,它们的目标都是为了实现企业的愿景。

**推荐阅读材料 1.3**

### 弗洛斯特法则的管理启示

在一列国际列车上,有一位德国人、一位日本人、一位美国人和一位法国人。途中上来一位端着鱼缸的客人,缸中的鱼甚为罕见。大家对这种鱼都很好奇。德国人问:"您能告诉我这种鱼的名称吗?它在生物学上是什么类别?有什么习性?"日本人问:"这种鱼在我们国家能引进吗?在日本的气候、水温、水质条件下,这种鱼能不能生存?"美国人问:"你的鱼是不是从美国弄来的?因为只有美国才有这样奇特的鱼。"法国人问:"你能不能把鱼卖给我?我想在我的卧室里养这样一缸鱼,我的女朋友一定会兴奋不已。"

数年后,德国人出版了关于这种鱼的经典著作,并建立了一整套相关学科,开发了这种鱼的转基因品种。日本人建成了大规模的养殖基地并占领高份额的全球市场。美国人呢,因为最先注册了相关的专利和商标,并制定出一系列的行业标准,在这方面获利不菲不说,还经常以违背了有关规定为由制裁别的国家的企业。法国人则利用这个鱼种开发出了独特的艺术,以此来吸引全世界大量的游客。

面对相同的机遇,做出不同的选择,其结果也大相径庭。正如美国思想家W·P·弗洛斯特所说:"在筑墙之前应该知道把什么圈出去,把什么圈进来。开始就明确了界限,最终就不会做出超越界限的事来。"这一论断称之为"弗洛斯特法则"。

弗洛斯特法则的管理启示是用于关乎企业的战略问题,实际上是明确企业的战略。简单来说,在企业创立之初或企业发展过程中要确定企业做什么,不做什么,就像弗洛斯特所说的那样,在筑墙之前应该知道把什么圈出去,把什么圈进来。

#### ▶▶▶ 典型任务举例1.3

1. 资料

参见典型任务举例1.1。

2. 要求

(1)了解企业愿景、使命和目标的制订情况。

(2)了解企业战略管理过程。

3. 工作过程

步骤①:可以将典型任务举例1.1中的资料直接拿过来再次浏览。

步骤②:认知企业愿景、使命和目标的制订情况。

该企业精神:诚信为帆创新为桨、不断学习不断进步、服务客户锻炼自己和团结一心共创明天。

该企业文化:倡导义利并举的社会公德、倡导致精诚信的职业道德、倡导团结谦虚的高尚品德。

步骤③:认知企业战略管理过程。

战略识别 ⟹ 战略分析 ⟹ 战略选择 ⟹ 战略实施

#### ▶▶▶ 典型任务举例1.3提升

对特定的企业不存在一个最好的愿景或使命。有关专家认为典型任务举例1.1中的某科技实业有限公司的愿景和使命有待于进一步改进。请你为该公司撰写一个既包含必要的要素,又具有激励性和调和性的愿景和使命。不宜过长,在50字以内。

步骤①:用15分钟时间为该科技实业有限公司撰写一份愿景或使命。在撰写中可浏览案例得到所需具体材料。

步骤②:与其他三位同学组成一个小组,相互默读他(她)人的愿景或使命,选出小组最佳的愿景或使命。

步骤③:向全班宣读本组的最佳愿景或使命。

### 四、信息技术在战略管理中的作用

信息技术主要用于管理和处理信息所采用的各种技术的总称。一切与信息的获取、加工、表达、交流、管理和评价等有关的技术都可以称为信息技术。信息技术在战略管理中发挥着重要的作用。

1. 信息技术有助于企业快速方便地获取外部环境信息,及时分析企业所面临的机会与威胁,为制定和变革战略提供重要决策依据。

2. 信息技术有助于企业及时发现内部优点与弱点,增强企业竞争优势。

（1）信息技术使企业内的信息交流快速及时有效。

（2）信息技术使企业生产经营实现实时化、自动化、网络化,提高工作效率,降低运行成本。

（3）信息技术方便了人力资源管理,对于加强对员工的培训、提高员工技能有重要的作用。

3. 信息技术对企业建立战略联盟发挥重要作用。

### 五、战略创新管理

创新是企业获得持续竞争优势最主要的来源,持续不断的创新是维持企业竞争优势的根本保障。战略创新可以是产品创新、流程创新、定位创新和范式创新。通常而言,创新类型之间界限并不十分清晰,这些创新经常交织在一起。比如将咖啡和果汁这样的饮料重新定位为高端产品既是定位创新也是范式创新；一艘喷气式海洋渡轮既有产品创新也有流程创新等。

企业在战略创新决策前,有必要考虑创新的新颖程度、创新平台和产品家族、创新在组件层面还是架构层面以及创新生命周期等各个方面的特点。这些特点有可能影响企业关于创新时机和领域的战略决策。尤其创新生命周期各阶段的主要元素,比如要考虑竞争重点、创新驱动因素、创新主要类型、产品线和生产流程等的影响。

创新管理的主要过程大致包括四个阶段:第一,探索阶段,就是如何找到创新的机会,即探索环境中有关潜在变革的信号；第二,选择阶段,就是明确要做什么以及为什么这样做,这个阶段至关重要的是将企业整体战略和创新战略紧密结合；第三,实施阶段,就是如何实现创新,即逐渐汇集各种知识并产生创新；第四,获取阶段,就是如何获得利益。

本项目是总论部分,内容主要涉及企业、管理以及战略管理基本概念和原理,是学习后续内容的前提和基础。其重点是公司战略的传统概念与现代概念；企业使命和目标；战略管理的层次和内容等。难点是企业愿景、使命和目标的辨析等。

一、单选题

1. 企业在选择组织结构类型时,作为主要出发点的应是(　　)。

A. 企业经营内容　　　　　　B. 企业经营环境

C. 企业的目标或使命　　　　D. 企业的人员和文化

2. 甲集团是国内大型粮油集团公司,近年来致力于从田间到餐桌的产业链建设,20×8年收购了以非油炸方式生产"健康"牌方便面的乙公司,并全面更换了乙公司的管理团队。20×9年"健康"牌方便面市场份额下降,为了从竞争激烈的方便面市场上重新赢得原有市场份额,20×0年初需要制定方便面竞争战略。该竞争战略属于( )。

 A. 公司战略        B. 业务单位战略

 C. 产品战略        D. 职能战略

3. 在管理的职能中,贯穿于企业管理活动始终的是( )。

 A. 计划    B. 组织    C. 领导    D. 创新

4. 下列属于公司战略的现代特征的是应变性、( )和风险性。

 A. 不可预测性       B. 竞争性

 C. 特殊性         D. 可变性

5. 下列各项表述中可以作为企业使命的是( )。

 A. 加强开发项目的质量管理

 B. 5年内在市区建成2个地标性建筑

 C. 为城市建设的现代化、特色化、合理化添砖加瓦

 D. 在开发某地标建筑时,以中国传统文化为基础融入科技元素

6. 下列关于管理职能的说法错误的是( )。

 A. 决策是计划的前提,计划是决策的具体延续

 B. 组织、领导和控制是有效管理的重要环节和必要手段

 C. 创新仅存在于计划阶段

 D. 决策和计划是其他管理职能的基础和依据

7. 以营利为目的而成立的组织,其首要目的是( )。

 A. 保证员工利益      B. 为其所有者带来经济价值

 C. 履行社会职责      D. 实现经营者期望

8. 某公司创始人在创业时就要求公司所有员工遵守一个规定:在经营活动中永远不做违背道德和法律的事情,从公司使命角度来看,属于( )。

 A. 公司宗旨        B. 经营哲学

 C. 公司目标        D. 公司目的

## 二、多选题

1. 甲公司的100多家生活日用品百货超市,分布于一个三省交界的地域,分别由公司下设的5个地区事业部管理,各个事业部实行自我计划和自我管理。所以该公司的企业战略的结构层次应当包括( )。

 A. 公司战略        B. 业务单位战略

 C. 市场战略        D. 职能战略

2. 战略管理过程包含战略识别、( )四个部分。

 A. 战略环境分析      B. 战略执行

 C. 战略制定        D. 战略评估与选择

3. 通常而言,战略被分为三个层次:即总体战略、( )。

 A. 业务单位战略      B. 职能战略

C. 高层战略 D. 公司战略
4. 企业的外部环境分析包括宏观环境、（　　）。
A. 产业环境 B. 竞争对手分析
C. 消费者需求分析 D. 经济环境
5. 评估备选方案通常使用以下三个标准：（　　）。
A. 盈利性标准 B. 可接受性标准
C. 适宜性标准 D. 可行性标准
6. 相对于战略的传统概念而言，战略的现代概念更强调战略的（　　）。
A. 应变性　　　B. 竞争性　　　C. 风险性　　　D. 计划性
7. 下列关于业务单位战略的相关表述中，正确的是（　　）。
A. 业务单位战略关注的是在什么市场能够取得竞争优势
B. 总体战略是企业最高层面的战略
C. 职能战略是由职能部门领导或者经理制定的
D. 生产战略和营销战略属于企业的业务单位战略
8. 下列有关公司目标的说法中，正确的有（　　）。
A. 公司目标是公司使命的具体化
B. 公司目标体系只是指公司财务目标体系
C. 公司目标体系只是指公司战略目标体系
D. 公司目标体系的建立需要所有管理者的参与

### 三、简答题

1. 简述公司战略的使命和目标的构成内容。
2. 简述公司战略的概念和结构层次。
3. 简述战略管理的过程以及各自包含的内容。
4. 电子商务（e-commerce）已成为从事战略管理的至关重要的工具。说明电子商务是如何影响企业战略管理过程的。
5. 找一个案例，要求包含战略管理的理论和思想。字数1000字以内，期限1个月。
6. 给出一个最近发生的政治局势的变化改变了企业整体战略的例子。
7. 搜索项目一中提到的各类学者的基本情况，并整理对战略管理的贡献，在全班分享你的成果。

### 四、任务训练

1. 为自己的大学撰写使命。

【实训目的】绝大多数大学都有自己的使命。本任务的目的在于练习为一个像你的大学那样的非营利组织撰写使命。

【实训指导】
步骤①：用15分钟为你的大学撰写一份使命。不超过50个字。
步骤②：向全班宣读你的使命。
步骤③：弄清你所在学校是否有自己的使命。可查看学校网站，如果你的学校有使命，请向有关学校管理人员询问这一使命是何时、以何种方式制定的，向全班同学通报这一信息，并用本项目学到的知识对你校的使命进行分析。

2.选择一两家紧密型校外实训基地或一两家当地公司进行战略规划。

**【实训目的】**本活动的目的在于让你获取关于当地组织如何进行战略规划的实际知识,还使你有机会在专业层次上与当地企业领导进行相互作用与影响。

**【实训指导】**

步骤①:通过电话与当地大小公司或非营利组织及政府组织的最高管理人进行联系。找到一家进行战略规划的企业,请求会见,采访该企业战略的制定者(董事长、首席执行官或企业主)。向他(她)解释你们正在进行有关愿景和使命的学习,而现在的研究就是这一学习活动的一部分。

步骤②:在采访中询问如下问题并记录答案。

(1)贵公司在实际中如何进行战略规划?有哪些人参与这一规划?

(2)贵公司是否有正式的愿景和使命?该使命是如何制定的?该使命的最近一次修订发生在何时?修改的原因是什么?修改是以何种程序实现的?它如何影响了公司战略规划过程?

(3)进行战略规划的好处何在?

(4)贵公司进行战略规划的主要成本和问题是什么?

(5)你是否预期公司制定战略规划的程序要发生变化?如果是,请予解释。

步骤③:就你的发现,向全班讲述你的总体看法。

人无远虑,必有近忧。

——孔子

今天你进步了吗?请在下面空白处写下你的学习心得吧!

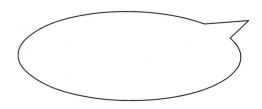

# 项目二　战略分析

学习目标

※ **知识目标**

1. 掌握PEST分析法的内容。
2. 掌握波特的产业五种竞争力分析。
3. 掌握竞争对手分析。
4. 掌握消费者需求分析。
5. 掌握企业资源与能力分析。
6. 掌握波士顿矩阵分析。
7. 掌握SWOT分析基本原理。

※ **技能目标**

1. 能利用PEST分析模型描述企业面临的宏观环境。
2. 能利用波特的五种竞争力进行产业分析。
3. 能分析企业面对的竞争对手和消费者市场状况。
4. 能明确企业资源和能力的类型。
5. 能定义企业的核心能力,并会阐述企业提高其能力的过程。
6. 能掌握BCG矩阵的实际应用。
7. 能为某科技实业有限公司建立一个外部因素评价(EFE)矩阵、竞争态势矩阵和IFE矩阵。
8. 能为你的大学制定战略计划、一个EFE矩阵、竞争态势矩阵(CPM)和IFE矩阵。
9. 能为某科技实业有限公司建立SWOT矩阵。
10. 能为你的大学建立一个BCG矩阵。
11. 能为你本人建立个人战略。

※ **素质目标**

1. 培养战略分析的能力。
2. 具有客观公正、全面思考的职业素养。
3. 培养初步撰写战略分析报告的能力。

知识结构图

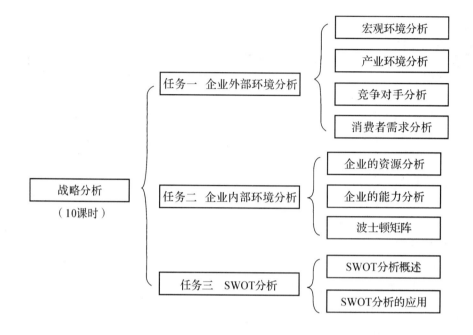

情境写实

甲公司是一家建筑业国有控股上市公司，从事电力能源、水资源与环境基础设施等业务领域的规划设计、施工建造和投资运营。2020年末甲公司召开战略规划专题研讨会，讨论公司"十四五"战略计划，内容如下：（1）战略分析方面：随着决胜建成小康社会取得的成就及人民健康意识的增强，水资源恶化及土壤污染是社会面临的重大环境问题，在"绿水青山就是金山银山"的理念和国家环保政策的指引下，我国水环境及土壤修复技术取得很大进步，可以预见"十四五"期间我国巨大生态大环保前景广阔。（2）业务规划方面：随着电力能源市场增速的趋缓，公司在巩固传统市场份额的同时，逐步拓宽水资源和环境业务。①电力能源业务是公司经济效益和现金流的主要来源，在市场上具有核心竞争力，市场占有率达35%且处于行业最高水平，预计"十四五"期间该业务平均增速为2%。②水资源与环境业务是公司的新型业务，在该领域内公司已取得重大技术突破并拥有示范工程，在市场上具有很强的竞争优势，市场占有率达22.5%，预计"十四五"期间该业务均增速可高达18%。（3）投资规划方面：优化资源配置，提高投资效益，"十四五"期间，公司所投资运营板块新增投资规模控制在3 000亿元以内，主要保障措施：①坚持投入产出最大化原则，提高投资项目质量，完善投资项目评审制度，采用净现值指标进行投资决策时，所有项目均按公司加权平均资本6.5%进行折现。②加强投资项目运营管理，重点强化境外投资项目的财务管理，建立健全境外资金往来联签制度。（4）融资规划方面：优化资本结构，强化融资管理，"十四五"期间公司资产负债率控制在70%以内，主要保障措施：①加大提质增效力度，提高整体盈利水平，合理确定股利支付比例,持续提高内部积累水平。②加大资产盘活力度,重点对非主业资产和低效无效资产进行剥离销售。③加大子公司混合所有制改革力度,优化股权结构,大力引进战略投资者。

该公司战略分析中体现了PEST分析法的哪些关键要素?电力能源业务和水资源与环境业务所属的业务类型及采取的资源配置策略有哪些?这些均涉及战略分析中的相关理论。在本项目中我们将讨论内部环境分析、外部环境分析和SWOT分析等内容。

(资料来源:财政部会计资格评价中心编著《高级会计实务》,中国财政出版传媒集团/经济科学出版社,2021年12月)

## 任务一　企业外部环境分析

### 一、宏观环境分析

宏观环境分析通常也称为PEST分析,其中"P"代表政治和法律因素(political factors);"E"代表经济因素(economical factors);"S"代表社会和文化因素(social factors);"T"代表技术因素(technological factors)。

政治和法律环境分析主要从政治的稳定性、政府实行的经济政策法律条款等因素分析对企业生产发展的影响,具体包括一个国家或地区的政治制度、体制、政治形势、方针政策、法律法规等内容。经济环境包括经济的发展阶段、经济体制、社会经济结构等。构成经济环境的具体关键要素有国内生产总值(GDP)的变化发展趋势、利率水平的高低、通货膨胀程度及趋势、失业率水平、居民可支配的收入水平、汇率等。这些因素会直接或间接地影响市场的规模、市场的吸引力和企业的经营活动。社会和文化环境分为人口环境和社会环境。其中人口环境包含人口的规模、增长率、年龄结构、人口的分布、教育水平等;社会环境是人们的基本信仰、价值观念和生活准则的体现。技术因素包括所有参与创造新知识以及将新知识转化为新的产出、产品、流程的行为,涉及技术水平、新技术的发展等。一些新技术包括:超导、计算机工程、智能计算机、机器人、无人工厂、特效药品、太空通信、太空制造、激光、光导纤维、生物技术等。

**止步思考1**

[情境写实]中,甲公司战略分析体现了PEST分析法的哪些关键要素?

**参考答案**

政治因素:在绿水青山就是金山银山的理念和国家环保政策的指引下。

社会因素:随着决胜建成小康社会的成就,人民健康意识的增强。

生态因素：然而水资源恶化及土壤污染是社会面临的重大环境问题。
技术因素：我国水环境及土壤修复技术取得很大进步。

 **推荐阅读材料2.1**

### PEST对航运业的影响

甲航空公司是一家国内新成立的混合所有制航空企业，目前业务仅限于中国境内的客运和货运服务。根据PEST外部环境分析框架，下表2-1分析了有关因素对其的影响。

表2-1　PEST对航运业的影响

| 环境因素 | | 积极影响 | 消极影响 |
| --- | --- | --- | --- |
| 政治 | 政策支持，放宽管制 | √ | |
| | 安全控制趋紧 | | √ |
| 经济 | 经济增长率稳中有进 | √ | |
| | 燃料价格上升 | | √ |
| | 居民可支配收入增加 | √ | |
| 社会 | 人们预期寿命增加 | √ | |
| | 旅游休闲意识提高 | √ | |
| 技术 | 高效节能发动机改进 | √ | |
| | 安检技术提高 | √ | |
| | 高铁技术持续改进 | | √ |
| 生态 | 噪声污染 | | √ |
| | 机场用地稀缺 | | √ |
| 法律 | 机场使用权限制 | | √ |

（资料来源：财政部会计资格评价中心.高级会计实务.北京：中国财政出版传媒集团/经济科学出版社，2021.）

### 二、产业环境分析

行业是由一组生产非常接近、可以相互替代的产品的企业组成的。与总体环境相比，行业环境对企业的战略竞争力和超额利润的影响更为直接。波特提出了产业结构分析的基本框架——五种竞争力分析是产业组织理论应用的一个例子。该模型将外部力量及产业力量作为获取和保持竞争优势的基础。行业的竞争强度和利润潜力可以由五种竞争力共同决定：新进入者威胁、购买者议价能力、供应商议价能力、同行业现有竞争力量、替代品威胁(见图2-1)。这五种力量决定了产业竞争的强度。某种力量的影响力量越强,行业内企业赚取更多利润的能力就越有限。就短期而言,这些因素可能会制约企业的发展,但是从长远来看,企业可以通过自身战略的选择,影响一个或几个因素,从而获得企业的竞争优势。

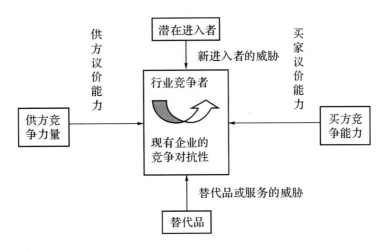

图2-1 波特五种竞争力分析

### 战略人物介绍

迈克尔·波特(Michael E Porter,1947— ),男,哈佛大学商学院研究院著名教授。他是当今世界上少数最有影响的管理学家之一,是全球第一战略权威,是商业管理界公认的"竞争战略之父",在2005年世界管理思想家50强排行榜上,他位居第一。曾在1983年被任命为美国总统里根的产业竞争委员会主席,开创了企业竞争战略理论并引发了美国乃至世界的竞争力讨论热潮。他最有影响的代著作有《竞争战略》《竞争优势》与《国家竞争优势》。其中竞争战略研究开创了企业经营战略的崭新领域,对全球企业发展和管理理论研究的进步,都做出了重要的贡献。

(资料来源:百度百科资料整理)

#### (一)潜在进入者的进入威胁

新进入者对企业来说非常重要,因为他们会威胁到现有企业的市场份额。企业进入新行业的可能性由两个因素决定:进入壁垒以及对行业内现有企业报复行为的预期。进入壁垒是使新的企业很难进入某一行业,而且就算他们能够进入也会处于不利地位。

1. 进入壁垒(结构性障碍) 通常而言,进入壁垒包括以下几个方面:

(1)规模经济。当企业在一定时期内生产的产品数量增加时,单位产品的制造成本会下降。例如,在微处理器的生产中,相对于其他竞争对手,规模经济使英特尔公司具有显著的成本优势。当产业规模经济很显著时,处于有效规模经营的老企业对于较小的新进入者就有成本优势,从而构成进入障碍。

(2)产品差异化。是让消费者相信企业的产品和服务是独特的。如众多汽车制造厂商通过各种广告,使得消费者相信它们的产品是与众不同的。

(3)转换成本。转换成本指由于顾客转向新的供应商所引起的一次性成本的发生。

一旦在办公室里使用了 Word 软件程序,由于较高的培训成本,办公室的管理人员不愿意使用其他软件程序。

（4）分销渠道的获得影响进入壁垒。比如我国某市鲜奶品牌控制着本市的鲜奶销售网络,迫使其他省市鲜奶品牌在打入该市市场初期不得不以低价竞争战略克服这种障碍。因此,新进入者必须说服分销商经销他们的产品,虽然降价和广告费用的补贴可以帮助其达到目的,但是新进入者的利润也会减少。

（5）与规模无关的成本优势。例如独特的产品技术产生了较低的生产成本,获得廉价高质量的原材料供应商,优越的地理位置和较低的固定成本等。

（6）政府政策。政府可能通过发放执照和许可证等方式控制企业进入特定的行业。例如,海上石油钻井平台项目的实施需要政府部门批准,这就形成了进入壁垒。

2. 行为性障碍（战略性障碍）  主要是指现有企业对进入者实施报复手段所形成的进入障碍。报复手段参见表 2-2 所示。

表 2-2　行为性障碍的两类报复手段

| | |
|---|---|
| （1）限制进入定价 | 往往是在位的大企业报复进入者的一个重要武器,特别是在那些技术优势正在削弱、而投资正在增加的市场上,情况更是如此。在限制价格的背后包含有一种假定,即从长期看,在一种足以阻止进入的较低价格条件下所取得的收益,将比一种会吸引进入的较高价格条件的收益最大。在位企业企图通过低价来告诉进入者自己是低成本的,进入将是无利可图的 |
| （2）进入对方领域 | 是寡头垄断市场常见的一种报复行为,其目的在于抵消进入者首先采取行动可能带来的优势,避免对方的行动给自己带来的风险 |

### （二）替代品的威胁

替代品是那些看似不同但是能满足消费者相同需求的产品或是服务。例如,电子邮件替代信件快递业务,茶叶替代咖啡,塑料盒与玻璃盒、纸盒和铝盒之间的竞争等。一般来说,替代品的价格低或是质量好,性能接近或是超过其他竞争品,替代品的威胁就很强。

由于出现了替代品,消费者就会把两者在包装、功能、方便性等方面进行比较。来自替代品的威胁使得这一行业的从业者不断提高自己产品的特性。来自替代品的竞争压力取决于这个行业的消费者转向替代品的难度及所需要的花费,这主要包括可能花费的时间、检查替代品的质量所需的时间、精力以及员工培训的费用等。当消费者发现,转向替代品的花费很多时,来自替代品的竞争压力就会减少；而转换的代价较低时,替代品的卖者就会很容易使消费者转而使用其产品。所以,替代品的价格越低、质量越好、使用者的转换成本越小,替代品所带来的竞争压力就越大。

### （三）现有企业之间的竞争

它是五种竞争力量中最重要的一种。影响企业间竞争强度的主要因素包括：

1. 竞争对手数量　产业内有众多的或势均力敌的对手时,说明行业竞争激烈。如果竞争对手数量少,规模大致相同时,比如在家电行业,每个竞争对手会关注其他竞争者的行为,以确保采取及时的措施应对其他企业的行为。

2. 行业增长率　当在成长型的行业中,企业很少会从竞争对手处争夺客户,竞争程度较低。但是在增长缓慢的市场,企业竭尽全力试图吸引竞争对手的客户以扩大市场。

3. 消费者认为所有的商品或服务都是同质的　不同品牌的同类产品或者服务可以相互替代，此时行业竞争激烈。

4. 退出成本分析　当行业生产能力大于市场需求，而行业退出成本又较高时，势必会引起激烈的价格竞争，以充分使用生产能力；如果退出成本较低，则竞争将减弱。

### （四）来自买方的讨价还价能力

以下情况时，买方的议价能力强：

1. 买家所购买的产品数量大　如果购买者需要的产品数量众多，对于卖者来说，客户流向其他竞争对手会对自己产生一定的损失，使得卖者更愿意进行价格折扣。

2. 购买者的转换成本很低　如果产品是标准化或是无差别的产品，替代品很多，那么买者很容易转换购买的品牌，因为对于买者来说变换卖者几乎是没有成本的，卖者常常会降低价格以在竞争中获胜或者保持顾客。

### （五）来自供应商的讨价还价能力

如果以下几个因素得以成立说明供应者讨价还价的能力强：

1. 供应商行业由少数几个企业控制，但是买家的数量较多，例如石油行业。
2. 供应商的产品和服务是唯一的，或者已经形成了较高的转换成本。
3. 没有其他的相关替代品。
4. 供应商能够实现前向一体化，与自己的客户直接竞争。例如，生产智能芯片的三星可以生产平板电脑、手机。

**推荐阅读材料 2.2**

#### 产业内企业的平均绩效水平的评估

某投资公司在投资战略决策进行行业选择时，聚焦于甲、乙、丙、丁四个产业，有关资料如表 2-3 所示。

表 2-3　甲、乙、丙、丁四个产业相关资料

| 产业类别 | 甲 | 乙 | 丙 | 丁 |
| --- | --- | --- | --- | --- |
| 新进入者威胁 | 大 | 小 | 大 | 小 |
| 同业竞争威胁 | 大 | 小 | 小 | 大 |
| 替代威胁 | 大 | 小 | 大 | 小 |
| 供应商威胁 | 大 | 小 | 小 | 大 |
| 购买商威胁 | 大 | 小 | 大 | 小 |
| 预期内企业平均绩效 | 低 | 高 | ? | ? |

在本例中，如何评估产业内企业的平均绩效水平？

表 2-3 中甲产业和乙产业的平均绩效一目了然，即甲产业平均绩效低，乙产业平均绩效高。而对于丙产业和丁产业来说，情况则有些复杂。在这类情况下，预测

产业内企业的平均绩效所要回答的问题是:"产业的环境威胁是否有足够的强度,使得产业内企业的大部分利润被攫取了?"如果答案是肯定的,则预测平均绩效将会较低;反之则较高。

(资料来源:财政部会计资格评价中心. 高级会计实务. 北京:中国财政出版传媒集团/经济科学出版社,2021.)

### 三、竞争对手分析

**【小故事　大道理】**

实际上,所有产业中的竞争都是激烈的,有时甚至是你死我活的。例如,当意大利汽车制造商菲亚特公司在2003年遇到财务危机时,福特汽车公司乘机在意大利净广告支出及营销支出提高了10%～20%,尽管福特公司在其他地区的支出均被削减。菲亚特的其他竞争者雷诺和标致公司,也在意大利市场加强了销售攻势。菲亚特在意大利的市场占有率从40%下降到27%。说明如果一家公司发现了竞争对手的弱点,它会毫不留情地借机渔利。

#### (一)单个竞争对手分析

对竞争对手的分析应该聚集在与某公司处于同一个战略群组的进行直接竞争的一些公司,比如宝洁和联合利华,波音和空中客车,可口可乐和百事可乐,它们都对彼此的目标、战略、假设和能力等持有高度的兴趣。除此之外,激烈的市场竞争还会使得企业需要更加了解竞争对手,主要包括以下四个方面:

1. 竞争对手未来的目标是什么,是什么驱动竞争对手不断前进;
2. 竞争对手当期的战略是什么,也就是竞争对手正在做什么,能够做什么;
3. 竞争对手的假设是什么,就是竞争对手对自身和行业是怎么看的;
4. 竞争对手的能力如何,就是竞争对手的优势和劣势何在。

表2-4　竞争对手分析

| 竞争对手的未来目标(什么驱使着竞争对手)<br>(1)竞争对手目标分析对本公司制定竞争战略的作用;<br>(2)分析竞争对手业务单位(包括其各个公司实体)的目标的主要方面;<br>(3)母公司对其业务单位未来目标的影响 | 现行战略<br>(揭示竞争对手正在做什么、能够做什么)<br>(1)目前我们如何竞争;<br>(2)如果竞争格局发生变化,这个战略是否可行 |
| --- | --- |
| 假设(自身和产业)<br>(1)竞争对手对自己的假设;<br>(2)竞争对手对产业及产业中其他公司的假设 | 竞争对手的能力(优势和劣势)<br>(1)核心能力;<br>(2)成长能力;<br>(3)快速反应能力;<br>(4)适应变化的能力;<br>(5)持久力 |

这四个维度的信息有助于企业了解、分析和预测竞争对手的行为和针对他们的行为可能采取的行动。有效的竞争对手分析有助于企业在行业内实现成功的竞争。然

而,企业在进行竞争对手分析的时候,企业不仅要收集有关竞争对手的情报,还要收集众多国家相关的公共政策信息,这些信息有利于形成对国外竞争对手战略态势的理解。微软公司持续对其竞争对手谷歌进行各方面的分析,以便在搜索引擎业务方面获得主导地位。

### (二)应对竞争对手竞争的战略类型

在分析某个特定行业或战略集团的竞争激烈程度时,预测各种竞争对手的特征是很重要的。迈尔斯和斯诺认为行业内的企业可以基于总体战略导向被分为四种基本类型:防御型、开拓型、分析型和反应型。这种区分方式有助于解释为什么面对相同或是类似的环境时,企业采取的行动不同,以及这些企业为什么能长期坚持这种战略。这四种基本类型的特点如下:

1. 防御者  拥有有限的产品线,但是强调改善现有产品和服务的企业。这种成本导向的战略管理理念,导致公司不可能在所有领域创新。

2. 开拓者  是指具有相当广泛的产品线,十分关注产品创新和市场机遇的企业,采用此种战略的企业是行业的"领头羊"。例如,苹果公司推出的手机、平板电脑等,凭借其新颖的外形和软件获得消费者的青睐。

3. 分析者  指至少在两个不同产品市场领域运营的公司,一个领域保持相对稳定,另一个领域随着变化而调整。在相对稳定的领域,分析者强调效率,而在变动调整的领域则积极创新。例如,联合利华公司为多个市场提供各种消费品,产品的开发相对谨慎。

4. 反应者  这类企业是受到外部环境的变化所迫,不得不改变战略。

## 四、消费者需求分析

消费者需求状况的分析是公司外部环境分析的重要方面。市场需求状况与公司营销战略决策密切相关。研究分析消费市场,可以使企业真正和全面了解消费者的需求,掌握消费市场的规律,从而做出正确的决策,满足市场的需求,获得良好的经济效益。因此,消费者需求分析是企业制定战略时应重点考虑的部分。消费者分析对消费者的主要特征及消费者如何做出购买决定进行了阐述。

### (一)消费者购买过程

消费者的购买行为是一个复杂、动态的过程,主要分为明确需求、收集信息、评估方案、购买决策和购后行为五个阶段。

1. 明确需求  消费者的购买行为是源于对某种需求的认识。由于存在需要,而这种需要没有被满足,人们才会想到去购买某种产品或者服务。有些时候这种需求不是消费者自己发现的,而是企业通过创新来创造新的需求。索尼公司的创始人盛田昭夫就说:"市场需求是靠我们来创造的。"

2. 收集信息  消费者确定需要产品和服务后,会积极收集有关信息,以便做出正确的决策。通常来说,消费者会通过以下三种途径获得信息:一是公共来源:网络、电视、展览会、消费团体和机构等;二是个人来源:亲戚、朋友、邻居等推荐;三是经验来源:消费者对不同的产品、服务进行比较和使用从而获得信息。

3. 评估方案  消费者通过各种方式收集信息后,需要对资料进行整理、分析,形成不同的购买方案,然后对不同的方案进行评价比较,最终确定购买选择。

4. 购买决策  消费者决定实施购买时需要确定购买的品牌、购买的数量、购买的时间、支付方式等。而这些决策往往会受到消费者本人意愿和外部环境的影响。例如,小罗在购买笔记本电脑时选择了 A 品牌,但是他的女友认为应该购买性价比更高的 B 品牌,小罗有可能因此而改变选择。

5. 购后行为 消费者在购买产品后还会通过与他人交流和自己的使用情况,对自己的购买行为进行检验。如果购买的产品能最大限度满足消费者的预期,那么消费者会向他人宣传,促使他人也购买此产品。

图 2-2 消费者购买过程

### (二)消费者市场细分

市场细分是指企业通过市场调研,依据消费者的需要、购买习惯等方面的差异,把某一产品的市场整体划分为若干消费者群的分类过程。具有类似需求倾向的消费者群体就是一个细分市场。细分市场的划分标准很多,具体内容详见项目三战略选择。

**典型任务举例 2.1** 为某科技实业有限公司进行外部环境分析(EFE)战略分析

1. 资料

参见典型任务举例 1.1。

2. 要求

根据该企业基本情况和 EFE 矩阵有关规定,为该公司建立 EFE(external factor evaluation)矩阵。

3. 工作过程

步骤①:与班上的 2 位同学共同为该科技实业有限公司建立一个 EFE 矩阵,回顾该公司基本情况。

步骤②:参加这一练习的所有小组都将他们小组的 EFE 总加权分数写在黑板上,并在分数后面作出小组标记。

步骤③:对比所有总加权分数,看哪一组的分数更接近于教师的答案。讨论应如何对各组分数进行调整。

**推荐阅读材料 2.3**

### 外部因素评价矩阵即 EFE(external factor evaluation)矩阵

建立 EFE 矩阵的五个步骤:

1. 列出在外部分析过程中确认的外部因素。因素总数在 10~20 个之间。因素包括影响企业和其所在产业的各种机会与威胁,列举时机会在前,威胁在后。要尽量具体,可能时要采用百分比、比率和对比数字。

2. 赋予每个因素以权重,其数值由 0.0(不重要)到 1.0(非常重要)。权重标志着该因素对于企业在产业中取得成功的影响的相对重要性。机会往往比威胁得到更高的权重,但威胁也可得到高权重。确定权重的方法包括对成功的竞争者和不成功的竞争者进行比较,以及通过集体讨论并达成共识。所有的权重总和必须等于1。

3. 按照企业现行战略对各关键因素的有效反映程度给各关键因素进行评分,范围为1~4分,4代表反映很好,3代表反映超过平均水平,2代表反映为平均水平,1代表反映很差。评分反映了企业战略的有效性,它是以公司为基准的,而步骤2中的权重是以产业为基准的。注意:机会和威胁均可被评为1~4分。

4. 用每个因素的权重乘以它的评分,即可得到每个因素的加权分数。

5. 将所有因素的加权分数相加,以得到企业的总加权分数。

说明:无论EFE矩阵包含的关键机会与威胁数量多少,一个企业所能得到的总加权分数最高为4.0,最低为1.0,平均值是2.5。分值4说明企业在整个产业中对现有机会与威胁做出了最出色的反应。也就是说,企业的战略有效地利用了现有的机会并将外部威胁的潜在不利影响降至最小。而分值1说明公司的战略不能利用外部机会或回避外部威胁。表2-5显示了一家公司的外部因素评价矩阵。

表2-5 某生产无烟烟草公司的外部因素评价矩阵

| 关键外部因素 | 权重 | 评分 | 加权分数 |
| --- | --- | --- | --- |
| 机会 | | | |
| 1. 全球无烟烟草市场实际上还没有被开发 | 0.15 | 1 | 0.15 |
| 2. 禁烟活动导致的需求增加 | 0.05 | 3 | 0.15 |
| 3. 惊人的网上广告的增加 | 0.05 | 1 | 0.05 |
| 4. PINKERTON是折扣烟草市场的领先公司 | 0.15 | 4 | 0.60 |
| 5. 更大的社会禁烟压力使吸烟者转向替代品 | 0.10 | 3 | 0.30 |
| 威胁 | | | |
| 1. 对不利于烟草工业的立法 | 0.10 | 2 | 0.20 |
| 2. 对烟草业的限产加剧了生产竞争 | 0.05 | 3 | 0.15 |
| 3. 无烟烟草市场集中在美国东南部地区 | 0.05 | 2 | 0.10 |
| 4. 粮食和药物管理局进行的不利于公司的媒体宣传 | 0.10 | 2 | 0.20 |
| 5. 克林顿政府政策 | 0.20 | 1 | 0.20 |
| 总计 | 1.00 | | 2.10 |

上表总分值为2.10,说明该公司在利用外部机会和回避外部威胁方面低于平均水平。

## 任务二 企业内部环境分析

在上一个任务中,我们讨论了企业的总体环境、行业环境、经营环境,对企业外部环境中存在的机会和面临的威胁有了一定的认识,但是这还不足以制定企业的战略。在本任务中,我们的讨论将集中在企业自身,通过对企业自身拥有的资源和能力的分析,为企业的战略选择奠定基础。

### 一、企业的资源分析

资源—能力理论是企业环境分析的重要理论基础,资源—能力理论的主要观点是:企业的竞争优势来源于企业控制的有价值的、稀缺的、难以模仿并不可替代的异质性资源。资源的异质性将长期存在,从而使得竞争优势呈现持续性。识别优势的资源和能力,并对其进行有效的开发、培育、提升和保护是战略管理的重要内容。资源和能力的结合能够创造出企业的核心竞争力。

根据资源的来源可以分为内部资源和外部资源。根据资源的实物形态可以分为有形资源和无形资源。本书重点讨论后面一种分类。

1. 有形资源　有形资源是指那些可以看见的、能够量化的资源,包括生产设备、企业厂房、资金等。有形资源的价值是有限的,因为企业不易深入挖掘资源的价值,也就是很难从有形的资源中获得额外的价值。例如,汽车就是一种有形的资源或是资产,但是不可能安排同一辆汽车同时在五条线路上运输产品,也不可能让一个司机同时驾驶5辆汽车。

2. 无形资源　无形资源是不可见的,难以被竞争对手识别、了解、购买、模仿和替代,因此是一种可以为企业带来核心竞争力的重要资源。如果企业拥有很高知名度并且受到重视的品牌,这就可以将诸如声誉转换为企业竞争优势。因此,一些企业极力打造自己的良好的声誉,例如作为中国运动鞋和服饰的自有品牌,为了在国际上与阿迪达斯和耐克竞争,李宁不仅赞助2008年的北京奥运会,并且与中国足协建立良好的合作关系。从此,李宁牌的运动鞋就挂上了中国足协的标志。

表2-6　企业的有形资源和无形资源举例

| | | |
|---|---|---|
| 有形资源 | 财务资源 | 企业的借款能力<br>企业产生内部资金的能力 |
| | 实物资源 | 企业的厂房和设备的地址以及先进程度<br>获取原材料的能力 |
| 无形资源 | 技术资源 | 技术含量,如专利、商标、版权和商业秘密 |
| | 人力资源 | 知识、信任、管理能力、组织惯例 |
| | 创新资源 | 创意、科技能力、创新能力 |
| | 声誉资源 | 客户声誉、品牌、对产品质量、耐久性和可靠性的理解<br>供应商声誉 |

**推荐阅读材料2.4**

### 竭尽全力挽回已经受损的品牌形象

"有些人认为百事可乐公司会因为在某一个国家犯下的愚蠢错误而危及自己的品牌——它的全球品牌,这种观点是不切实际的。"百事可乐公司的CEO英德拉·诺伊说的这番话表明了百事可乐公司在印度面临的危机。百事可乐公司在印度一共有35家工厂,因而印度市场对百事可乐公司而言十分重要。诺伊采取一系列的行动设法使百事可乐公司成为"健康食品销售和劳动力多元化等领域的创始人"。百事可乐公司在2003年被印度研究机构指出"其农药残留量已经达到欧洲实行的农药残留量标准的11～70倍"。这一报告在消费者中引起了强烈的反响,百事可乐产品的销售量骤降30%～40%。百事可乐公司则对此事进行回应,指出百事可乐饮料质量完全符合印度地区标准,印度地区居民泡一杯茶,茶水中的农药残留量达到可乐中的394倍。2007年,百事可乐公司再次遭受公众的指控和谴责。原因是百事可乐公司在印度使用了地下水,这些水被提取出来生产软饮料。而印度地区的人们是要节约用水,软饮料的生产无疑是在浪费水资源。诺伊很清楚,这一问题非常敏感,因为此事涉及印度的水源问题,但是她也指出"软饮料的生产和瓶装水消耗的水资源还不到工业用水量的0.4%"。

为了挽回品牌形象,重新获得消费者的认可和尊重,百事公司在印度采取各种公益行动,包括到乡村地区,为当地的民众挖井,收集雨水,向农民传授水稻和西红柿的种植经验。诺伊及公司所有员工都全身心地投入到百事可乐品牌建设中,收获了良好的口碑和社会信誉。

(资料来源:迈克尔·A.希特.战略管理:概念与案例.北京:中国人民大学出版社,2009)

**止步思考2**

推荐阅读材料2.4中的百事可乐公司拥有的资源有哪些?为什么要极力挽回品牌形象?

### 二、企业的能力分析

当企业对资源进行合理的组合来完成具体的任务时,能力就随之产生了。能力就是企业组织、管理、协调资源的技巧,包括管理中的资源在投入产出转化过程中的互动关系的业务流程和规范。常见的能力有市场营销能力、生产制造能力、研发能力、财务能力、组织管理能力等。

1. 企业的核心竞争能力　企业的核心竞争能力是指能够为企业带来竞争优势并且可以反映企业独特个性的企业能力。企业的核心竞争能力就像镶嵌在皇冠上的宝石,它是相对于其他竞争对手而言,企业可以凭借核心竞争力为自己的产品或服务增加独特的价值。例如,雅芳的核心竞争力是逐户上门推销的专业知识;四川"海底捞"火锅的核心竞争力是其无法比拟的贴心优质的服务。

2. 核心竞争优势的四个标准

【小故事 大道理】

### 资源具有稀缺性

长时间流浪的皮皮和爸爸妈妈刚进入市区,就被几个带着大盖帽的男人用网兜捉住了。

皮皮惊恐地躲在妈妈怀里,看那些大盖帽们骂骂咧咧地拎着它们向前走:"一天到晚这么多野狗,抓都抓不过来。"

"妈妈,他们为什么要抓我?"皮皮十分不明白。

妈妈惊恐地摇摇头。它们三个被带到一间院子里,正要被关入笼子的时候,一个大盖帽忽然把皮皮妈妈拎了出来。

"这可是一只萨摩犬啊,能卖多少钱呢?"那个大盖帽不顾妈妈的挣扎就把它带走了,只留下了皮皮和爸爸在后面大喊大叫。

"为什么他们单单要你妈妈呢?"爸爸惆怅地说。

"你没见他们说吗,因为妈妈是比较少见的萨摩犬,而我们两个只是普通的狗,放到市场上随处可见,并不值钱,所以,他们只要妈妈。"皮皮接着说,"这真是倒霉的一天。"

皮皮妈妈之所以被带走,从管理学上分析就是因为资源的稀缺性。在宠物市场中,皮皮妈妈这种犬种是稀缺的,理所当然会比较抢手。在人们无穷的欲望中,皮皮妈妈可以换来更多的金钱,所以,人们对它的兴趣超过了对皮皮的兴趣。

能为企业带来竞争优势的核心竞争力应该符合以下四个标准:价值性、稀缺性、难以模仿性和不可替代性。不能满足这四个可持续竞争优势标准的能力就不是核心竞争力。这就是说,企业的核心竞争力一定是企业能力,但是企业的能力不一定都是企业的核心竞争力。只有能为客户创造较高价值,独一无二的,无法被竞争者模仿和替代的能力才是核心竞争力。具体的标准参见表2-7所示。

表2-7 核心竞争能力的四个标准

| 核心竞争能力的标准 | 具体阐述 |
| --- | --- |
| 有价值的能力 | 帮助企业减少威胁或者利用机会 |
| 稀有的能力 | 不被他人拥有 |
| 难以模仿的能力 | 历史的:独特而有价值的组织文化或品牌<br>因果模糊因素:竞争力的原因和应用不清楚<br>社会复杂性:经理、供应商及客户间的人际关系、信任和友谊 |
| 不可替代的能力 | 不具有战略对等性的资源 |

(资料来源:迈克尔.A.希特.战略管理:概念与案例.北京:中国人民大学出版社,2009,第78页)

(1)有价值的能力可以帮助企业把握市场中的机会,降低环境中的威胁,企业能够为顾客创造价值。阿里巴巴公司的成功离不开马云的出色领导,阿里巴巴被国内外媒体、硅谷和国外风险投资家誉为与Yahoo、Amazon、eBay、AOL比肩的五大互联网商务流派代表之一。它推动了中国商业信用的建立,为中小企业创造了无限机会,正如马云所说"让天下没有难做的生意"。阿里巴巴的运营能力和模式为客户创造了无穷价值。

（2）稀缺性的能力是只有少数竞争对手才能拥有的能力。如果很多的竞争对手都具有的能力不太可能成为企业的核心竞争能力，不能为企业创造竞争优势。如，在香港的五星级观光酒店中，半岛酒店位于九龙半岛的天星码头旁，占据有利的地理位置，游客可以遥望对岸香港岛和维多利亚港美不胜收的海景和夜景。这便是它的一大特色，构成其竞争优势的一个来源。

（3）难以模仿的能力指其他企业不能轻易复制的能力。企业之所以能形成难以模仿的能力主要有以下三个原因：第一，企业具有特定的历史或者企业文化，逐渐发展成为其他企业不能轻易模仿的优势。如华为的狼性管理理念是基于公司长期的创新和人才激励体制，不是其他竞争对手能轻易取得的。第二，因果模糊性因素是竞争对手不能确定企业成功的原因是什么，也不知道需要形成什么样的能力才能获得竞争优势。如四川的海底捞凭借其优质的服务质量赢得了大量的消费者，很多中餐企业纷纷模仿，提升服务水平，但是都没有海底捞成功。究其原因，还是大多数的企业无法完全复制海底捞独特的企业文化。第三，社会复杂性。若企业获得竞争优势的能力是与人际关系、信任、文化和其他的社会资源联系在一起，这种能力就较难在短期内复制。如高中层管理者与员工之间的信任，企业在客户中的声誉等。

（4）不可替代的能力指企业的资源如果很容易地被替代，那么即使竞争者不能拥有或模仿企业的资源，它们也仍然可以通过获取替代资源而改变企业的竞争地位，如一些旅游景点的独特优势很难被其他景点所取代。

**推荐阅读材料2.5**

## 世界知名公司的核心能力

表2-8 聚焦战略：世界知名公司的核心能力

| 公司名称 | 核心能力 |
| --- | --- |
| 索尼 | 微型化电子产品的设计和制造技术 |
| 丰田 | 汽油发动机设计及制造 |
| 佳能 | 精密仪器研制，光学、影像和微处理器控制 |
| 海尔 | 市场整合能力，企业与市场机制及产品功能与用户需求的整合 |
| 携程 | 优秀的管理团队；CTRIP理念；商业联盟与风险融资能力 |
| 耐克 | 优越的市场营销和分销能力及在运动服装领域的产品设计 |
| 沃尔玛 | 能有效地利用后勤物流管理技术 |
| 微软 | 激励、授权以及留住员工 |
| 宝洁 | 有效地推广品牌产品 |
| 奥的斯电梯 | 开发精密的电梯控制系统 |

## 三、波士顿矩阵

公司战略能力分析的另一个重要内容是分析公司的业务组合,保证业务组合的优化对于公司的获取收益至关重要。波士顿矩阵就是公司业务组合分析的主要方法之一。

### (一)基本概念

波士顿矩阵(BCG Matrix),又称市场增长率——相对市场份额矩阵,是美国著名的管理咨询公司波士顿咨询公司利用相对市场占有率和市场增长率这两项变量,将市场机会进行归类,用来分析和规划企业产品组合的方法。这种分析方法有助于其将有限的资源合理分配到恰当的产品结构中去,以保证企业的收益。

波士顿矩阵认为一般决定产品结构的基本因素有两个:市场增长率和相对市场占有率。前者反映产品在市场上的成长机会如何,是否具有发展机会,是决定企业产品结构是否合理的外在因素,而后者则直接显示企业产品的竞争实力,是决定企业产品结构的内在因素。

### (二)基本原理

波士顿矩阵的纵坐标表示产品市场增长率,即产品的销售增长速度,用10%平均增长率作为界限。横坐标表示相对市场占有率(以企业某项业务的市场份额与这个市场上最大的竞争对手的市场份额之比),相对市场占有率的分界线为1.0(在该点本企业的某项业务与该业务市场上最大竞争对手市场份额相等),划分为高、低两个区域。

如图2-3所示,根据市场增长率和相对市场占有率的不同组合,会出现四种不同性质的产品类型:

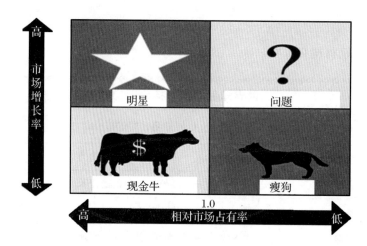

图2-3 波士顿矩阵

1. 问题业务　市场增长率高、相对市场占有率低的产品群。这业务通常处于最差的现金流量状态,一方面,该业务的相对市场占有率低,产生的现金流少;另一方面,所在产业的市场增长率高,企业需要大量投资支持其发展。对这类业务,企业应该进行详细的分析后,看是否需要投资,选择适宜的战略类型。

2. 明星业务　市场增长率和相对市场占有率"双高"的产品群。这种业务处于快速增长的市场中,并且占有较大的市场份额。"明星"业务的增长和获利态势较好,但是需要投入大量的资源。为了保护和扩展该业务,企业在短期内依然会提供它所需的资源,支持其发展。

3. 现金牛业务　市场增长率低、相对市场占有率高的产品群。这种业务处于成熟的低速增长阶段,产品的盈利高,即使不提供大量资金,也能获得利润,还能支持其他业务的发展。

4. 瘦狗业务　市场增长率和相对市场占有率"双低"的产品群。该业务处于饱和的市场中,行业竞争异常激烈,不仅占用较多的资源,而且获利水平低甚至是亏损。

## (三) 波士顿矩阵的运用

充分了解了四种业务的特点后还需进一步明确各项业务单位在公司中的不同地位,从而进一步明确其战略目标。公司高层管理者可以据此对各战略业务单位采取四项基本战略之一:

1. 发展　发展战略适用于问题业务和明星业务。以提高经营单位的相对市场占有率为目标,甚至不惜放弃短期收益。

2. 保持　这种战略适用于"现金牛"业务,以维持市场地位来获取大量现金流。目标是保持业务单位现有的市场占有率。

3. 收割　该战略适用于对处境不佳的"现金牛"类业务及没有发展前途的"问题"类业务和"瘦狗"类业务。收割战略主要是为尽可能增加短期现金收入,而不管长期利益如何。目标是在短期内尽可能地得到最大限度的现金收入。

4. 放弃　这种目标适用于无利可图又不能给企业创造利润的"瘦狗"类和"问题"类业务。目标在于清理和撤销某些业务,以便将资金投入到经营效益较好的战略业务单位,从而增加盈利。

### 止步思考3

[情境写实]中,分别指出甲公司电力能源业务和水资源与环境业务所属的业务类型,以及应采取的资源配置策略。

### 参考答案

电力业务属于金牛业务。

特征:该类业务具有低增长、强竞争地位,处于成熟的低速增长市场,市场地位有利,盈利率高,不仅本身不需要投资,而且能为企业带来大量现金,用以支持其他业务发展。

水资源与环境业务属于明星业务。

特征:该类业务具有高增长、强竞争地位,处于迅速增长的市场,享有较大的市场份额,其增长和获得有着长期机会。但它们是企业资源的主要消耗者,需要大量投资。为了保护和扩展明星业务的市场主导地位,企业应对之进行资源倾斜。

### 典型任务举例2.2　为某科技实业有限公司构造一个BCG矩阵

1. 资料

参见典型任务举例1.1。

2. 要求

组合矩阵广泛地被跨国公司用于帮助识别和选择战略。BCG 分析可以确定应比其他部门少得到一些资源的部门,它还能确认出某些应当进行剥离的部门。本练习的目的是建立 BCG 矩阵的经验。

3. 工作过程

步骤①:在纸上列出两个标题:相对市场占有率和市场增长率。

步骤②:为该公司建立一个完整的 BCG 矩阵。

步骤③:将你的矩阵与其他同学的矩阵进行比较,讨论你们之间的主要区别。

### 典型任务举例 2.2 拓展

原理:企业在多元化经营时,可以用多级指标来衡量。做法:首先,在两个坐标轴上都增加了中间等级;其次,其纵轴用多个指标反映产业吸引力,横轴用多个指标反映企业竞争地位。这就是通用矩阵(GE 矩阵),又称行业吸引力矩阵,是美国通用电气公司设计的一种投资组合分析方法。它改进了波士顿矩阵过于简化的不足,不仅适用于波士顿矩阵所能使用的范围,而且对不同需求、技术寿命周期曲线的各个阶段以及不同的竞争环境均可使用。图 2-4 中 9 个区域的划分,更好地说明了企业中处于不同地位经营业务的状况。

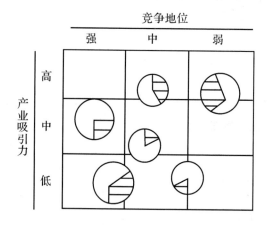

图 2-4 通用矩阵

构建通用矩阵中的产业吸引力和竞争地位两因素时,可通过设计表 2-9 来反映。

表 2-9 行业吸引力—企业实力矩阵评价表

| 项 | 目 | 权 数 | 分 值 | 加权值 |
|---|---|---|---|---|
| 行业吸引力 | 市场规模 | | | |
| | 市场增长率 | | | |
| | 利润率 | | | |

续表2-9

| 项 目 | | 权　数 | 分　值 | 加权值 |
|---|---|---|---|---|
| 行业吸引力 | 竞争强度 | | | |
| | 周期性 | | | |
| | 技术要求 | | | |
| | 社会及环境因素 | | | |
| | 发展机会 | | | |
| | 小计 | | | |
| 企业实力 | 市场占有率 | | | |
| | 市场占有率增长率 | | | |
| | 产品质量 | | | |
| | 品牌形象 | | | |
| | 分销渠道 | | | |
| | 促销效率 | | | |
| | 生产能力 | | | |
| | 生产效率 | | | |
| | 单位成本 | | | |
| | 原材料供应 | | | |
| | 产品开发 | | | |
| | 管理能力 | | | |
| | 小计 | 1.0 | | |

## 任务三　SWOT分析

### 一、SWOT分析概述

SWOT分析是战略管理中应用最多的一种分析工具,通过对企业的内部和外部环境、内部的资源能力以及有可能影响企业战略制定的因素进行总结,从而帮助企业评估是否有机会进一步利用组织已有的独特资源和核心能力来实现新的发展。

SWOT代表四个要素:优势(Strengths)、劣势(Weaknesses)、机会(Opportunities)和威胁(Threats)。它实际上是将内、外环境分析的内容进行综合和概括,进而分析组织的优势、劣势、面临的机会和威胁的一种方法。详细内容参见表2-10。

表 2-10 SWOT 分析内容

| 要素 | 含义 | 表现 | 关键要素 |
|---|---|---|---|
| 优势 | 是指能给企业带来重要竞争优势的积极因素或独特能力 | 企业的资金、技术设备、员工素质、产品、市场、管理技能等方面 | 成本优势、规模经济、雄厚的资金支持、高素质的管理人员、产品专利、精湛的生产工艺等 |
| 劣势 | 是限制企业发展且有待改正的消极方面 | | 设备老化落后、竞争地位低、产品线范围窄、技术滞后、战略方向不明、管理方式陈旧等 |
| 机会 | 是随着企业外部环境的改变而产生的有利于企业的时机 | 政府支持、高新技术的应用、良好的购买者和供应者关系等 | 市场增长迅速、政府政策支持、可以增加互补产品、有进入新市场的可能、有进入新市场的机会等 |
| 威胁 | 是随着企业外部环境的改变而产生的不利于企业的时机 | 如新竞争对手的出现、市场增长缓慢、购买者和供应者讨价还价能力增强、技术老化等 | 市场增长缓慢、行业竞争压力巨大、不利的政府政策、购买者讨价还价能力增强、用户的消费偏好发生转变等 |

## 二、SWOT 分析的应用

SWOT 矩阵由 9 个格子组成,其中有 4 个因素格,4 个战略格,而在上角的格子永远是空格。以 SO、WO、ST、WT 为标题的 4 个战略格要在 S、W、O、T 4 个空格完成后再填写。建造一个 SWOT 矩阵的过程包括如下 8 个步骤:

(1) 列出公司的关键外部机会。
(2) 列出公司的关键外部威胁。
(3) 列出公司的关键内部优势。
(4) 列出公司的关键内部劣势。
(5) 将内部优势与外部机会匹配并记录 SO 战略。
(6) 将内部劣势与外部机会匹配并记录 WO 战略。
(7) 将内部优势与外部威胁相匹配并记录 ST 战略。
(8) 将内部劣势与外部威胁相匹配并记录 WT 战略。

上述匹配的目的在于产生可行的备选战略,而不是选择或确定最佳战略。并不是所有在 SWOT 矩阵中得出的战略都要被实施。图 2-5 显示了 SWOT 分析的矩阵结构战略图。其中在左上角的企业具有良好的内部条件和外部的机会,说明应该采取增长型的战略;处于左下角的企业,面临巨大的外部机会,但是受到内部劣势的制约,说明应该采取扭转型战略;在右下角的企业,内部存在劣势,外部面临强大的威胁,说明应该采用防御型的战略;处于右上角的企业,具有一定的内部优势,但是外部环境存在威胁,说明应该采取多元化经营战略,在多样化经营商寻找长期发展机会。SWOT 分析是战略分析与战略选择两个阶段的连接点,可以制定出企业下一步的行动计划。表 2-11 是××游轮的 SWOT 矩阵分析。

|  | 外部环境 | |
|---|---|---|
|  | 机会-O | 威胁-W |
| 内部环境 优势-S | 增长型战略(SO)（Ⅰ） | 多元化战略(ST)（Ⅳ） |
| 劣势-W | 扭转型战略(WO)（Ⅱ） | 防御型战略(WT)（Ⅲ） |

**图 2-5　SWOT 分析的矩阵结构战略图**

**表 2-11　××游轮的 SWOT 矩阵分析**

|  | 优势 -S<br>1. 拥有 34% 的市场份额<br>2. 拥有大量船只<br>3. 有 6 条不同的游船路线<br>4. 航海旅游业的创新者<br>5. 船只种类最多<br>6. 正在建造最大的游船<br>7. 高品牌认知度<br>8. 总部位于迈阿密<br>9. 方便的网上订票 | 劣势 -W<br>1. 一些子公司的巨大亏损<br>2. 建造新船只导致负债增加<br>3. 未进入亚洲市场 |
|---|---|---|
| 机会 -O<br>1. 航空旅游量下降（"9.11 事件"）<br>2. 亚洲市场尚未开发<br>3. 对公主邮轮的可能收购<br>4. 可利用新的天气预报系统<br>5. 对全包度假旅游需求的增长<br>6. 家庭可支配收入的增加<br>7. 结婚率上升－更多的蜜月 | SO 战略<br>1. 增加游船载客量，以便从航空业得到更多游客。（S6、O1、O3）<br>2. 在网上展示旅游点的天气。（S9、O4）<br>3. 提供跨大西洋航线。（S6、O4）<br>4. 收购 D 公司 | WO 战略<br>1. 开始提供游日本和太平洋岛屿项目。（W3、O2、O3、O4）<br>2. 通过天气预报向旅游者预告。其度假期间可能发生的风暴。（W1、O4） |
| 威胁 -T<br>1. 9.11 后旅游量的下降<br>2. 恐怖主义的活动<br>3. 产业内竞争<br>4. 其他度假方式的竞争<br>5. 经济衰退<br>6. 自然灾害的可能性<br>7. 燃料价格的上涨<br>8. 政府法规管制的变化 | ST 战略<br>1. 对该游轮的船只品种、品牌认知度以及保安政策进行广告宣传。（S3、ST、T1、T2、T5）<br>2. 对不受飓风季节影响的旅游地的广告宣传。（S3、T5、T7）<br>3. 对该企业网站上提供的折扣票。（S9、T6） | WT 战略<br>1. 飓风季节提供低价邮轮票。（W1、T6）<br>2. 研究进入其他外国市场的可行性。（W2、W3、T8、S9） |

（说明：在建立 SWOT 矩阵时，采用具体的而不是笼统的词令非常重要。在各项战略后面加以"W1、T6"这样的标注可说明了建立各备选战略的依据。）

**推荐阅读材料 2.6**

### 甲公司的 SWOT 分析

甲公司是一家以视频技术为核心的安防系列产品制造及智能物联网服务的境内上市公司。2020年4月,公司管理层对经营情况进行分析研判,拟采取一系列应对措施,强化公司的市场竞争优势。有关资料如下:

(1) 产品与技术。甲公司传统视频监控产品的全球市场占有率连续多年保持在15%左右。2017年以来,在视频监控主业之外,甲公司持续加大以视频技术为基础的智慧存储、机器人、汽车电子等新产品开发和销售力度,与传统主业形成有效协同,在业内建立了新的技术高地。新产品通过引领更为丰富的应用场景,为公司发展持续注入新动力。

(2) 形势与挑战。近年来,政府、企业和家庭持续加大对安防的消费支出。甲公司传统视频监控产品的国内需求保持稳定增长。在传统产品的国内地域覆盖率方面,甲公司一直注重在一二线城市的深耕细作,市场占有率较高;尚未涉足三四线城市,权威报告指出三四线城市未来5年市场空间较大。在新产品研发投入方面,2017年至2019年,甲公司新产品研发支出占营业收入比重逐年增长,且远高于行业平均水平,从而保持行业内的技术领先地位。

2019年10月,H国将甲公司列入出口管制企业名单,限制其进口H国原产的商品、技术或服务,甲公司核心产品的主要原材料(M零部件)供应链受限,相关产品的营业收入明显下降。2019年12月,媒体曝光甲公司两名高管人员利用公司制度瑕疵涉嫌与某重要供应商合谋操纵产品价格,谋取私利。甲公司对曝光问题核实后,迅速对相关人员做出了严肃处理并及时予以公告。2020年3月,新冠肺炎疫情蔓延,宏观经济下行,国际市场需求不足,甲公司出口业绩下滑,营运资金占用持续增加。截至2020年一季度末,甲公司存货高达153.5亿元,同比增长123%;应收账款余额为285.4亿元,同比增长39.88%。2020年一季度经营活动、投资活动和筹资活动的现金流量净额分别为 -49.87 亿元、-5.27 亿元和 51.65 亿元。

在本例中,根据SWOT模型原理,甲公司的优势、劣势、机会和威胁分别体现在如下方面:(1)优势:市场份额大、技术领先、近三年研发投入行业内连续增长,保持了技术领先地位。(2)劣势:尚未涉足三四线城市市场;存在制度问题;存在财务问题(营运资金占用持续增加、现金流趋紧,负债上升,出现业绩下滑)。(3)机会:国内传统视频监控产品市场需求稳定增长;三四线城市市场空间较大。(4)威胁:H国管制清单导致甲公司相关业务收入下降,国内业务的原材料供应链受限;疫情导致国际市场需求不足;媒体曝光高管人员涉嫌操纵价格导致企业形象受损。

## 典型任务举例2.3　为某科技实业有限公司构造一个IFE矩阵(internal factor evaluation matrix)

1. 资料

参见典型任务举例1.1。

2. 要求

通过建立IFE矩阵可使你认识到内部因素可以促进人力资源、生产、销售、财务、信息管理、研发部门和分公司管理者的交流以及能使这些部门的管理者有机会表达他们对公司业务状况的关切与想法,这些将促进管理者对公司业务的共识,并使你获得建立IFE矩阵的经验。

3. 工作过程

步骤①：与班上的2位同学组成一个小组,共同为该公司建立一个IFE矩阵。

步骤②：将你组的IFE矩阵与其他组的进行比较,并讨论主要差别。

步骤③：你认为该公司应采取何种战略发挥主要优势? 又可以采取何种战略弥补劣势?

**推荐阅读材料2.7**

### 内部因素评价矩阵即IFE(internal factor evaluation matrix)矩阵

建立IFE矩阵的五个步骤：

(1) 列出在内部分析过程中确认的关键因素。因素总数在10～20个之间。因素包括优势和劣势,列举时优势在前,劣势在后。要尽量具体,可能时要采用百分比、比率和对比数字。

(2) 赋予每个因素以权重,其数值由0.0(不重要)到1.0(非常重要)。权重标志着各因素对于企业在产业中成败的影响的相对大小。无论关键因素是内部优势还是劣势,对企业绩效有较大影响的因素就应得到较高的权重。所有的权重总和必须等于1。

(3) 给各关键因素进行评分,范围为1～4分,4代表重要优势,3代表次要优势,2代表次要弱点,1代表重要弱点。评分是以公司为基准的,而步骤2中的权重是以产业为基准的。注意：机会和威胁均可被评为1～4分。

(4) 用每个因素的权重乘以它的评分,即可得到每个因素的加权分数。

(5) 将所有因素的加权分数相加,以得到企业的总加权分数。

说明：无论IFE矩阵包含多少因素,一个企业所能得到的总加权分数最高为4.0,最低为1.0。平均值是2.5。分值大大高于2.5说明企业的内部状况处于强势,大大低于2.5的企业内部状况处于弱势。表2-12显示了一家公司的内部因素评价矩阵。

表2-12　某计算机公司的内部因素评价矩阵

| 关键内部因素 | 权重 | 评分 | 加权分数 |
|---|---|---|---|
| 优势 | | | |
| 1.数个拥有世界级技能和领导经验的高管人员 | 0.05 | 4 | 0.20 |
| 2.运营成本和销货成本的持续下降 | 0.05 | 3 | 0.15 |
| 3.知名品牌 | 0.05 | 3 | 0.15 |
| 4.《某消费者调查报告》将该公司推荐为第一品牌 | 0.10 | 4 | 0.40 |
| 5.作为直销商,其品牌被广泛接受 | 0.05 | 3 | 0.15 |
| 6.该公司已多样化到非PC产品 | 0.10 | 3 | 0.30 |
| 7.与供应商关系良好 | 0.05 | 4 | 0.20 |
| 8.作为全球第六大PC生产商,拥有规模经济 | 0.05 | 4 | 0.20 |
| 9.有出色的零售店 | 0.05 | 3 | 0.15 |
| 劣势 | | | |
| 1.高营业支出,收入的22%,而戴尔为10% | 0.05 | 1 | 0.05 |
| 2.几乎没有研发支出,而戴尔为收入的18% | 0.10 | 1 | 0.10 |
| 3.资产收益率低 | 0.025 | 2 | 0.05 |
| 4.没有空隙市场 | 0.025 | 2 | 0.05 |
| 5.连续亏损导致现金流不足 | 0.10 | 2 | 0.20 |
| 6.分店数量有限 | 0.05 | 2 | 0.10 |
| 7.海外市场绩效不佳 | 0.10 | 2 | 0.20 |
| 总计 | 1.00 | | 2.65 |

上表总分值为2.65,说明该公司充分利用了自身的优势,克服不足,高于平均水平2.5。

### 典型任务举例2.4　为你的大学制定战略计划

1. 资料

外部因素包括:中学毕业生人数的下降、人口的迁移、与社区居民的关系、学院和大学间竞争的加剧、成人返校学习人数的增加、从地方、省和政府所得资金的减少及进入中国大学的外国学生人数的增加。

内部因素包括:教职工、学生、校友、体育活动、设施、校园和后勤、学生宿舍、管理、筹资、学术活动、餐饮服务、停车场、校园布局、俱乐部、学生联谊会、女生联谊会及公共关系等。

2. 要求

外部及内部因素是企业制定和实施战略的基础。你所在的学院或大学面临着众多的外部机会与威胁,并具有很多内部优势与劣势。本练习的目的在于获取确认这些关键的外部和内部因素的过程。

3. 工作过程

步骤①:在一张纸上写下这样四个标题:外部机会、外部威胁、内部优势、内部劣势。

步骤②:在每个标题下列出适用于你的大学的10个对应因素。

步骤③:以上课的形式讨论这些因素,并在黑板上写下这些因素。

步骤④:通过课堂讨论,你对你的大学有了哪些新的了解?这种讨论如何有益于学校?

## 项目总结

战略分析是战略管理过程很重要的环节之一,主要包括外部环境分析、内部环境分析和SWOT分析等,是学习后续内容的前提和基础。其重点是PEST分析;波特五种竞争力分析;主要竞争对手分析;企业核心能力分析;波士顿矩阵分析以及SWOT分析等。难点是PEST分析法的应用;波特五力模型的应用;BCG的应用;SWOT分析法的应用等。

## 闯关考验

一、单选题

1. 在波特的战略管理理论中,用于分析一个产业竞争水平的是( )。
   A. 五力模型　　　　　　　　　B. PEST分析
   C. 产品生命周期理论　　　　　D. SWOT分析

2. 香港半岛酒店位于九龙半岛的天星码头旁,占据有利的地理位置,游客可以遥望对岸香港岛和维多利亚港美不胜收的海景和夜景。关于半岛酒店这一大特色,以下表述不正确的是( )。
   A. 是半岛酒店难以被竞争对手模仿的无形资源
   B. 是一种稀缺性资源
   C. 有助于半岛酒店获得竞争优势
   D. 是一种有形资源

3. 下列各项中,不属于PEST分析的经济环境因素是( )。
   A. 产业结构　　　　　　　　　B. 经济发展水平
   C. 国民收入分配政策　　　　　D. 人口地区分布

4. 某国际快餐连锁公司在中国开设连锁店,不仅出售汉堡,还有豆浆、油条、米饭等具有中国特色的食品。这说明该国际快餐连锁公司在战略分析中考虑了( )。
   A. 政治和法律因素　　　　　　B. 经济因素
   C. 社会和文化因素　　　　　　D. 技术因素

5. 王老吉在对市场进行分析后得到一个结论,即在消费者的认知中,饮食是上火的一个重要原因,特别是"辛辣""煎炸"饮食,因此王老吉在维护原有的销售渠道基础上,加大力度开拓餐饮渠道,在一批酒楼打造旗舰店的形象,重点选择在湘菜馆、川菜馆、火锅店、烧烤店等销售王老吉,迅速占领了市场,这体现了企业能力中的(    )。

A. 研发能力　　　　　　　　　　　　B. 生产管理能力

C. 营销能力　　　　　　　　　　　　D. 组织管理能力

6. 某国际快餐连锁公司宣布在中东开设连锁店,但并不出售猪肉汉堡,只出售牛肉汉堡、鸡肉汉堡和鱼肉汉堡,该国际快餐连锁公司在战略分析中考虑了(    )。

A. 政治和法律因素　　　　　　　　　B. 经济因素

C. 社会和文化因素　　　　　　　　　D. 技术因素

7. 根据波士顿矩阵理论,当某企业的所有业务均处于高市场增长率时,下列各项关于该企业业务所属类别的判断中,正确的是(    )。

A. 明星业务和现金牛业务　　　　　　B. 明星业务和问题业务

C. 瘦狗业务和现金牛业务　　　　　　D. 现金牛业务和问题业务

8. 下列各项中,不能增加企业核心能力的是(    )。

A. 产品差异化　　　　　　　　　　　B. 购买生产专利权

C. 创新生产技术　　　　　　　　　　D. 聘用生产外包商

9. 乙公司是国内一家大型体育用品企业,具有很高的知名度和较高的消费者忠诚度,对该企业来说是(    )。

A. 机会　　　　　　　　　　　　　　B. 威胁

C. 优势　　　　　　　　　　　　　　D. 劣势

10. 沃尔玛是著名的零售业品牌,它以物美价廉、货物繁多和一站式购物而闻名,这体现了沃尔玛超市的(    )。

A. 优势　　　　　　　　　　　　　　B. 劣势

C. 机会　　　　　　　　　　　　　　D. 威胁

## 二、多选题

1. 企业核心竞争力的判别标准包括(    )。

A. 有价值性　　　　　　　　　　　　B. 难以模仿性

C. 不可替代性　　　　　　　　　　　D. 稀缺性

2. 根据波特的五力模型,下列各项中,可以提高购买商议价能力的原因有(    )。

A. 购买商主要为零散的个人

B. 市场上的替代产品多

C. 购买商对于产品的性能、质量以及售价信息很了解

D. 购买商是集体大量购买

3. 甲公司为某国的电信公司,下列各项因素中,属于甲公司在PEST分析中应考虑的有(    )。

A. 甲公司的总体公司战略

B. 甲移动通信公司所在国政府对企业实施高税收政策

C. 甲公司所在国的电信服务技术

D. 甲公司所在国消费市场的增长迅速

4. 乙公司是上海一家民营企业,其主营业务为汽车制造。乙公司拥有多年汽车制造

经验及大型生产装配工厂,汽车产量位居全国第二。乙公司自主品牌汽车在2008年成为中国销量之首。根据上述信息,可以判断乙公司所拥有的无形资源有（    ）。

　　A. 工厂　　　　　　B. 组织经验　　　　　　C. 品牌　　　　　　D. 专利

5. 丙公司拟开办航空业务并将其基地设在印度,以使企业多元化发展。在分析该战略提案时,丙公司需要对外部环境进行评估,其可使用的分析工具有（    ）。

　　A. 波士顿矩阵分析　　　　　　　　　　B. SWOT分析
　　C. PEST分析　　　　　　　　　　　　　D. 五力模型分析

6. 按照波特的产业五种竞争力分析模型,下列各项因素中,可能对某家航空公司获取产业竞争优势产生不利影响的有（    ）。

　　A. 进入航空业需要大量的资本投入
　　B. 航空产业的产业增长率开始处于下降趋势
　　C. 由于廉价航空公司兴起,使得机票价格大幅降低
　　D. 由于许多大型国际企业采用视频会议管理跨国业务,使得商务航空服务需求降低

7. 下列关于企业资源的表述中,正确的有（    ）。

　　A. 企业文化和组织经验属于企业的有形资源
　　B. 企业协调、配置各种资源的能力属于企业的无形资源
　　C. 企业的无形资源一般难以被竞争对手了解、购买、模仿或替代
　　D. 企业的有形资源包括企业的厂房和资金

8. 商界有句名言"女人和孩子的钱好赚"。从战略分析角度来看,下列说法中不属于主要分析的因素是（    ）。

　　A. 人口因素　　　　　　　　　　　　　B. 价值观
　　C. 生活方式变化　　　　　　　　　　　D. 消费心理

9. 某公司是C国一家以乳制品业务为主业的多元化经营企业,业务范围涉及乳制品、煤化工、房地产、新能源等。某公司对其业务发展状况进行分析,以下各项符合SWOT分析的有（    ）。

　　A. 房地产行业不景气,公司市场占有率低,应采用WT战略
　　B. 乳制品行业增长缓慢,公司市场占有率高,应采用SO战略
　　C. 煤化工行业近年来发展势头明显回落,公司在该行业中具备优势,应采用ST战略
　　D. 新能源行业具有广阔的发展前景,公司在该行业不具有竞争优势,应采用WO战略

10. 某公司是一家历史悠久的老字号餐饮企业。下列各项中,属于该公司战略分析时需要关注的企业资源有（    ）。

　　A. 先进的加工设备
　　B. 仿膳（清廷御膳）制作技艺
　　C. 员工的技能和知识
　　D. 拥有自身原材料绿色生产基地

### 三、简答题

1. PEST分析包含哪些内容?
2. 简述波特五力模型的五力。
3. 简述外部环境分析的内容。

4. 简述决定企业竞争优势的企业资源判断标准。

5. 简述SWOT分析工具从哪几个方面对战略进行分析。

6. 简述BCG矩阵的内容。

7. 企业如何能够拥有持续的竞争优势?为什么公司通常只能在有限的时期内保持竞争优势?为什么说仅仅保持竞争优势是不够的?企业如何能够最好地拥有持久的竞争力?

### 四、任务训练

1. 外部环境分析

【实训目的】识别和评价外部机会和威胁是有效制定战略的必要前提。本练习目的是熟悉你所在学校图书馆中重要的外部信息来源。准备外部分析中关键的另一部分就是上网查询,以及查阅公开出版的有关政府、环境、经济、社会、文化、人口统计、技术和竞争等方面趋势和事件的信息源。

【实训指导】

步骤①:选择一家公司,对其进行外部分析。可通过你所在图书馆或在最近的报纸和杂志上查找有关机会与威胁因素,并利用互联网查找信息。

步骤②:在纸上列出该公司面临的10种机会和10种威胁。对这些因素进行具体的的陈述。

步骤③:在参考文献页说明你所用信息的出处。

步骤④:就你的结论写一份2页长的概要交给老师。

2. 为你的大学建立一个IFE矩阵(internal factor evaluation matrix 即IFE)。

【实训目的】评价你所在大学的主要优势和劣势。

【实训指导】

步骤①:与班上的另外2位同学组成一个三人小组,共同为你校建立一个小组的EFE矩阵。可以用【典型任务举例2.4】中的优势和劣势。

步骤②:在黑板上画出你组的IFE矩阵。

步骤③:将你组的IFE矩阵与其他组的矩阵进行比较,就它们间的区别进行讨论。

步骤④:你认为何种战略可以使你的大学发挥主要优势?何种战略又可使你的大学弥补劣势。

3. 建立个人战略

【实训目的】个人和组织在很多方面相似。两者都有竞争者,也都应当对未来进行规划,每个个人和组织都面对某些外部机会与威胁,也都有一些内部优势与劣势,个人和组织都要树立目标,也都要进行资源配置。这些及其他相似性使个人有可能应用很多战略管理理论和办法。本练习旨在如何将SWOT矩阵用于个人对未来的规划。学生在即将完成学业并开始参加求职面试时,尤其需要进行个人规划。

【实训指导】

在纸上建立一个SWOT矩阵。其中列出包括你认为自己所面对的主要外部机会和威胁及自己所具有的主要优势和劣势。劣势可能是低的平均分数,外部机会可能是你校提供的你所感兴趣的信息。将外部机会与威胁及内部优势与劣势进行匹配,在矩阵的适当方格中填上可使你发挥优势、克服弱势,利用外部机会、减少外部威胁的供选择战略或行动方案。注意在矩阵的战略方格中注明适当的匹配注释。由于每个人都是特殊的,对本练习不存在唯一正确的答案。

4. SWOT 分析工具的应用

【实训目的】获取一个组织(如公司)的机会、威胁、优势和劣势的经验。这些信息对于建立和选择各种战略至关重要。

【实训指导】

步骤①：确认该公司的机会、威胁、优势和劣势。在纸上列出这些关键因素,对各种因素的陈述一定要详细具体。

步骤②：通过课堂讨论,将你对公司内外部因素的分析与他人的分析进行比较,然后对你的因素清单进行补充。保存这一信息,供以后练习时应用。

竞争的奥秘就在于以己之强,攻敌之弱。　　　　　　　　　　　　——布鲁斯·亨德森

今天你进步了吗？请在下面空白处写下你的学习心得吧！

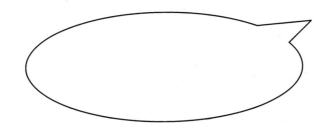

# 项目三 战略选择

 学习目标

※ **知识目标**

1. 掌握总体战略的类型和选择。
2. 掌握并购的动机、类型及失败的原因。
3. 掌握业务单位战略的类型、优势(从对抗五力角度分析)、实施条件等。
4. 掌握中小企业竞争战略选择。
5. 掌握职能战略的主要内容及选择。
6. 掌握国际化经营战略类型及选择。

※ **技能目标**

1. 能识别总体战略的类型并进行战略选择。
2. 能分析并购的动机和并购失败的原因。
3. 能识别业务单位战略的类型并进行战略选择。
4. 能识别职能战略的类型并进行战略选择。
5. 能识别国际化经营战略的类型并进行选择。
6. 能识别新兴市场战略的类型并进行战略选择。
7. 能对某年公司的战略类型进行分类。
8. 能为你的大学选择具体的战略类型。

※ **素质目标**

1. 培养初步的从战略分析到战略选择的能力。
2. 培养初步撰写战略报告的能力。

项目三　战略选择

 知识结构图

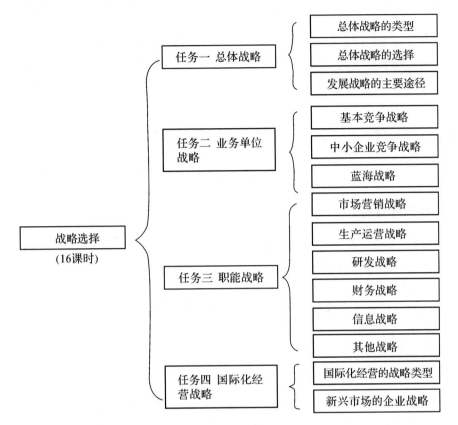

 情境写实

某一音乐会公司,还有一家生产空白压缩式光盘(以下简称光盘)的大制造商的战略计划缺口,如图3-1所示:

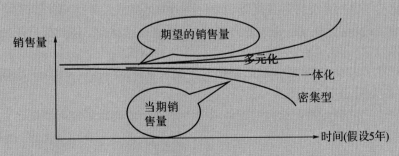

图 3-1　战略计划

最下面的一条曲线表示公司现有经营业务状况,最上面的一条曲线是公司希望在今后5年内所达到的水平。很明显公司希望以快于目前业务所允许的速度增长。但如何才能填补战略计划这个缺口呢？该公司如何进行一体化发展？为了增加销售量，公司将如何进行密集型发展战略以及多元化发展战略？这些均涉及本项目中关于战略选择的问题。在本项目中我们将讨论总体战略、业务单位战略、职能战略和国际化经营战略等内容。

（资料来源：[美]菲利普·科特勒，凯文·莱恩·凯勒.营销管理.上海：上海人民出版社，2006年9月，已做修改）

## 任务一　总体战略

### 一、总体战略的类型

总体战略，是企业最高层次的战略，也称公司层战略。它包含三种类型的战略，即发展战略、稳定战略和收缩战略。

#### （一）发展战略

发展战略是以扩张经营范围或规模为导向的战略，具体有密集型战略、一体化战略和多元化战略三种类型。

1. 一体化战略

【小故事　大道理】

当电影《奔腾年代》(Seabiscuit，由环球影片公司出品)被搬上电视时，它也随即在Bravo(属于NBC公司)和USA Network(属于环球公司)上播出，随后电视改编权的竞拍被环球电视集团获得。NBC将它改编成《最后的灿烂》，在有线电视频道Trio(属于环球公司)播出，而后又改编成西班牙版本在Telemundo频道(属于NBC公司)播放，并被环球工作室(属于环球公司)创作成通俗的娱乐产品。这是媒体公司从一体化增长中获得长期利益。它出自一个商业记者描述的全国广播公司NBC从与维旺迪环球(Vivendi Universal)娱乐公司合并中获利的概况，被认为是一个近乎不现实的例子。

一体化战略是指企业对具有优势和增长潜力的产品或业务，沿其经营链条的纵向或横向延伸业务的深度和广度，扩大经营规模，实现企业成长。一体化战略按照业务拓展的方向可以分为纵向一体化和横向一体化。比如某钢铁生产企业A可以向前延伸和拓展汽车生产业务，也可向后延伸和拓展铁矿石加工业务，也可以与另外一家钢铁生产企业兼并，扩大规模，保持竞争优势。

纵向一体化战略是指企业沿着产品或业务链向前或向后延伸和扩展企业现有业务的战略。企业采用纵向一体化战略有利于节约与上、下游企业在市场上进行购买或销售的交易成本，控制稀缺资源，保证关键投入的质量或者获得新客户。不过，企业一体化也会增加企业的内部管理成本，企业规模并不是越大越好。

纵向一体化战略又可以分为前向一体化战略和后向一体化战略。后向一体化战略是指获得供应商的所有权或加强对其的控制权的战略。后向一体化有利于企业有效控制关键原材料等投入的成本、质量及供应可靠性,确保企业生产经营活动稳步进行。如某罐头食品厂投资建设农副产品生产基地,以解决生产所需原料问题,该厂实施的这一战略属于后向一体化战略。

前向一体化战略是指获得分销商或零售商的所有权或加强对他们的控制权的战略。前向一体化战略通过控制销售过程和渠道,有利于企业控制和掌握市场,增强对消费者需求变化的敏感性,提高企业产品的市场适应性和竞争力。

横向一体化战略是指企业收购、兼并或联合竞争企业的战略。企业用横向一体化战略的主要目的是减少竞争压力、实现规模经济和增强自身实力以获取竞争优势。如美国WCI公司先后于1971年收购了富兰克林电器公司,1972年收购了西屋自动空气阀公司的冰箱部,1978年买下了美国汽车公司的电器部,1979年兼并了通用汽车公司的冰箱部。上述资料体现了WCI公司采用的战略是横向一体化战略。

**止步思考1**

[情境写实]中音乐会公司怎样进行一体化发展?

**参考答案**

可以考虑收购一个或几个供应商(如塑料生产商)以增加赢利或加强控制(后向一体化)。或者,可以考虑收购若干批发商或零售商,特别是当后两者利润很高时(前向一体化)。最后假设政府不禁止的话,甚至可以考虑收购一个或几个竞争对手(横向一体化)。这些新来源可能还不足以达到所预期的销售水平,在这样的情况下,公司必须考虑多样化。

2. 密集型战略

密集型战略又包括市场渗透战略、市场开发战略和产品开发战略三种类型。

(1)市场渗透(Market Penetration):指现有的产品面对现有的顾客,以其目前的产品市场组合为发展焦点,力求增大产品的市场占有率。采取市场渗透战略,主要由促销、提升服务品质等方式来说服消费者改用不同品牌的产品,或是说服消费者改变使用习惯、增加购买量。比如,某银行与某航空公司实行联合发行方式,使用该银行信用卡可累积航空里程积分。

(2)市场开发(Market Development):指以现有产品开拓新市场,企业必须在不同的市场上找到具有相同产品需求的使用者顾客,其中往往产品定位和销售方法会有所调整,但产品本身的核心技术则不必改变。比如,某公司通过与国外经销商合作的方式将生产出来的智能手机销往非洲国家。

(3)产品开发(Product Development):指推出新产品给现有顾客,采取产品延伸的战略,利用现有的顾客关系来借力使力。通常是借助于技术改进与开发研制新产品,以扩大现有产品的深度和广度,推出新一代或是相关的产品给现有的顾客,提高该厂商在现有市场的占有率。比如,某公司开发新一代平板电脑。

安索夫矩阵可以帮助企业科学地选择战略模式,但在使用该工具的时候,必须掌握其核心步骤:

①首先考虑在现有市场上,现有的产品是否还能得到更多的市场份额(市场渗透战略);

②考虑是否能为其现有产品开发一些新市场(市场开发战略);

③考虑是否能为其现有市场发展若干有潜在利益的新产品(产品开发战略);

④考虑是否能够利用自己在产品、技术、市场等方面的优势,根据物资流动方向,采用使企业不断向纵深发展的多元化战略。

**止步思考2**

[情境写实]中,为了增加销售,音乐会公司将怎样应用这三种主要的密集型发展战略呢?

**参考答案**

首先考虑在现有市场上,现有的产品是否还能得到更多的市场份额(市场渗透战略)。在现有市场上增加现有产品的市场份额有三种方法。音乐会公司可以尽力鼓励现有顾客多买,在一定时间内使用更多的光盘。如果能向顾客显示多买光盘用来录制音乐的好处,那么上述做法尤为奏效。或者,音乐会公司可以尽力吸引竞争者的顾客。如果音乐会公司注意到竞争者的产品或营销方案的一些弱点,这样做效果最佳。最后,音乐会公司可以尽力说服那些目前不用光盘的人使用光盘。如果有许多人至今还不会或不知道如何刻录光盘,这一方法就更为有效。

音乐会公司怎样应用市场开发战略呢?第一,它要在当前市场中识别潜在的顾客。如果公司以前一直是向消费者市场出售光盘的,现在它可以考虑进入办公室市场和工厂市场。第二,公司可以考虑利用当地的新渠道把商品分销给其他用户。如果它一直是通过立体声设备商店分销的,现在就可以增加一些大众商品分销渠道。第三,公司可以考虑在当地或国外增加新销售店。如果音乐会公司以前只在美国销售,现在就可以考虑在欧洲、东亚开辟一些市场。

管理层应该考虑开发新产品的可能性。它可以开发光盘的一些新特色,例如增加数据存储量或光盘耐久性。它可以开发不同质量水平的光盘,或者可以研究开发替代技术如数字录音磁带。

通过检查这三种密集型战略,管理层希望能从中找到促进销售增长的途径。然而这还不够,管理层还应该考虑研究一体化发展的可能性。

**战略人物介绍**

伊戈尔·安索夫(H. Igor Ansoff, 1918—2002)在战略管理中的特殊地位最主要表现在对战略管理(Strategic Management)的开创性研究。作为战略管理之父,安索夫于1975年提出了安索夫矩阵,该矩阵又称"产品-市场战略组合"矩阵,参见表3-1所示。该矩阵以产品和市场作为两大基本因素,列出四种产品/市场组合和相对应的发展战略,是应用最广泛的战略选择工具之一。

表 3-1 密集型战略

| 项目 | | 产品 | |
| --- | --- | --- | --- |
| | | 现有产品 | 新产品 |
| 市场 | 现有市场 | （1）市场渗透：在单一市场，经营单一产品，目的在于大幅度增加市场占有率 | （3）产品开发：在现有市场上推出新产品；延长产品寿命周期 |
| | 新市场 | （2）市场开发：将现有产品推销到新地区；在现有实力、技能和能力基础上发展、改变销售和广告方法 | （4）多元化：以新技术或市场而言的相关多元化；与现有产品或市场无关的非相关多元化 |

3. 多元化战略（Diversification）

多元化战略指企业进入与现有产品和市场不同的领域即给新市场提供新产品。由于企业的现有专业知识能力可能派不上用场，因此多元化战略是最冒险的战略。其中成功的企业多半能在销售、产品技术等方面取得某种成效，否则多元化的失败概率很高。

多元化可以分为两种：相关多元化和非相关多元化。相关多元化也称同心多元化，是指企业以现有业务为基础进入相关产业或市场的战略。比如，某生产豆浆机的企业进军黄豆生产加工行业，因为豆浆机和黄豆生产属于产品相关，可判断该企业采取的战略属于相关多元化战略。非相关多元化也称离心多元化，是指企业进入与当前产业和市场均不相关的领域的战略。比如，某公司利用白酒业务积累的资金进军美容行业。

需要注意的是，横向一体化战略与相关多元化战略的区别。横向一体化战略是两个直接竞争企业之间的行为，例如，一家轿车生产企业甲并购另一家轿车生产企业乙，就属于横向一体化战略。而采取相关多元化战略的企业则不属于直接竞争关系，企业只是出于更好的发展目标而向相关产业扩展，可以说它们之间一般不存在直接竞争。例如，一家轿车生产企业甲并购另一家卡车生产企业丁，就属于相关多元化战略。

**止步思考 3**

[情境写实] 中音乐会公司怎样进行多元化发展？

**参考答案**

首先进行同心多元化业务。音乐会公司可以从事激光光盘的制作业务，因为它掌握压缩式光盘的制作。其次进行离心多元化业务。即可以研究某种能满足现有顾客需要的新产品，这种新产品与公司的现有产品关系不大，如制造应用软件、个人管理软件等。此外还可以生产一种文件盘磁带，尽管这种文件盘的生产需要不同的制作程序。

（二）稳定战略

稳定战略，又称为维持型战略，是指限于经营环境和内部条件，企业在战略期所期望达到的经营状况基本保持在战略起点的范围和水平上的战略。如某市自来水公司由市政府全资控股,其确定的公司使命和目标是为该市所有企事业单位和个人提供生产、生活用水服务。根据公司战略理论,该自来水公司选择的战略类型是稳定战略。

### (三) 收缩战略

收缩战略,也称为撤退战略,是在那些没有发展或者发展潜力很渺茫的企业应该采取的战略。收缩战略的常见方式有三种:

1. 紧缩与集中战略　紧缩与集中战略往往集中于短期效益,主要涉及采取补救措施,如调整管理层领导班子、引进和建立有效的财务控制系统、削减人工成本等做法制止利润下滑,以期立即产生效果。

2. 转向战略　转向战略更多地涉及企业的整个经营努力地改变,比如重新定位或调整现有的产品和服务、调整营销策略,在改善产品包装后提高产品价格,以增加收入;加强销售攻势和广告宣传等。

3. 放弃战略　放弃战略涉及企业(或子公司)产权的变更,与前面两种战略相比,是比较彻底的撤退方式。比如在采取转向战略无效时,企业可以尝试放弃战略。放弃战略是指将企业的一个或几个主要部门转让、出卖或停止经营。这个部门可以是一个经营单位、一条生产线或者一个事业部。如特许经营、分包、卖断、管理层与杠杆收购、拆产为股/分拆、资产互换与战略贸易等。

**推荐阅读材料 3.1**

**如何区分是买壳上市还是借壳上市?**

上市公司的上市资格已成为一种"稀有资源",所谓"壳"就是指上市公司的上市资格。买壳上市和借壳上市就是更充分地利用上市资源的两种资产重组形式。

所谓买壳上市,是指一些非上市公司通过收购一些业绩较差、筹资能力弱化的上市公司,剥离被购公司资产,注入自己的资产,从而实现间接上市的目的。

借壳上市,是指上市公司的母公司通过将主要资产注入上市的子公司中,来实现母公司的上市。

它们的共同之处在于,都是一种对上市公司"壳"资源进行重新配置的活动,都是为了实现间接上市。它们的不同之处在于,买壳上市的企业首先需要获得对一家上市公司的控制权,而借壳上市的企业已经拥有了对上市公司的控制权。

**典型任务举例 3.1**　练习对各公司 20×5 年的战略进行分类

1. 资料

(1) 摩根公司以 600 亿收购 BANK one。

(2) KB 公司申请破产,并宣布将其在美国的 1217 家商店中的一半关闭。

(3) 两家大型烟草公司 RJR 和 Williamson 合并。

(4) 麦当劳收购了一家纸杯生产公司。

(5)雅芳将全球广告开支增加一倍。
(6)玩具娃娃生产和邮购公司PIEASANT CO.在曼哈顿开设了一家零售店。
(7)航空公司JETBLUE增加了10余条新航线。
(8)通用汽车开发了氢燃料汽车。
(9)微软推出其首款可以做娱乐中心个人电脑。

2. 要求

根据上述资料,练习对战略类型的辨析。通过分类加强对各种战略类型的理解,同时战略分类技能也有助于帮助理解后面学习的内容。

3. 工作过程

步骤①:在纸上写下9个数字1~9,这些数字对应上述战略类型。

步骤②:何种战略能最好地对应上述9种行动?在纸上写下你的答案。

步骤③:与同学交换答案,并根据老师给出的正确答案相互评分。

### 典型任务举例3.1拓展  认识不同战略的风险程度

工作过程:

步骤①:在纸上纵向写下10个数字1~10,1代表风险最大,2代表风险第二大,以此类推,10代表风险最小。

步骤②:按照你认为的战略风险程度,将下面的战略类型写在数字旁边:横向一体化战略、纵向一体化战略、市场渗透、市场开发、产品开发、相关多元化、非相关多元化、稳定战略、紧缩和集中战略、放弃战略。

步骤③:在得到老师的正确答案及其理由后,给自己的作业评分。每个正确答案得10分。

## 二、总体战略的选择

### (一)影响因素

1. **公司过去的战略**  对于持续经营的公司而言,选择新的战略必须以过去战略作为新战略的起点。充分利用公司现有的资源的同时减少过去战略的限制与影响。

2. **战略选择决策者对风险的态度**  主要有乐于承担风险、回避风险两类。对风险的态度不同,对战略类型的选择会有明显的不同。

3. **公司环境的应变性**  如有些公司在产品开发、技术变革、管理创新等方面引领市场,创造机会,是公司环境变革的创造者;有些公司固守现有阵地,根据市场变化调整规模和发展速度,是环境的适应者;有些公司不能根据环境的变化做出及时准确的反应,往往被市场淘汰,是环境变化的受害者。

4. **公司文化与管理者风格**  公司经营的理念、价值观影响着公司的使命、目标,影响着管理者责任和权力的划分,影响着员工对战略实施的态度,这些都决定着公司战略的选择。

5. **竞争者的行为与反应**  影响着战略选择的正确性。

6. **战略目标实现的时限**  战略实施时间过长或过短影响着战略选择。

### （二）发展型战略选择

**1. 一体化战略**

（1）横向一体化战略的适用条件

① 企业所在产业竞争较为激烈；② 企业所在产业的规模经济较为显著；③ 企业的横向一体化符合反垄断法律法规，能够在局部地区获得一定的垄断地位；④ 企业所在产业的增长潜力较大；⑤ 企业具备横向一体化所需的资金、人力资源等。

（2）纵向一体化战略的适用条件

① 前向一体化的主要适用条件：a 企业现有的销售商销售成本较高或者可靠性较差而难以满足企业的销售需要；b 企业所在产业的增长潜力较大；c 企业具备前向一体化所需要的资金、人力资源等；d 销售环节的利润率较高。

② 后向一体化的主要适用条件：a 企业现有的供应商供应成本较高或者可靠性较差而难以满足企业对原材料、零件等的需求；b 供应商数量较少而需求方竞争者众多；c 企业所在产业的增长潜力较大；d 企业具备后向一体化所需的资金、人力资源等；e 供应环节的利润率较高；f 企业产品价格的稳定对企业十分关键。

**2. 密集型战略**

（1）市场渗透战略的适用条件

① 当整个市场正在增长，或可能受某些因素影响而产生增长时，会比较容易。相反，向停滞或衰退的市场渗透可能会难得多。② 如果一家企业决心将利益局限在现有产品或市场领域，即使在整个市场衰退时也不允许销售额下降，那么企业可能必须采取市场渗透战略。③ 如果其他企业由于各种原因离开了市场，市场渗透战略可能是比较容易成功的。④ 企业拥有强大的市场地位，并且能够利用经验和能力来获得强有力的独特竞争优势，那么向新市场渗透是比较容易的。⑤ 市场渗透战略对应的风险较低、高级管理者参与度较高，且需要的投资相对较低的时候，市场渗透策略也会比较适用。

（2）市场开发战略的适用条件

① 存在未开发或未饱和的市场；② 可得到新的、可靠的、经济的和高质量的销售渠道；③ 企业在现有经营领域十分成功；④ 企业拥有扩大经营所需的资金和人力资源；⑤ 企业存在过剩的生产能力；⑥ 企业的主业属于正在迅速全球化的产业。

（3）产品开发战略的适用条件

① 企业产品具有较高的市场信誉度和顾客满意度；② 企业所在产业属于适宜创新的高速发展的高新技术产业；③ 企业所在产业正处于高速增长阶段；④ 企业具有较强的研究和开发能力；⑤ 主要竞争对手以类似价格提供更高质量的产品。

**3. 多元化战略**

（1）相关多元化（同心多元化）的适用条件

企业在产业内具有较强的竞争优势，而该产业的成长性或吸引力逐渐下降。

（2）非相关多元化（离心多元化）的适用条件

企业当前产业或市场缺乏吸引力，而企业也不具备较强的能力和技能转向相关产品或市场。

### （三）稳定战略选择

采用稳定战略的企业不需要改变自己的使命和目标，企业只需要集中资源于原有的经营范围和产品,以增加其竞争优势。适用于对战略环境的预测变化不大,而企业在前期经营相当成功的企业。

### (四)收缩型战略选择

采取收缩型战略的企业往往是由于外部环境变化,经济陷入衰退之中。比如宏观经济政策的调整、紧缩作用于某一行业的供应、生产、需求等方面引起的突发性、暂时性衰退。也可能是企业经营失误情况下的选择。比如说战略决策失误、产品开发失败、内部管理不善等造成企业竞争地位虚弱、经济资源短缺、财务状况恶化等。也有可能是由于企业发现了更有利的发展机会,需要集中并有效地利用现有的资源和条件等被迫或积极地采取收缩型战略。

**推荐阅读材料3.2**

R集团股份有限公司(以下简称"R集团")是一家在国内上市的大型投资公司,资金充裕且实力雄厚。其全资拥有的S地产代理有限公司(以下简称"S公司")是全国大型连锁经营房地产代理直接机构。S公司在国内每个省分别设立子公司,统筹各省分支公司的业务。而S公司房地产代理佣金的年收入稳居全国第一,营业点数量和代理人数量也位列全国第一。随着国家西部大开发战略的提出和实施,西部G省甲市在旅游和高新技术产业等领域迅速发展,一跃成为龙头城市。而且由于全国房地产正处于行业周期的高峰,以及甲市所拥有的特殊因素,甲市房地产市场更是高速发展,致使全国各地的房地产商纷纷进入甲市投资该市的房地产。

S公司的主要业务和收入并不在甲市,尤其是其分支机构在甲市的营业点数量和人数均落后于甲市的几家本地代理中介机构。相比于S公司,这些机构对甲市情况更为熟悉,具有丰富的人脉关系,收费也低,但服务质量却远低于S公司。S公司在G省的分公司已建立10年,其业务量10年来稳定增长,利润率也维持在较高水平,但业务量及收入总额尚不如本地的代理公司,该分公司管理层的大多数也将会在未来的1~5年间陆续退休。最近,R集团给S公司制定的企业目标是保持市场领先地位,并将年增长率维持在17%左右。由于各省市的业务增长率已经处于很低的水平,S公司管理层认为G省甲市将是公司能否完成任务的一个关键且决定性因素。

本例中,S公司会选择成长型战略。主要理由在于:一是R集团对S公司下发了关于维持市场领先地位的企业目标;二是作为高质量高水平的房地产代理商,S公司其他省的分公司业务几乎饱和,而西部大开发所带来的G省甲市新兴市场的迅速发展为其业务拓展创造了良好机遇。因此,S公司应采取成长型战略。

G省分公司会选择稳定型战略。主要理由在于:G省分公司的管理层接近退休,大部分管理者会满足于现状,缺乏冒险扩张的勇气,以维持利润战略为主,所以会选择稳定型战略。

(资料来源:财政部会计资格评价中心.高级会计实务.北京:经济科学出版社,2021.)

## 三、发展战略的主要途径

发展战略一般可以采用外部发展(并购)、内部发展(新建)与战略联盟三种途径。

### (一) 外部发展(并购)

外部发展是指企业通过取得外部经营资源谋求发展的战略。外部发展的狭义内涵是并购,并购包括收购与合并,收购指一个企业(收购者)收购和吸纳了另一个企业(被收购者)的业务。合并指同等企业之间的重新组合,新成立的企业常常使用新的名称。

按并购双方所处的行业分类可以分为横向并购、纵向并购和多元化并购三种类型;按被并购方对并购所持态度不同,可分为友善并购和敌意并购;按照并购方的不同身份,可以分为产业资本并购和金融资本并购;按收购资金来源渠道的不同,可分为杠杆收购和非杠杆收购。

一般而言,企业基于以下动机并购:(1)避开进入壁垒,迅速进入,争取市场机会,规避各种风险。(2)获得协同效应。与内部发展方式相比,并购是一种合并,成功的合并可以获得协同效应,即合并后的企业从资源配置和经营决策范围的决策中所能寻求到的各种共同努力的效果。(3)克服企业负外部性,减少竞争,增强对市场的控制力。

并购方式的失败率是很高的,造成并购失败主要的原因有以下四点:(1)决策不当的并购。(2)并购后不能很好地进行企业整合。(3)支付过高的并购费用。(4)跨国并购面临政治风险。

**推荐阅读材料3.3**

### "大马不死"的神化

韩国大宇公司从20世纪60年代一个小公司发展成为世界知名的大企业、韩国第二大企业集团。1993年韩国大宇公司提出"世界化战略",企业以"章鱼式"模式进行扩张,从150多家企业迅速发展到600多家,"等于3天增加一个企业"。由于扩张的速度过快、扩张的规模过大,韩国大宇公司未能有效地利用自身的优势完成对被收购企业的整合,最终导致韩国大宇公司于1999年11月解体,打破了"大马不死"的神话。

### (二) 内部发展(新建)

内部发展,也称内生增长,是指企业在不收购其他企业的情况下利用自身的规模、利润、活动等内部资源来实现扩张。内部发展的狭义内涵是新建,新建与并购相对应,是指建立一个新的企业。比如,某公司为减少股利分配,留下更多的资金用于企业规模扩大。

内部发展的动因有以下九点:(1)开发新产品的过程使企业更深刻地了解市场及产品。(2)不存在合适的收购对象。(3)保持同样的管理风格和企业文化,从而减轻混乱程度。(4)为管理者提供职业发展机会,避免停滞不前。(5)可能需要的代价较低,因为获得资产时无须为商誉支付额外的金额。(6)收购通常会产生隐藏的或无法预测的损失,而内部发展不太可能产生这种情况。(7)这可能是唯一合理、实现真正技术创新的方法。(8)可以有计划地进行,很容易从企业资源获得财务支持,并且成本可以按时间分摊。(9)风险较低。而在收购中,购买者可能还需要承担以前业主所做的决策而产生的后果。例如,由于医疗及安全方面的违规而欠下员工的债务。

### (三)战略联盟

战略联盟是指两个或者两个以上经营实体之间为了达到某种战略目的而建立的一种合作关系。合并或兼并就意味着战略联盟的结束。合资企业是战略联盟最常见的一种类型。比如,某企业通过加盟的方式吸引很多投资人;某企业联合几家类似企业组建合资公司等。

促使企业建立战略联盟有许多直接的动因。根据近年来企业战略联盟的实践和发展,可把促使战略联盟形成的主要动因归结为以下六个方面:(1)促进技术创新。(2)避免经营风险。(3)避免或减少竞争。(4)实现资源互补。(5)开拓新的市场。(6)降低协调成本。

总之,从交易费用经济学角度看,并购方式的实质是运用"统一规制"方式实现企业一体化,即以企业组织形态取代市场组织形态;而新建方式的实质则是运用"市场规制"实现企业的市场交易,即以市场组织形态取代企业组织形态。而企业战略联盟是这两种组织形态中的一种中间形态。

推荐阅读材料 3.4

### OEM 与 ODM 知多少?

OEM(Original Equipment Manufacturer,原始设备生产商)和 ODM(Original Design Manufacturer,原始设计制造商)又称为贴牌生产,OEM 是指品牌厂商提供设计图纸,制造企业按单生产;ODM 是品牌厂商看中生产制造企业设计制造的某一产品,或者提出部分修改意见,生产厂家按要求生产,贴上品牌厂商的品牌来进行生产。

## 任务二 业务单位战略

### 一、基本竞争战略

基本竞争战略包括成本领先战略、差异化战略和集中化战略。其中成本领先战略、差异化战略是波特基本战略的基础,而集中化战略是将上述两种战略运用在一个特定的细分市场而已。

#### (一)基本竞争战略的类型

1. 成本领先战略

所谓成本领先战略是指企业通过在内部加强成本控制,在研发、生产、销售、服务和广告等领域把成本降到最低程度,成为产业中的成本领先者的战略。

采用成本领先战略容易形成以下四点优势:① 形成进入障碍;② 增强讨价还价能力;③ 降低替代品的威胁;④ 保持领先的竞争地位。

采用成本领先战略的风险：① 技术的发展如扩大规模、工艺革新等优势不存在；② 模仿的风险；③ 低价优势的失灵。市场需求从注重价格转向注重产品的品牌形象，使得企业原有的优势变为劣势。

2. 差异化战略

**【小故事 大道理】**

### "茅台酒"的特殊促销

1912年，美国政府为庆祝巴拿马运河开凿成功，组织举办了巴拿马万国博览会。我国政府被邀请参加，贵州省推荐的茅台造酒公司的"茅台酒"参加了此次国际博览会。由于当时的中国国际地位低，再加上当时用土陶罐盛装的"茅台酒"形象较差，以至于展会即将结束时茅台酒仍然无人问津。当时，一位聪明的中国代表心生一计，佯装失手摔坏了一坛"茅台酒"，结果酒香四溢，立刻引起与会代表和大会评委的注意。经过反复品尝，评委们一致认为"茅台酒"是世界上最好的白酒，并向"茅台酒"补发了金奖。从此，"茅台酒"一举成名，成为享誉中外的世界名酒。

差异化战略是指企业向顾客提供的产品和服务在产业范围内独具特色，这种特色可以给产品带来额外的加价。

采用差异化战略的优势：① 形成进入障碍；② 降低顾客敏感程度；③ 增强讨价还价能力；④ 防止替代品威胁。

采用差异化战略的风险：①企业形成产品差别化的成本过高；②市场需求发生变化；③竞争对手的模仿和进攻使已建立的差异缩小甚至转向。

3. 集中化战略

集中化战略是针对某一特定购买群体、产品细分市场或区域市场，采用成本领先或产品差异化来获取竞争优势的战略。一般是中小企业采用的战略，具体分两类：集中成本领先战略和集中差异化战略。

采用集中化战略的优势：① 集中战略的实施可以增强中小企业的竞争优势。② 对于大企业来说，采用集中战略也能够避免与竞争对手正面冲突，使企业处于一个竞争的缓冲地带。

采用集中化战略的风险：① 狭小的目标市场导致的风险；② 购买者群体之间需求差异变小；③ 竞争对手的进入与竞争。

**（二）基本竞争战略的战略选择**

1. 影响因素

（1）市场竞争范围。它是企业经营战略选择的首要因素。其中市场细分是确定企业市场竞争范围的基本方法，它为基本战略的选择明确了方向。

（2）企业竞争优势来源。①低成本优势；②独特性优势。

2. 成本领先战略的适用条件

① 产品具有较高的价格弹性，市场中存在大量的价格敏感用户；② 产业中所有企业的产品都是标准化的产品，产品难以实现差异化；③ 购买者不太关注品牌，大多数购买者以同样的方式使用产品；④ 价格竞争是市场竞争的主要手段，消费者的转换成本较低；⑤ 在规模经济显著的产业中建立生产设备来实现规模经济、降低各种要素成本、提高生产率、改进产品工艺设计、提高生产能力利用程度、选择适宜的交易

组织形式。

**3. 差异化战略的适用条件**

① 产品能够充分地实现差异化,且为顾客所认可;② 顾客的需求是多样化的;③ 企业所在产业技术变革较快,创新成为竞争的焦点。

**4. 集中化战略的适用条件**

① 购买者群体之间在需求上存在着差异;② 目标市场在市场容量、成长速度、获利能力、竞争强度等方面具有相对的吸引力;③ 在目标市场上,没有其他竞争对手采用类似的战略;④ 企业资源和能力有限,难以在整个产业实现成本领先或差异化,只能选定个别细分市场。

需要注意的是,当企业想利用其核心能力以满足某一特定产业细分市场的需求而不考虑其他需求时,就可采用集中化战略。可以作为集中化战略目标市场的特定细分市场的例子,比如某一特定的购买群体(如老年人或女人);某特定的产品类别(如专业油漆匠用的油漆或自助用户使用的油漆);某一地理区域或市场(如英国东部或西部)等。

**推荐阅读材料3.5**

### 基本战略的综合分析——战略钟

克利夫·鲍曼(Cliff. Bowman)的"战略钟"是一种基本战略综合分析的工具。它将产品的价格作为横坐标,顾客对产品认可的价值作为纵坐标,然后将企业可能的竞争战略选择在这一平面上用8种途径表现出来。如图3-2所示。

(1)成本领先战略

成本领先战略包括途径1和途径2,可以大致分为两个层次:一是低价低值战略(途径1),二是低价战略(途径2)。

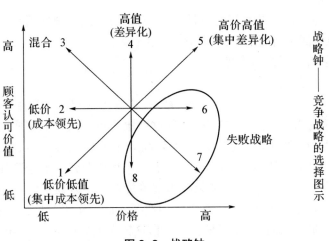

图3-2 战略钟

(2) 差异化战略

差异化战略包括途径4和途径5,也可大致分为两个层次:一是高值战略(途径4),二是高值高价战略(途径5)。

(3) 混合战略

混合战略指途径3。

(4) 失败的战略

途径6、途径7、途径8一般情况下可能是导致企业失败的战略。途径6提高价格,但不为顾客提供更高的认可价值。途径7是途径6更危险的延伸,降低产品或服务的顾客认可价值,同时却在提高相应的价格。

## 二、中小企业竞争战略

波特教授对战略的分析都是基于产业较为成熟的状况来展开的,零散产业和新型产业多是以中小企业为主。以下内容是针对中小企业的战略内容。

### (一) 零散产业中的竞争战略

零散产业是一种结构环境,产业集中度低,没有显著市场份额,没有一个企业对市场有重大影响。零散产业主要由中小企业组成,如快餐业、洗衣业、照相等。

1. 产业零散的原因

产业零散主要由于产业本身的基础经济特征。具体包括三个方面:

(1) 进入障碍低或存在退出障碍,前者导致大量企业涌入该产业,后者导致产业结构难以调整。

(2) 市场需求多样导致产品差异化。由于顾客需求的零散性,导致产品为满足需求而增加多样性和差异化程度,这限制了企业规模经济的范围,效率难以提升。

(3) 无法实现规模经济,这主要是因为固定资产投资规模低所造成的,无法发挥规模优势。

2. 零散产业的战略选择

零散产业中企业的资源和能力条件差异很大,因此战略选择需要从多个角度考虑。如果仍从基本竞争战略角度出发,可以分为三类:

(1) 克服零散,获得成本优势

克服零散的途径有:

①连锁经营或特许经营。如一些便民超市、快餐店、理发店、美容厅等零售业和服务业,通过连锁经营或特许经营的方式可以使这些服务点仍然分散在居民的生活区中间,但是可以建立起区域性的供货配送中心,克服高运输成本,减少库存,快速反映顾客的需求,并分享共同的经验。沃尔玛、家乐福等世界级零售企业就属于这类组织。

②技术创新,创造规模经济。如果技术变换能够产生规模经济,产业集中也可能发生。如美国零售业沃尔玛20世纪80年代初花了4亿美元买卫星,"用卫星卖鸡蛋"的做法曾不为人们理解。而正是由于该公司在信息技术上的投资,在传统零售业中创造了规模经济,使得该公司在21世纪连续多年稳居世界500强第一位。

③尽早发现产业优势。如果零散是由于处于产业初期或成长期,那么随着产业演变

可能会发生集中,如替代品的威胁通过改变顾客需要而触发了集中;政府或管理当局可能提高产品或制造标准,使其超过小企业的能力,以造成规模经济的实现;等等。所以应尽早意识到产业发展趋势,可以使企业较早利用这些结果而处于主动地位。

实施以上策略能够让一部分中小企业成为大企业。但对于广大中心企业而言更多地考虑以下两种战略。

（2）增加附加价值,提高产品差异化程度

如已进入工业化国家之列的意大利发达的产业集群,其产业结构仍然停留在传统的纺织、皮鞋、家具、机械、食品、金属制品、造纸与印刷、首饰等领域,并由此将一个资源匮乏、企业规模小的国家发展成为经济总量排名世界第七的国家。其中关键的要领是意大利的传统产业中融入了大量文化创意的内涵,大大提升了这些传统产业产品的附加价值。

（3）专门化,目标聚焦

零散产业需求多样化,为企业实施重点集中战略提供了基础。可以考虑以下专门化战略：①产品类型或产品细分专门化。②顾客类型专门化,指专注于特定客户也能获得潜在收益。③地理区域专门化,指集中在一个小的地域范围内实现规模经济,集中设备、广告,使用唯一分销商等,如地方性的食品企业。

3. 谨防潜在的战略陷阱

（1）避免寻求支配地位。零散产业特征决定了寻求支配地位很可能无效,即使增加市场份额也会面对低效率或丧失差异性。

（2）保持严格战略约束力。零散产业要求市场集中或专注于某些严格战略原则,坚持原则意味着要舍弃某些业务,保持战略稳定型。易变的战略会导致执行过于随机,削弱自身竞争力。

（3）避免过分集权化。零散产业竞争的本质在于灵活性及反应能力,如人员服务、当地的联系、营业的近距离控制,等等。集权化会导致延缓反应时间,降低差异化程度,难以适应竞争。

（4）了解竞争者战略目标与管理费用。零散产业多家族管理,其管理费用低,与股份制企业相比对价格反应等完全不同,不能按照大企业思路去思考。

（5）避免对新产品做出过度反应。新产品即使销售很好,由于零散产业需求多样性和缺乏规模经济,也不能对其进行大量投资,否则很难收回。

**推荐阅读材料 3.6**

### 美国龙虾业中的 D 公司寻求支配地位的教训

美国龙虾业中的 D 公司曾宣布其目标是成为"龙虾业的通用公司"。它建立了一支昂贵的、具有先进技术装备的庞大的龙虾船队,建立了内部维修和船坞设施,实行了包括运输队和餐馆在内的纵向一体化。但是,龙虾捕捞的特点使它的船队比其他捕捞者并没有显示出明显的优势,反而由于高固定成本引起小捕捞者的价格竞争。小捕捞者对于相当低的收益就感到满意,不像大企业那样寻求较高的投资收益率。其结果,这家寻求支配地位的公司陷入了财务危机,最终停止运营。

### (二)新兴产业的竞争战略

新兴产业是新形成的产业,是技术创新、新需求的出现或技术变化等导致的商业机会,如节能环保、新兴信息产业(包括物联网、三网融合、高性能集成电路和高端软件等)、生物产业(包括生物医药、生物农业、生物制造等)、新能源(包括核能、太阳能、风能等)、新能源汽车、高端装备制造业(包括航空航天、海洋工程装备和高端智能装备等)、新材料等新兴产业。

从战略制定的观点来看,新兴产业的基本特征是没有游戏规则,既是风险也是机会。

**1. 新兴产业内部结构环境**

(1)共同的结构特征。表现在5个方面:①技术不确定。企业运营没有一整套规则方法。②战略不确定性。产业内企业对于竞争对手、顾客、产业条件等信息缺乏,产商在定位、营销和服务等各方面往往采用广泛战略方法。③成本的迅速变化。新兴产业具有陡峭的学习曲线,这意味着新兴产业最初的高成本会以极高的比例下降。随着生产工艺的不断改进,熟练程度提高,销售规模扩大,生产效率会大幅提高。④萌芽企业和另立门户。由于产业没有成型的游戏规则和规模经济作为障碍,会有大量企业涌入,很多雇员也会自行创新。原因在于由于环境的变化很快,充满机会,因此权益投资比薪酬更加具有吸引力;新兴阶段技术变更很快,但对原有企业转换成本过高,从而使得雇员有机会自行创业。⑤首次购买者。新兴产业必须想方设法吸引首次购买者关注产品,才能够带动销售。

(2)早期进入障碍。如专有技术、获得分销渠道、得到适当成本和质量的原料、经验造成的成本优势、风险这些障碍会随着产业发展逐步弱化。

**2. 新兴产业发展障碍**

从波特五力竞争角度分析,主要包括供应者、购买者与被替代品三个方面。

①原材料、零部件、资金与其他供给不足。新兴产业所需新的供应商或需要现存供应商改进原料以满足现有产业需求。这导致供给的缺乏,甚至是原料价格的上涨。另外由于技术和战略的不确定性,新兴产业在金融领域可信度较低,融资成本较高。当然,作为新兴产业,相关的基础设施、服务设施、互补产品也会缺乏。

②顾客的困惑与等待观望。新兴产业中顾客困惑来源于众多产品方案、技术种类和相互宣传。由于技术的不稳定,会增加购买者观望的态度,限制了产业发展。此外,缺乏分销渠道也是新兴产业发展障碍原因之一。

③被替代品的反应。老厂商会想方设法降低替代品的威胁。老产品会进一步降低成本,迫使新兴产业提升了发展难度。

正是由于新兴产业发展存在上述障碍,因此进入新兴产业失败率更高。如美国高技术企业完全失败的占20%~30%,经受挫折后仍可获得一定成功的企业占60%~70%,获得完全成功、取得显著效益的只占5%左右。美国每年建立高新技术企业约50万家,其中3/4在四五年内很快破产,只有1/4的企业在竞争及新技术开发中艰难地生长起来。

同样,新兴产业也会带来发展机遇。新兴产业发展机遇主要来自五力模型的另外两个角度,即进入障碍与产业内现有企业竞争。由于进入障碍较低,而且竞争结构尚未确立,因此新兴产业的进入成本、竞争成本较低,这为新兴产业发展奠定了基础。

### 3. 新兴产业战略选择

新兴产业的企业战略自由度最大,战略优劣对企业经营绩效影响也最大。因此新兴产业战略制定必须处理好不确定性。

(1)塑造产业结构。新兴产业首要的战略问题是考虑企业是否有能力促进产业结构趋于稳定且成型。这种战略选择使得企业能够在产品策略、营销与价格策略建立一套自身的竞争规则,有利于企业长远发展。

(2)正确对待产业发展的外在性。新兴产业的整体形象、信誉,与其他产业关系、吸引力、客户认同等都对产业内企业有影响。企业发展中要注意平衡自身利益与产业发展的关系,要关心产业整体利益,有时甚至暂时放弃自身利益。

(3)注意产业机会与障碍的转变,在产业发展中占据主动地位。新兴产业发展带来很多改变,包括供应商和渠道选择等,当企业发展到一定规模,供应商和分销渠道会主动为适应企业而做出改变。

处理把握新兴产业机会与风险是最具挑战型的战略问题。公司应采取以下几种方式才能取得成功:

①发扬企业家精神实施创造性战略,尽早赢得产业领导地位。
②推动自身技术完善,改进产品质量。
③成为产业中技术标准制定者或开拓者。
④注重有前途的技术,与有能力的供应商建立战略关系,抓住先行优势。
⑤与关键供应商建立联盟,获取专业化技能、技术和关键资源。
⑥追寻新的客户和地理区域。
⑦降低首次购买者试用代价和难度。
⑧采用削价策略吸引后来价格敏感者。
⑨预测与关注产业后期的新进入者。

(4)选择恰当的进入时机与领域。

恰当的进入时机在新兴产业尤为重要。具备以下情况时,早期进入是适当的:

①企业形象和声望对顾客至关重要,企业可因先驱者获益。
②产品中学习曲线很重要,经验难以模仿,不会随着技术更新而过时,早期进入可以较早积累学习经验。
③顾客忠诚很重要,需要较长时间培养。
④通过对早期供应商和渠道商承诺可以带来成本利益。

而在下列情况下,早期进入属于危险情形:

①早期竞争细分市场与产业发展成熟后的情况不同,即使早期进入建立竞争基础,但面临过高转换成本。
②为塑造产业结构,需付出开发市场的高昂代价。
③技术变化使得早期投资过时,晚期进入的反而拥有最新工艺和技术而获益。

**推荐阅读材料 3.7**

### 我国 VCD 产业中两个典型企业对进入时机的不同选择

安徽万燕公司是 VCD 产业的早期进入者,曾经对产业的发展做出了杰出的贡献,但随着产业的发展,失去了继续投资的能力,成为众所周知的"革命先烈";步步高的战略则是当产业成长和利润前景已经明朗的情况下,大规模进入,利用中央电视台这一强势媒体,抢占产业的领先地位。我国 VCD 产业中,这两个公司进入时机的不同而导致的竞争优势的差异值得研究和借鉴。

### 三、蓝海战略

历史表明,产业发展不是一成不变,企业可以重塑这些边界,不必在给定的市场空间内残酷竞争。当前主导型的战略思考仍然是红海战略。原因是战略受军事影响颇深。一旦企业把目光集中于红海,等于接受了战争的限制因素,有限的阵地、必须获胜的理念等,忽略了商业世界的独特力量——避开竞争,创造新的市场空间。

蓝海战略并不将竞争作为标杆,而是另有一套战略逻辑,即价值创新。它并非着眼于竞争,而是力图使客户和企业价值出现飞跃,开辟全新市场空间。事实上,蓝海战略绝非局限于业务战略或竞争战略范畴,它着重于企业产业和市场边界的重建,更多地涉及公司战略范畴。

#### (一)红海和蓝海的关键性差异

红海战略与蓝海战略的比较参见表 3-2 所示。

表 3-2 红海和蓝海的战略比较

| 红海战略 | 蓝海战略 |
| --- | --- |
| 在已经存在的市场内竞争 | 拓展非竞争性市场空间 |
| 参与竞争 | 规避竞争 |
| 争夺现有需求 | 创造新需求 |
| 遵循价值与成本互替原则 | 打破价值成本互替原则 |
| 根据差异化或低成本战略选择 | 同时追求差异化和低成本 |

#### (二)蓝海战略制定的原则

蓝海战略完全不同于典型的战略规划,是一种崭新的战略思维。蓝海战略制定的原则参见表 3-3 所示。

表 3-3 蓝海战略的六项原则

| 战略制定原则 | 各原则降低的风险因素 |
| --- | --- |
| 重建市场边界 | 搜寻的风险 |

续表 3-3

| 战略制定原则 | 各原则降低的风险因素 |
|---|---|
| 注重全局而非数字 | 规划的风险 |
| 超越现有需求 | 规模的风险 |
| 遵循合理的战略顺序 | 商业模式风险 |
| 战略执行原则 | 各原则降低的风险因素 |
| 克服关键组织障碍 | 组织的风险 |
| 将战略执行建成战略的一部分 | 管理的风险 |

### （三）蓝海战略重建市场边界的基本法则

蓝海战略总结了 6 条重建市场边界的基本法则，被称为 6 条路径框架，如表 3-4 所示。

表 3-4 从肉搏式竞争到蓝海战略

| | 肉搏式竞争 | 开创蓝海战略 |
|---|---|---|
| 产业 | 专注于产业内竞争者 | 审慎他择产业 |
| 战略群体 | 专注于战略群体内部竞争地位 | 跨越产业内不同战略群体看市场 |
| 买方群体 | 专注于更好地为买方群体服务 | 重新界定产业买方群体 |
| 产品或服务范围 | 专注于在产业边界内将产品服务价值最大化 | 放眼互补性产品或服务 |
| 功能情感导向 | 专注于产业既定功能情感导向下性价比的改善 | 重设产业的功能与情感导向 |
| 时间 | 专注于适应外部发生的潮流 | 跨越时间参与塑造外部潮流 |

#### ▶▶▶ 典型任务举例 3.2  某科技有限公司的战略选择

1. 资料

资料参见典型任务举例 1.1 或任选一零散产业或新兴产业中的企业。

2. 要求

根据选择的企业资料，练习对该类企业的战略选择。通过实地走访、调查报告加强对该种战略类型的理解。

3. 工作过程

步骤①：在纸上写下 7 个数字 1～7，这些数字对应中小企业的战略选择。

步骤②：画一个矩阵，在纸上写下你的答案。

步骤③：与同学交换答案，并根据老师给出的正确答案相互评分。

## 任务三 职能战略

**【小故事 大道理】**

### 正确地做事与做正确的事

一个大池塘,生活着好多鱼。大鱼优哉游哉,随便张口便有十几条小鱼顺入口中。小鱼看了心中如同火烧,愤怒地对大鱼说:"太不公平了!大鱼为什么吃小鱼?"大鱼很和气:"那么就请你吃我看看,如何?"小鱼张开嘴来咬大鱼,却伤不着大鱼的一个鳞片。大鱼稍微摇动了一下身子,便把小鱼甩了很远。小鱼正确做事的原则就是远离大鱼。

美国企业家H·格瑞斯特提出,杰出的策略必须加上杰出的执行才能奏效。好事干实更好,实事办好愈实。

格瑞斯特定理告诉我们,什么是策略,什么是执行力。所谓策略就是:正确的时间、正确的选择、正确的事;所谓执行力就是正确地做正确的事。

### 一、市场营销战略

市场营销战略是企业市场营销部门根据公司总体战略与业务单位战略规划,在综合考虑外部市场机会及内部资源状况等因素的基础上,确定目标市场,选择相应的市场营销策略组合,并予以有效实施和控制的过程。

1. 市场细分

在市场上,一个营销者很难做到使每一位顾客都满意。顾客各有所好,他们不会都喜欢同一种饮料、住同一家宾馆、买同一处房子、看同一场电影、选同一所大学。针对这一现象,营销者就得从市场细分开始。

所谓市场细分是指具有盈利和明确特征的市场进行细分(常用于消费者商品和服务市场)。可基于以下基础细分:①人口细分,以年龄、收入、社会阶层、性别、地区、职业、家庭等划分;②地理细分,消费者一般有较为固定的、经常光顾的区域,是企业按照消费者所在的地理位置以及其他地理变量(包括城市农村、地形气候、交通运输等)来细分消费者市场;③心理细分,消费者性格和生活方式会影响其购买行为;④行为细分,是企业按照消费者购买或使用某种产品的时机、消费者所追求的利益、使用者情况、消费者对某种产品的使用率、消费者对品牌(或商店)的忠诚程度、消费者待购阶段和消费者对产品的态度等行为变量来细分消费者市场。其中,按地区和人口特征划分是最常用的市场细分方法。具体见表3-5所示。

表3-5 最常用的市场细分

| 变量 | 典型细分标准 |
|---|---|
| 地理的 | |
| 地区 | 亚太地区、山区、华北地区、东北地区、东南中部,等等 |
| 县的规模 | A、B、C、D |
| 城市规模 | 20万以下、20万~50万、50万~100万、100万~400万、400万以上,等等 |
| 人口密度 | 城区、郊区、农村 |

续表 3-5

| 变量 | 典型细分标准 |
|---|---|
| 气候 | 北部气候、南方气候，等等 |
| 人口 | |
| 年龄 | 8岁以下、8~13岁、14~19岁、20~35岁、36~49岁、50岁~64岁、65岁以上，等等 |
| 性别 | 男性、女性 |
| 家庭规模 | 1~2人、3~4人、5人以上，等等 |
| 家庭类别 | 单身青年、年轻无子女夫妇、有8岁以下子女的年轻夫妇、有8岁以上子女的年轻夫妇、中年夫妇、子女在18岁以上中老年夫妇、单身中老年、其他 |
| 收入 | 3 000元以下、3 000~5 000元、5 000~8 000元、8 000~1万元、1万~2万元、2万~3万元、3万~5万元、5万元以上，等等（每月） |
| 职业 | 技术人员、管理人员、行政官员、业主、销售人员、会计、工匠、领班、技工、教师、农民、退休人员、学生、家庭主妇、失业者，等等 |
| 受教育程度 | 小学及以下、中学毕业、大专、本科、研究生、博士，等等 |
| 宗教 | 基督教、天主教、新教等 |
| 种族 | 黄种人、白种人、黑种人等 |
| 国籍 | 中国、美国、加拿大、英国、韩国、澳大利亚、意大利等 |
| 社会心理的 | |
| 社会等级 | 底层下等、底层上等、底层中等、中层上等、上层上等、上层下等 |
| 个性 | 强迫性、善交际性、权力型、雄心型 |
| 行为的 | |
| 使用场合 | 日常场合、特殊场合 |
| 利益取向 | 质量、服务、经济 |
| 使用者类型 | 非使用者、原使用者、潜在使用者、首次使用者、经常使用者 |
| 使用率 | 较少使用者、中等程度使用者、经常使用者 |
| 忠诚度 | 无、中度、高度、绝对 |
| 对产品的认知程度 | 不知道、知道、了解、感兴趣、渴望得到、计划购买 |
| 对产品的态度 | 热情、积极、无所谓、消极、反感 |

## 2. 目标市场选择

市场细分往往根据消费者在人口、心理、行为等上的差异来进行。然后公司就可以判断出能为他们创造出最大机会的服务对象,这就是目标市场。具体表现为企业在决定为多少个子市场服务时,有三种选择:

(1) 无差异市场营销。这种战略对于需求广泛、市场同质性高且能大量生产、大量销售的产品比较合适。一般只有实力强大的大企业才能采用这种策略。

(2) 差异市场营销。差异市场营销是将整体市场划分为若干细分市场,针对每一细分市场制定一套独立的营销方案。

(3) 集中市场营销。实行差异市场营销和无差异市场营销,企业均是以整体市场作为营销目标,试图满足所有消费者在某一方面的需要。集中营销则是集中力量进入一个或少数几个细分市场,实行专业化生产和销售。

## 3. "4P"策略

(1) 产品策略(Product Strategy)。涉及产品种类、质量、设计、性能、品牌名称、包装、规格、服务水平、质量保证、退货等,重点关注产品组合策略、品牌和商标策略。

(2) 促销策略(Promotion Strategy)。促销是营销组合中营销部门最具控制权的一个环节,涉及销售促进、广告推销、人员推销、公共关系、直接营销等。促销组合由四个要素构成:广告促销、营业推广、公关宣传、人员推销。

(3) 分销策略(Place Strategy)。分销策略是确定产品到达客户手上的最佳方式。包括销售渠道、销售覆盖范围、销售点布局、销售区域、库存数量与布局、运输工具等。

(4) 价格策略(Price Strategy)。包括目录价格水平、折扣、折让、付款期限和贷款条件。本教材重点介绍定价策略方法。

定价是营销工具中最有力的策略。如质优价高的定价、跟随市场领导者或市场的定价策略、产品差别定价法以及产品上市定价法。

所谓产品差别定价法,是指企业对同种同质的产品或服务以两种或两种以上的价格来销售,价格的不同并不是基于成本的不同,而是企业为满足不同消费层次的要求而构建的价格结构。而新产品上市定价法包括:①渗透定价法,是以一个较低的产品价格打入市场,目的是在短期内加速市场成长,牺牲高毛利以期获得较高的销售量及市场占有率,进而产生显著的规模经济效益,使成本和价格得以不断降低。渗透价格并不意味着绝对的便宜,而是相对于价值来讲比较低。②撇脂定价法,即将产品的价格定得较高,尽可能在产品寿命初期,在竞争者研制出相似的产品以前,尽快收回投资,并且取得相当的利润。然后随着时间的推移,在逐步降低价格使新产品进入弹性大的市场。一般而言,对于全新产品、受专利保护的产品、需求的价格弹性小的产品、流行产品、未来市场形势难以测定的产品等,可以采用撇脂定价策略。

> **止步思考4**
>
> 若考虑营销变化的广泛性,请回答你的周围在发生这种变化吗?是哪些因素导致了这些变化?有没有有效地针对你的年龄群体的品牌或产品让你觉得能成功地"和你对话"?

**推荐阅读材料 3.8**

### 好名字让人产生联想

我国民族资本家周学熙先生就非常注重企业的名讳,他在唐山建水泥厂,名字叫"启新",再在秦皇岛建玻璃厂,名字叫"耀华",后在天津建染织厂叫"华新"。这里我们不说启新水泥是中国水泥工业的摇篮,耀华是中国玻璃工业的摇篮,而把这些名字连在一起,就可以看出周先生的初衷了。开启新技术——光耀中华——华夏常新,用新的事物启发东方之沉睡雄狮,民族工业光耀中华,使华夏民族以新的面貌屹立于世界之林。周先生以民族工业振兴中华的责任一目了然。

天下经商者谁不期望生意兴隆、财源广进,给商号起个好名字,这是走向致富的第一步;给公司、工厂、商店、酒楼、商品、商标、您所经营的事业取个好名字是工商企业共有的愿望。

名正言顺,名不正,则言不顺。名字,是一个企业信息的指南针,是一个人一生的信息库。同理,给产品品牌起个好名字也至关重要,起好了就成功了一半,起不好则会吓跑80%的客户。好的品牌名字并非是那些看似文雅、深奥,好似很有文化品位的,而是像把"钩子"——能吸引住消费者的眼球,也就是说,好的品牌名字必定有销售力。

产品品牌的名字给人的联想,直接影响该产品的销售量。这是由于千百年来文字、方言、俗语对人形成定性思维的结果。因此,品牌的名字其实是一种无形的卖相。给产品品牌起名字的时候,首先必须考虑该名字在消费者心中的联想范围,如果联想到的事物存在贬义和不吉利的,就得慎重考虑启用与否。品牌名字的内涵决定其外延。所以在为品牌起名字前应该先规划产品线,包括产品的延伸范畴,在此基础上选择适合目前产品线和延伸产品线的品牌名字。外延宽广的起名策略能减少品牌的推广费用,适合于产品线长、品种繁多的品牌。

好品牌名字的发音须遵循三点:一是读起来朗朗上口;二是听起来音节清晰;三是看起来谁都会读且不走音跑调。取名的艺术,也是取得成功的艺术。

### 二、生产运营战略

生产运营战略是企业根据目标市场和产品特点构造其生产运营系统时所遵循的指导思想,以及在这种指导思想下的一系列决策规划、内容和程序。

本书重点介绍产能计划、准时生产系统和质量管理三个知识点。

#### 1. 产能计划

产能计划是指确定企业所需的生产能力以满足其产品不断变化的需求的过程。产能计划的类型包括领先策略(进攻性策略)、滞后策略(相对保守策略)和匹配策略(比较稳健策略)。

一般来说,共有三种平衡产能与需求的方法,即资源订单式生产、订单生产式生产、库存生产式生产。

## 2. 准时生产系统（JIT）

准时生产系统（JIT）也称适时生产系统，基本思想是"只在需要的时候，按需要的量，生产所需要的产品。"这种方式可以显著降低战略实施的成本。在 JIT 生产方式中，零件和原材料在它们正好被需要的时候被送到生产现场，而不是被存放在仓库中作为防止供货延误的缓冲。

准时生产系统的核心是追求一种无库存生产系统或使库存达到最小的生产系统，以期达到排除浪费、降低成本，提高效益的目的。JIT 理念可用于服务型企业以及制造型企业。

准时生产系统的优点：(1)库存量低，减少仓储费用支出；(2)由于仅在需要时才取得存货，因此降低了花费在存货上的运营资本；(3)降低了存货变质、陈旧或过时的可能性；(4)避免因需求突然变动而导致大量产成品无法出售的情况出现；(5)由于 JIT 着重于第一次就执行正确的工作这一理念，因而降低了检查和返工他人所生产的产品的时间。

准时生产系统的缺点：(1)由于仅为不合格产品的返工预留了最少量的库存，因而一旦生产环节出错则弥补空间较小；(2)生产对供应商的依赖性较强，并且如果供应商没有按时配货，则整个生产计划都会被延误；(3)由于企业按照实际订单生产所有产品，因此并无备用的产成品来满足预期之外的订单。

## 3. 质量管理

质量成本又称质量费用，是指将产品质量保持在规定的质量水平上所需的有关费用。质量成本由两部分构成，即运行质量成本（或工作质量成本，或内部质量成本）和外部质量保证成本。

运行质量成本是指企业为保证和提高产品质量而支付的一切费用以及因质量故障所造成的损失费用之和。它又分为四类，即企业内部损失成本、鉴定成本、预防成本和外部损失成本等。而外部质量保证成本，是指为用户提供所要求的客观证据所支付的费用。

全面质量管理（TQM）是一项很受欢迎的质量鉴证技术。全面质量管理质量成本模式基于两个观点：①预防成本和鉴定成本都服从管理层的影响或控制；②内部损失成本和外部损失成本是预防和鉴定方面花费努力的结果。

换句话说，更高的预防成本最终将导致更低的总质量成本，因为评价成本、内部和外部的损失成本都将降低。在开始时就把事情做好，并设计好产品或服务的质量，这才是应该重点关注的。

另外，与生产相关的决策对战略实施努力的成败有很大影响。这些决策除上面涉及的内容外，还包括工厂规模、工厂位置、产品设计、设备选择、加工方式、库存水平、成本控制、标准采用、岗位工作与责任的确定、雇员培训、设备与资源的利用、运货与包装及技术革新，等等。

表3-6显示了营利和非营利组织调整生产系统来满足各种战略实施要求的例子。

表 3-6　生产管理与战略实施

| 企业类型 | 将实施的战略 | 生产系统的调整 |
|---|---|---|
| 医院 | 增设一个癌症治疗中心（产品开发） | 采购专用设备和增加专业人员 |
| 银行 | 增设 8 个营业部（市场开发） | 进行选址分析 |
| 啤酒酿造 | 收购一家大麦农场（后向一体化） | 调整库存控制系统 |
| 钢铁制造公司 | 收购一家快餐连锁酒店（多元化） | 改进质量控制系统 |
| 计算机公司 | 收购一家零售连锁店（前向一体化） | 调整送货、包装和运输系统 |

### 三、研究与开发战略

研发战略是围绕企业战略所确定的产品和市场战略，通过科学的调查和分析而制定的产品开发和工艺开发战略，它为企业产品的更新换代、生产效率的提高和生产成本的降低提供了科学基础和技术保证。

#### （一）企业研发战略的三种定位

企业研发战略至少存在三种定位：第一成为向市场推出新技术产品的企业。第二成为成功产品的创新模仿者。第三成为成功产品的低成本生产者。三种主要的研发战略具体如下：

1. 进攻型战略，也称自主创新战略。自主创新战略是指以自主创新为基本目标的创新战略，是企业通过自身的努力和探索产生技术突破，并在此基础上依靠自身的能力推动创新的后续环节，完成技术的商品化，达到预期目标的创新活动。自主创新基本上都是率先创新。该种研发战略的特点是代价高、风险大、收益大。适用于研发能力、财力均很强的企业。例如，20 世纪 60 年代初，IBM 向第三代集成电路电子计算机进军，一共投资 50 亿美元，相当于美国首批三颗原子弹的科研经费。投资之大，史无前例，以致"研究开发一旦失败，IBM 将不复存在"。IBM 以血的代价开拓创新，奠定了在计算机行业中的领先地位。

2. 追随型战略，也称模仿创新战略。模仿创新战略是指企业不抢先研究和开发新产品，而是在市场上出现成功的新产品时，立即对别人的新产品进行仿造或加以改进，迅速占领市场。因此，模仿创新战略能够帮助企业最大限度地吸取率先者成功的经验与失败的教训，吸收、继承与发展率先创新者的成果。当然这种战略不是简单模仿的战略，而是巧妙地利用跟随和延迟所带来的优势，化被动为主动，变不利为有利的一种战略。该种研发战略的特点是投资少、风险小、见效快，适用于对技术消化吸收能力强的企业。

3. 引进型战略，利用别人的科研力量来开发新产品，通过购买高等院校、科研机关的专利或者科研成果来为本企业服务。通过获得专利许可进行模仿，把他人的研发成果转化为本企业的商业收益。其优点是：进行仿制，可以达到收效快、成本低、风险小的效果。缺点是：由于是仿制，因而有可能利润较少，同时企业技术水平将永远落后在技术输出的企业的后面，从长远来看，过多地依赖引进，势必逐渐削弱企业科技队伍的独创能力和活力,使企业受损,因此技术引进战略在大企业中一般只能用作辅助性的战略。

### (二)研发技术获取途径选择的依据

对于是获取外部企业的研发技术还是在企业内部研发技术,许多企业都举棋不定,以下方法有助于企业做出决策:

1. 如果技术进步速度缓慢、市场增长率适中,并且新的市场进入者有很大的进入障碍,则企业内部研发是最佳选择。原因在于成功的研发能够为企业带来可以利用的、暂时性的产品或流程垄断。

2. 如果技术变化速度较快而市场增长缓慢,则花费大量精力进行研发会给企业带来较大风险。原因在于这可能使企业开发出一种完全过时的、没有任何市场的技术。

3. 如果技术变化速度缓慢但市场增长迅速,则通常没有足够的时间进行企业内部的研发。在这种情况下,最佳方法是从外部企业取得独家或非独家的研发技术。

4. 如果技术进步和市场增长都很迅速,则应从业内的资深企业取得研发技术。

**推荐阅读材料 3.9**

### 达维多定律:永远保持市场领先

创立于1901年的美国吉列公司,之所以能够创造100年来始终傲立剃须刀市场巅峰、占据高达70%市场份额的经营奇迹,其秘诀就在于不断推陈出新,用新产品加快老产品的淘汰。吉列主导世界机械剃须刀市场的思想是:自己淘汰自己,让所有的消费者使用设计越来越精良的产品。

1903年,吉列公司看准了大众市场,推出装有可丢弃刀身的廉价安全刮胡刀,从此改写了刮胡刀的历史。到1962年的顶峰时期,吉列拥有世界刮胡刀市场72%的占有率。

但是,吉列公司也曾遇到严重的挑战。1962年,英国的威金森公司推出不锈刮胡刀,寿命是吉列刮胡刀的3倍,直接威胁到吉列的市场地位。其实,吉列公司早就知道不锈刀片的技术,但因生产不锈刀片必须淘汰原来的设备,因而疏忽了该技术。

虽然威金森公司因为缺乏持续发展的经济资源,最后并没有威胁到吉列公司,但是,这个教训惊醒了吉列,让吉列公司决心不惜牺牲既有的产品来创新。1972年,吉列公司推出了双刀头刮胡刀,眼睁睁看着双刀头刮胡刀逐步打败了自己原来的产品。1977年,当双刀头刮胡刀仍是主流产品时,吉列又推出了旋转式刀头的刮胡刀。1989年,吉列推出了感应式刮胡刀,这个创新之举,真正让刮胡子成为享受。进入21世纪后,吉列又推出了三刀片的剃须刀。

吉列对产品有一种热情,对创新就好像着了迷一样。不论在什么时候,吉列都规划着至少20种产品,每天都有200名员工亲自测试新的刮胡技术。吉列公司演绎着"让你把刮胡子变成乐趣"的神话。吉列公司的故事是以创新写成的成功史。

英特尔公司副总裁达维多提出:一个企业要想在市场上总是占据主导地位,那么就要做到第一个开发出新产品,又第一个淘汰自己的老产品。这就是我们常说的

"达维多定律"。

达维多定律的基点是着眼于市场开发和利益分割的成效。因为人们在市场竞争中无时无刻不在抢占先机,只有先入市场才能更容易获取较大的份额和较高的利润。达维多定律的具体体现就是市场领先战略,如果企业采取这种战略,就必须找到自己的比较优势并尽可能地放大它。

(资料来源:刘志海,李松玉编.管理中的小故事与大道理.北京:人民邮电出版社,2006.)

### 四、财务战略

财务战略是谋求企业资本的合理配置与有效使用,提高资本运营效率,增强企业竞争优势的职能战略。其目标是确保资本配置合理和使用有效而最终实现公司战略。它包括筹资战略(狭义的财务战略)和资金管理战略两种。筹资战略包括资本结构决策、筹资来源决策和股利分配决策等;资金管理战略主要考虑如何建立和维持有利于创造价值的资金管理体系。财务战略的主要任务如下:

1. 确定企业发展各个阶段的主要环境特点。具体参见表3-7。

表3-7 企业发展四个阶段的划分

| 生命周期阶段 | 导入期 | 成长期 | 成熟期 | 衰退期 |
| --- | --- | --- | --- | --- |
| 销售额 | 小,增长慢 | 较大,增长快 | 大,增长慢 | 小,下降 |
| 买方 | 高收入、追求时尚的客户 | 可以接受参差不齐的质量 | 巨大市场、饱和、重复购买 | 精明、挑剔 |
| 产品 | 设计新颖、经常变换、质量一般 | 差异大、质量不断改进 | 质量好、差异缩小 | 差异小、质量可能出问题 |
| 竞争者 | 少 | 竞争者涌入 | 价格竞争 | 部分竞争者退出 |
| 战略重点 | 扩大市场份额、研发和技术是关键 | 扩大市场份额,市场营销是关键 | 巩固市场份额,降低成本是关键 | 控制成本或退出 |
| 投资需求 | 很大 | 较大 | 较小 | 不投资或收回 |
| 净现金流量 | 负数 | 小(正或负) | 很大的正数 | 正数,下降 |
| 盈利性 | 高价格、高毛利、低净利 | 高净利 | 价格下降、净利适中 | 低价格、低毛利、低净利 |
| 经营风险 | 非常高 | 高 | 中等 | 低 |
| 财务风险 | 非常低 | 低 | 中等 | 高 |
| 资本结构 | 权益融资 | 主要是权益融资 | 权益+债务融资 | 权益+债务融资 |
| 资金来源 | 风险资本 | 权益投资增加 | 保留盈余+债务 | 债务 |

续表 3-7

| 生命周期阶段 | 导入期 | 成长期 | 成熟期 | 衰退期 |
|---|---|---|---|---|
| 股利 | 不分配 | 分配率很低 | 分配率高 | 全部分配 |
| 价格/盈余倍数（市盈率） | 非常高 | 高 | 中 | 低 |
| 股价 | 迅速增长 | 增长并波动 | 稳定 | 下降并波动 |

2. 根据上述四个不同发展阶段的划分和特点，企业制定和执行不同的战略。具体见表 3-8。

表 3-8 不同阶段的战略选择

| 阶段 | 财务表现 | 资本结构 | 资本来源 | 股利分配政策 |
|---|---|---|---|---|
| 导入期 | （1）初创期往往资金比较紧张，公司未来存在很高的不确定性，经营风险高；（2）财务风险要适当降低才能够保持公司风险整体水平在可以控制的范围以内；（3）需要较大的投资 | 经营风险最高的阶段，权益融资是最合适的，避免使用负债 | 风险投资者 | 股利支付率大多为零 |
| 成长期 | （1）需要关注成长阶段的企业运营情况及风险，然后才能够据此选择相应的融资战略和股利政策；（2）成长阶段仍然具有较高的经营风险；（3）比较难以向债权人融资，但相对于初创期已有明显好转 | 由于此时的经营风险虽然有所降低，但仍然维持较高水平，不宜大量增加负债比例。继续使用权益融资 | 需要识别新的权益投资者来替代原有的风险投资和提供高速增长阶段所需的资金。最具吸引力的资金来源通常是来自公开发行的股票 | 大多采用低股利政策 |
| 成熟期 | （1）经营风险最小，企业现金流比较充裕；（2）财务风险可以适当提高来更好地利用财务杠杆提升公司价值；（3）适当考虑避税/节税措施（不同国家针对股利所得和资本利得，如回购股票所获得的股价上涨的好处，征收的税率不同） | 由于经营风险降低，应当扩大负债筹资的比例 | 负债和权益但企业权益投资人主要是大众投资者 | （1）提高股利支付率；（2）用多余现金回购股票 |
| 衰退期 | （1）市场萎缩、现金流减少；（2）部分竞争者开始退出 | 进一步提高负债的比例，以获得节税的好处 | 利用债务融资设法借入与公司资产最终变现价值相等的钱 | 高股利支付政策 |

3. 经营风险与财务风险的四种搭配。具体见图 3-3 和表 3-9 所示。

```
                      财务风险
                   低          高
         高   ┌──────────┬──────────┐
              │ 高经营风险 │ 高经营风险 │
    经         │ 低财务风险 │ 高财务风险 │
    营        ├──────────┼──────────┤
    风         │ 低经营风险 │ 低经营风险 │
    险   低   │ 低财务风险 │ 高财务风险 │
              └──────────┴──────────┘
```

图 3-3　经营风险与财务风险搭配

表 3-9　经营风险与财务风险的四种搭配情况分析

| 搭配方式 | 总体风险 | 实现情况 | 举例 |
| --- | --- | --- | --- |
| 高经营风险与高财务风险的搭配（双高搭配） | 很高 | 缺点：该种匹配不符合债权人的要求。<br>实现：因找不到债权人而无法实现 | 一个初创期的小型高科技公司，若通过借款取得大部分资金，其破产的概率很大，而成功可能性很小 |
| 高经营风险与低财务风险的搭配（高低搭配） | 中等程度 | 优点：该种匹配是一种可以同时符合股东和债权人期望的现实搭配。<br>实现：较好实现 | 一个初创期的高科技公司，主要使用权益筹资，较少使用或不使用负债筹资 |
| 低经营风险与高财务风险的搭配（高低搭配） | 中等程度 | 优点：该种匹配是一种可以同时符合股东和债权人期望的现实搭配。<br>实现：较好实现 | 一个成熟的公用企业，大量使用借款筹资 |
| 低经营风险与低财务风险的搭配（双低搭配） | 很低 | 缺点：该种匹配不符合权益投资人的期望，不是一种现实的搭配。<br>实现：不现实搭配 | 一个成熟的公用企业，只借入很少的债务资本或靠政府拨款 |

4. 基于创造价值/增长率的财务战略选择。具体参见图 3-4 和表 3-10 所示。

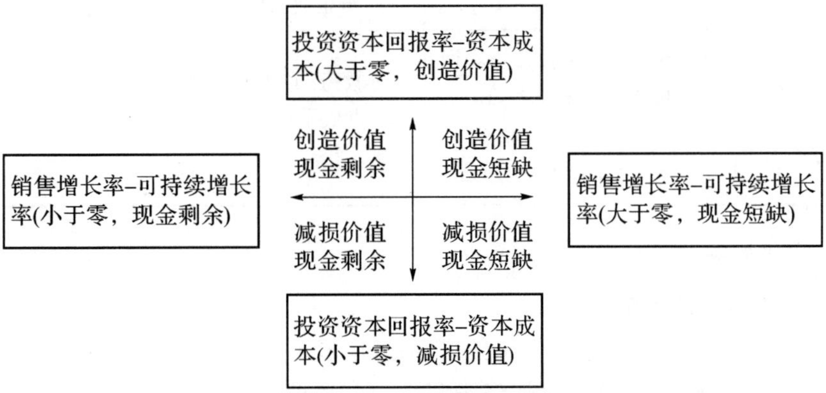

```
              ┌─────────────────────┐
              │ 投资资本回报率-资本成 │
              │ 本(大于零，创造价值) │
              └─────────────────────┘
                创造价值 │ 创造价值
                现金剩余 │ 现金短缺
  ┌──────────────┐       │       ┌──────────────┐
  │销售增长率-可持续增长│       │       │销售增长率-可持续增长│
  │率(小于零，现金剩余)│───────┼───────│率(大于零，现金短缺)│
  └──────────────┘       │       └──────────────┘
                减损价值 │ 减损价值
                现金剩余 │ 现金短缺
              ┌─────────────────────┐
              │ 投资资本回报率-资本成 │
              │ 本(小于零，减损价值) │
              └─────────────────────┘
```

图 3-4　基于创造价值/增长率的财务战略选择

表 3-10 基于创造价值/增长率的财务战略选择分析

| 财务战略类型 | 特点 | 战略选择 |
|---|---|---|
| 增值型现金短缺（第一象限） | （1）创造价值：投资资本回报率-资本成本>0；<br>（2）现金短缺：销售增长率-可持续增长率>0 | 关键是弥补现金短缺。<br>（1）如果高速增长是暂时的，则应通过借款来筹集所需资金；<br>（2）如果高速增长是长期的，则资金问题有两种解决途径：①提高可持续增长率：Ⅰ.提高经营效率：降低成本、提高价格、降低营运资金、剥离部分资产、改变供货渠道；Ⅱ.改变财务政策：停止支付股利、增加借款的比例。②增加权益资本：Ⅰ.增发股份；Ⅱ.兼并成熟企业。 |
| 增值型现金剩余（第二象限） | （1）创造价值：投资资本回报率-资本成本>0；<br>（2）现金剩余：销售增长率-可持续增长率<0 | 关键是解决多余资金：投资和发股利。<br>（1）首选的战略是利用剩余现金加速增长。<br>途径：①内部投资；②收购相关业务。<br>（2）如果加速增长之后仍有剩余现金，找不到进一步投资的机会，则应把多余的钱还给股东。途径包括：①增加股利支付；②回购股份 |
| 减损型现金剩余（第三象限） | （1）减损价值：投资资本回报率-资本成本<0；<br>（2）现金剩余：销售增长率-可持续增长率<0 | 关键是提高增加值，解决现金多余。<br>（1）首选的战略是提高投资资本回报率。<br>途径：①提高税后经营利润率（扩大规模、提高价格、控制成本）；②提高经营资产周转率。<br>（2）在提高投资资本回报率的同时，审查目前的资本结构政策，如果负债比率不当，可以适度调整，以降低平均资本成本。<br>（3）如果企业不能提高投资资本回报率或者降低资本成本，无法扭转价值减损的状态，则应该将企业出售 |
| 减损型现金短缺（第四象限） | （1）减损价值：投资资本回报率-资本成本<0；<br>（2）现金短缺：销售增长率-可持续增长率>0 | 不可救药：重组或出售。<br>（1）彻底重组；<br>（2）出售 |

### 五、信息战略

#### （一）信息战略的类型

与信息相关的战略包括信息系统战略、信息技术系统战略和信息管理战略。

1. 信息系统战略　信息系统战略确定了一个企业的长期信息要求，并且对可能存在的不同信息技术提供了一把"保护伞"。信息系统战略应遵循企业的经营战略，并且必须确保在经营战略实施（如财务、非财务、竞争和人力资源方面的战略实施）的过程中,可获得、保存、共享和使用恰当的信息。信息系统可分为事务处理系统、管理信息系统、企业资源计划系统、战略性企业管理、决策支持系统、经理信息系统和专家系统等7类。

2. 信息技术系统战略　信息技术系统战略指满足企业信息需要所必需的特定系统,包括硬件、软件、操作系统等。每个信息技术系统必须能够获取、处理、概括和报告必要信息。

3. 信息管理战略　信息管理战略涉及信息的储存及访问方式。它会考虑中间接口文件或关系数据库的使用方式、数据库创建和备份功能等。该战略能确保将信息提供给用户,并且不会生成多余的信息。

**推荐阅读材料 3.10**

**你了解必胜客(Pizza Hut)吗?**

必胜客自称拥有世界上最大的快速食品顾客数据库,其中包括4 000万美国家庭,换句话说,就是40%～50%的美国市场数据。公司存有数以百万的售店交易清单。必胜客通过对顾客最喜欢的比萨上的加料,最后一次订单的时间,或者顾客是否在要意大利式香肠比萨的同时要一份沙拉等记录来对顾客进行分类。必胜客利用它的数据库,不但节省了直邮活动中昂贵的费用,而且通过目标营销为每个家庭提供最适合他们的优惠券,并且能预测活动成功率。

### (二)信息技术与信息系统风险控制

信息系统控制分为两大类:即一般控制和应用控制。一般控制从总体上确保企业对其信息系统控制的有效性。目标是保证计算机系统的正确使用和安全性,防止数据丢失。包括人员控制、逻辑访问控制、设备控制和业务连续性等四个方面;而应用控制与管理政策配合,对程序和输入、处理和输出数据进行适当的控制,可以弥补一般控制的某些不足,包括输入控制、过程控制和输出控制。

信息技术控制包括软件控制和网络控制两大类。最常用的网络控制方式有:防火墙、数据加密、授权和病毒防护。

适当的岗位分工与授权审批为所有的信息系统或信息技术提供支撑,以确保有关控制能提供控制的有效性和力度。

一般来说,企业计算机信息系统战略规划、重要信息系统政策等重大事项应当经由董事会(或者由企业章程规定的经理、厂长办公会等类似的决策治理机构)审批通过后,方可实施。财会部门负责信息系统中各项业务账务处理的准确性和及时性、会计电算化制度的制定、财务系统操作规定等。

## 六、其他战略

1. 采购战略

采购是指企业取得所用的材料资源和业务服务的过程。所有企业都设采购部门。采购的任务在于:①识别潜在供应商;②对潜在供应商进行评价;③招标;

④报价,对价格及支付事项进行谈判;⑤下订单;⑥跟踪已下达的订单;⑦检查进货以及对供应商付款。可以通过质量、数量、价格、交货四个领域来取得最佳的采购组合。

当企业确定应从哪个供应商进行采购时可以考虑以下三个策略。三种采购的优缺点参见表3-11。

表3-11 三种采购战略的优缺点

| 采购策略 | 优点 | 缺点 |
| --- | --- | --- |
| 单一货源策略 | (1)采购方能与供应商建立较为稳固的关系;<br>(2)便于信息的保密;<br>(3)能产生规模经济;<br>(4)随着与供应商的关系的加深,采购方更可能获得高质量的货源 | (1)若无其他供应商,则该供应商的议价能力就会增强;<br>(2)采购方容易受到供应中断的影响;<br>(3)供应商容易受到订单量变动的影响 |
| 多货源策略 | (1)能够取得更多的知识和专门技术;<br>(2)一个供应商的供货中断产生的影响较低;<br>(3)供应商之间的竞争有利于对供应商压价 | (1)难以设计出有效的质量保证计划;<br>(2)供应商的承诺较低;<br>(3)疏忽了规模经济 |
| 由供应商负责交付一个完整的子部件 | (1)允许采用外部专家和外部技术;<br>(2)可为内部员工安排其他任务;<br>(3)采购主体能够就规模经济进行谈判 | (1)第一阶供应商处于显要地位;<br>(2)竞争者能够使用相同的外部企业,因此企业在货源上不太可能取得竞争优势 |

2. 人力资源战略

阿姆斯特朗(Armstrong Michael)认为人力资源管理是取得、开发、管理和激发企业的关键资源的一种战略性和一贯性的方法,企业借此实现可持续竞争优势的目标。

人力资源战略需要考虑以下事项:①发展人力资源,以增加产品或服务的价值;②使员工为企业的价值观和目标而努力;③为管理层的利益而不是员工的利益服务;④为人事问题提供战略性解决方法;⑤使人力资源的发展与人力资源策略相联系。任何战略的关键成功因素就是确保在适当的时间、适当的地点有可利用的适当的人力资源。

>>> **典型任务举例3.3** ××公司的具体职能战略选择

1. 资料

资料参见典型任务举例1.1或任选一零散产业或新兴产业中的企业。

2. 要求

根据选择的企业资料,重点对该类企业职能战略选择进行分析。通过实地走访、调查报告加强对采用的战略类型的理解。

## 3. 工作过程

步骤①：在纸上写下7个数字1～7，这些数字对应市场营销、生产运营、研发、财务、信息、采购和人力资源这七个战略。

步骤②：画一个矩阵，在纸上写下该公司在这7个职能战略中具体内容的体现，并写下你的答案。

步骤③：与同学交换答案，并根据老师给出的正确答案相互评分。

## 任务四　国际化经营战略

### （一）国际化经营的战略类型

企业国际化经营的战略基本上有四种类型，即国际战略、多国本土化战略、全球化战略与跨国战略。具体的类型战略选择见表3-12。

表3-12　企业国际化经营的战略选择

| 战略类型 | 含义 | 战略选择 |
| --- | --- | --- |
| 国际战略 | 企业将其在母国所开发出的具有竞争优势的产品与技能转移到国外的市场，以创造价值的举措。 | 全球化协作程度和对东道国本土市场的适应能力均低 |
| 多国本土化战略 | 一个企业的大部分活动，如战略和业务决策权分配到所在国外的战略业务单位进行，由这些单元向本地市场提供本土化的产品，从而把自己有价值的技能和产品推向外国市场而获得收益 | （1）多国本土化战略注重每个国家和地区之间的竞争，认为各个国家情况不同，于是以国界来划分市场区域。<br>（2）它采用高度分权的方式，允许每个部门集中关注一个地理区域、地区或国家。多国本土化战略让各国子公司的管理者有权将企业产品个性化来满足本地消费者的特殊需求和爱好，因此，该战略能使企业面对各个市场的异质需求时的反应最优化。<br>（3）成本结构较高，无法获得经验曲线效益和区位效益 |
| 全球化战略 | 在全世界范围生产和销售同一类型和质量的产品或服务 | （1）企业根据最大限度地获取低成本竞争优势的目标来规划其全部的经营活动，它们将研究与开发、生产、营销等活动按照成本最低原则分散在少数几个最有利的地点来完成，但产品和其他功能则采取标准化和统一化以节约成本，能形成经验曲线和规模经济效益。<br>（2）全球化战略强调集权，由母国总部控制。不同国家的战略业务单元相互依存，而总部试图将这些业务单元整合。<br>（3）全球化战略对东道国本土市场的反应相对迟钝，并且由于企业需要跨越国界的协调战略和业务决策，所以难以管理 |

续表 3-12

| 战略类型 | 含义 | 战略选择 |
|---|---|---|
| 跨国战略 | 企业既寻求多国本土化战略所具有的当地优势，又注重全球化战略带来的效率。因而，运用这种战略的企业在本土化响应和全球效率上都能获得优势 | 跨国战略是让企业可以实现全球化的效率和本土化的敏捷反应的一种国际化经营战略。在跨国成长中，企业同时为获取低成本和适应各地区差别化而努力，一方面按照成本最低原则在全球范围内规划其全部功能活动，另一方面则高度重视地区差别对企业活动的要求。该种战略能够形成以经验为基础的成本效益和区位效益 |

### （二）新兴市场的企业战略

新兴市场是指一些市场发展潜力巨大的发展中国家。这类国家对世界经济发展起到重要推动作用，进出口贸易额在全球贸易中占有越来越高的地位。随着新兴市场国家地位的提高，其成为发达国家跨国公司的目标市场。对于这些国家的消费者来说无疑获得福音，但对于这些国家的企业则形成巨大的市场压力。WTO 对我国消费者和企业的影响就是最典型的例证。那么，在全球化竞争中，这些地区的企业如何进行战略选择呢？

1. 按产业特性配置资源

（1）首先认识不同行业面临的不同压力

估计全球化压力产生的影响时，必须认识到不同产业压力的差异。例如减少贸易壁垒对计算机产业产生巨大影响，但对水泥产业可能只有很少的影响。全球化压力与本地竞争压力是影响企业的两个不同因素。当企业譬如飞机、相机、家用电子产品、计算机等，需要在产品研发、资金筹措、市场营销等方面投入很高，而这部分成本只有通过多个市场销售产品才能分摊时，往往比较依赖于国际化经营，从而导致国际化压力较大。这些产业在全球竞争都采用一套规则，消费者对由此产生的标准化产品也比较满意。

但也有一些产业如服装、包装食品等，企业可以通过满足本国消费者特殊需求而取得成功，企业竞争靠的是与消费者建立良好的关系，由于各个国家消费者消费口味不同，技术标准不一，市场偏好也就不同。这类产业本土化竞争压力较大，全球化压力较低。

当然大部分产业处于两者之间。一般是国际化销售带来规模优势的同时，也要考虑到当地的市场偏好。

（2）评估企业自身资源优势

一旦本土企业对自身产业有所了解，就要评估自身的优势资源。大部分企业在新兴市场中拥有一些资源，使其具备竞争优势，如本土销售网络，与当地政府关系等，这相比于跨国企业优势明显；再如本土企业具有符合当地消费者偏好的特色产品等。本土企业的某些优势还可以成为市场扩张的利刃。例如公司依靠廉价原料和人工成本优势外销产品等。优势资源越多，企业在国外成功机会越大。

2. 本土企业战略选择

（1）防御者。如果企业面临全球化压力小，也没有可转移的优势资源，需要集中力量保护已有的市场份额不被跨国竞争对手侵占。

防御者的战略是利用本土优势进行防御。具体方法包括：目光集中于喜欢本国产品的客户、频繁地调整产品和服务适应客户特殊需求、加强分销网络建设和管理。需要注意，不要试图赢得所有客户，不要一味地模仿跨国竞争对手战略。

（2）扩张者。如果企业面临全球化压力不大，而自身优势资源又可以被移植到海外，那么企业可以将本土市场成功经验推广到国外市场，该企业战略为扩张者，其战略定位是将企业经验转移到周边市场。扩张者战略是向海外延伸本土优势。某种情况下，本土企业不仅可以保住本土市场，还可以通过合理转移优势资源，向其他市场扩张。这需要注意寻找消费者偏好、地缘关系、分销渠道或政府管制与本国市场类似的市场，来最有效地利用自己优势资源。

（3）躲闪者。如果全球化压力大，企业面临巨大挑战。如果自身资源只能在本土发挥作用，企业就必须围绕该资源对关键环节进行重组，以躲避外来竞争对手的冲击，保持企业独立性。躲闪者战略是避开跨国公司冲击。具体选择包括：与跨国公司建立合资与合作企业、将企业出售给跨国公司、重新定义核心业务避开与跨国公司竞争、根据自身优势专注于细分市场、生产与跨国公司产品互补的产品。躲闪者战略难度最大，需要对企业原有战略进行大手术，必须在跨国公司将其淘汰出局时完成。

（4）抗衡者。如果全球化压力大，而优势资源可以转移到海外，则可能与发达国家跨国公司展开正面竞争。抗衡者战略是在全球范围内对抗。具体策略包括：不要拘泥于成本上的竞争，而应该比照行业中领先公司来衡量自身的实力；找到一个定位明确又易于防守的市场；在一个全球化产业中找到一个合适的突破口；学习从发达国家获取资源，以克服自身技能不足和资本缺乏。

**推荐阅读材料 3.11**

### 钻石模型分析的是"钻石"的事吗？

如果说波特价值链是分析企业内部活动的微观分析工具，波特五种竞争力模型是分析企业所属产业环境的中观分析工具，那么，波特的钻石模型就是分析国家和地区竞争力的宏观分析工具。

钻石模型如图 3-5 所示，包括如下四个要素：生产要素，包括人力资源、天然资源、知识资源、资本资源、基础设施；需求条件，主要是本国市场的需求；相关与支持性产业，这些产业和相关上游产业是否有国际竞争力；企业战略、企业结构和同业竞争的表现。

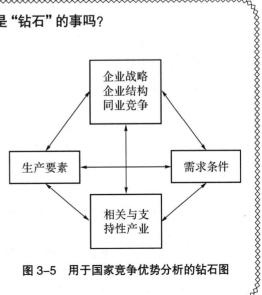

图 3-5 用于国家竞争优势分析的钻石图

## 项目总结

战略选择是战略管理过程很重要的环节之一,主要包括总体战略、业务单位战略、职能战略和国际化经营战略等,是学习后续内容的前提和基础。其重点是熟练掌握总体战略的类型、选择及发展战略的主要途径;业务单位战略的类型、优势、实施条件;职能战略中市场营销、生产运营、研发、财务和信息战略选择等相关内容。难点是各种战略类型的选择和应用。

## 闯关考验

### 一、单选题

1. 将企业经营目标集中到企业总体市场中的某一细分市场上,以寻求在细分市场上的相对优势的战略,属于(   )。
   A. 成本领先战略
   B. 差异化战略
   C. 集中化战略
   D. 稳定战略

2. 下列企业采用的发展型战略中,属于多元化发展战略的是(   )。
   A. 甲碳酸饮料生产企业通过按季更换饮料包装、在各传统节日期间附赠小包装饮料等方式增加市场份额
   B. 乙汽车制造企业开始将其原在国内生产销售的小型客车出口到南美地区
   C. 丙洗衣粉生产企业通过自行研发,开始生产销售具有不同功效的洗发水
   D. 丁酸奶生产企业新开发出一种凝固型酸奶,并将其推向市场

3. 下列财务政策中,可以用来改善增值型现金短缺企业资金状况的是(   )。
   A. 增加债务比例
   B. 支付现金股利
   C. 降低资本成本
   D. 重组

4. 在财务战略矩阵中,处于第三象限的财务战略属于(   )。
   A. 增值型现金短缺
   B. 增值型现金剩余
   C. 减损型现金剩余
   D. 减损型现金短缺

5. 某企业集团的下列业务单位中,适合选择差异化战略的是(   )。
   A. 甲业务单位,生产顾客需求多样化的产品
   B. 乙业务单位,生产购买者不太关注品牌的产品
   C. 丙业务单位,生产消费者转换成本较低的产品
   D. 丁业务单位,生产目标市场具有较大需求空间或增长潜力的产品

6. Y公司是一家轿车生产企业。由于发现其生产的某一款轿车出现质量问题,Y公司将该款轿车召回,召回中发生的维修、更换配件费用属于Y公司质量成本中的(   )。
   A. 预防成本
   B. 鉴定成本
   C. 内部损失成本
   D. 外部损失成本

7. 下列各项中,不属于减损型现金剩余的战略的是( )。
   A. 提高投资资本回报率　　　　　B. 降低资本成本
   C. 出售业务单元　　　　　　　　D. 提高可持续增长率

8. 针对消费者所面临的脱发问题,潘婷洗发水推出强韧防脱系列洗发水,从公司战略的角度看,潘婷洗发水采取的战略是( )。
   A. 稳定型战略　　　　　　　　　B. 一体化战略
   C. 多元化战略　　　　　　　　　D. 密集型战略

9. 李明、王红两个人都于今年一月收到了英国某大学的录取通知书。李明三月初拿到签证后就在一家航空公司的网站上订购了八月的赴英机票,王红七月中旬在同一家航空公司的网站上购买了八月赴英机票,价格比李明买的机票贵了大约1 000元。这家航空公司的定价属于( )。
   A. 差别定价　　　　　　　　　　B. 渗透定价
   C. 撇脂定价　　　　　　　　　　D. 掠夺定价

10. 某公司的C产品在20×3年8月3日获得ISO9000质量体系认证,该认证所发生的费用50 000元属于质量成本中的( )。
    A. 鉴定成本　　　　　　　　　　B. 预防成本
    C. 外部损失成本　　　　　　　　D. 外部质量保证成本

11. 乙公司为国内经营多年的制药公司,近期成功研制了一种预防新型流感的疫苗。乙公司管理层计划将此疫苗规模化生产,并同时在国内市场和国外市场销售,预计该疫苗的销售可为公司未来数年带来较高的净收益。根据企业发展矩阵,乙公司进军国外市场的计划属于( )。
    A. 市场渗透战略　　　　　　　　B. 市场开发战略
    C. 产品开发战略　　　　　　　　D. 多元化战略

12. 甲律师事务所是经司法部门批准成立的我国最早的合伙制律师事务所。今年该所与国内的另一律师事务所进行了合并。甲律师事务所的合并战略属于( )。
    A. 集中化战略　　　　　　　　　B. 市场渗透战略
    C. 纵向一体化战略　　　　　　　D. 横向一体化战略

13. 大型超市连锁店为不同地区分店选择重点销售商品时,会考虑到每个地区中居民的一般消费特性,其中一个分类是按居民的平均收入水平的高低,将居民消费者划分为高收入、中等收入及低收入三个客户群组,该细分过程属于( )。
    A. 人口细分　　　　　　　　　　B. 财富细分
    C. 购买特性细分　　　　　　　　D. 价值细分

14. 新推出的计算机产品在上市初期的定价相对较高,这种定价策略是( )。
    A. 渗透定价法　　　　　　　　　B. 撇脂定价法
    C. 增脂定价法　　　　　　　　　D. 成本领先定价法

15. 某公司是一家国际船舶制造企业。某公司在与其客户签订船舶制造合同后,才向各主要部件供应商发出采购订单。某公司采用的平衡产能与需求的方法是( )。
    A. 订单生产式生产　　　　　　　B. 资源订单式生产
    C. 库存生产式生产　　　　　　　D. 滞后策略式生产

16. 丙公司是一家家用电器生产企业。丙公司对消费者做出承诺：自消费者购买丙公司产品之日起7日内发现产品质量问题，消费者可以要求无条件全额退款或更换全新产品。消费者购买产品后7日内因质量问题发生的相关退、换货支出属于丙公司质量成本中的（　　）。

　　A. 预防成本　　　　　　　　　　　B. 鉴定成本
　　C. 内部损失成本　　　　　　　　　D. 外部损失成本

17. 下列各项中，属于处于导入阶段的企业可以选择的财务战略是（　　）。

　　A. 采用高股利政策以吸引投资者
　　B. 通过债务筹资筹集企业发展所需要的资金
　　C. 采用权益融资筹集企业发展所需要的资金
　　D. 通过不断进行债务重组增加资金安排的灵活性

18. 甲会计师事务所历来特别重视对客户资料的保密，除了要求员工恪守职业道德外，甲会计师事务所还在信息系统中加强了控制和管理。当甲会计师事务所员工利用电邮系统与客户沟通时，有关信息与数据在传输前将被转化成非可读格式。甲会计师事务所电邮系统所实施的控制类别属于（　　）。

　　A. 输入控制　　　　　　　　　　　B. 一般控制
　　C. 设备控制　　　　　　　　　　　D. 网络控制

19. 甲公司是牛肉生产、加工及零售企业。近期甲公司开始考虑将其业务扩展到国际市场，在劳工成本较低的越南设立统一的牛肉加工厂，并在多个国家从事牛肉加工食品零售业务。甲公司管理层采用集权式管理方式，为确保牛肉加工食品的质量，甲公司计划将所有原料牛在日本农场饲养。根据以上内容，适合甲公司选择的国际化发展战略是（　　）。

　　A. 国际战略　　　　　　　　　　　B. 全球化战略
　　C. 多国本土化战略　　　　　　　　D. 跨国战略

20. 下列企业采取的战略中，属于产品开发战略的是（　　）。

　　A. 某银行与航空公司发行联名卡，刷该银行信用卡客户可累积航空里程
　　B. 某IT企业开发最新一代平板电脑
　　C. 某箱包企业将现有箱包产品出口至英国市场
　　D. 某钢铁企业进军房地产行业

## 二、多选题

1. 当投资资本回报率高于资本成本且销售增长率小于可持续增长率时，下列表述中不正确的是（　　）。

　　A. 属于增值型现金短缺
　　B. 首选战略是利用剩余现金加速增长
　　C. 首选战略是提高投资资本回报率
　　D. 应通过借款来筹集所需资金

2. 当企业处于减损价值型现金短缺时，企业应采取的战略是（　　）。

　　A. 提高投资资本回报率　　　　　　B. 彻底重组
　　C. 出售　　　　　　　　　　　　　D. 降低平均资本成本

3. 乙公司是一家初创期的高科技企业。乙公司管理层正在实施企业特征分析,以便选择合适的财务战略。下列各项关于乙公司企业特征和财务战略选择的表述中,正确的有( )。

    A. 乙公司属于经营风险较高的企业    B. 乙公司适合风险投资者投资

    C. 乙公司适宜进行高负债筹资    D. 乙公司不适宜派发股利

4. 下列属于企业采用产品开发战略的动因的是( )。

    A. 充分利用企业对市场的了解

    B. 使企业能继续在现有市场中保持安全的地位

    C. 现有市场或细分市场已经饱和

    D. 保持相对于竞争对手的领先地位

5. 下列关于国际化战略的说法正确的有( )。

    A. 多国本土化战略采用高度分权的方式,不利于公司实现规模效应,因此成本更高

    B. 全球化战略采用高度集权的方式,注重规模经济

    C. 多国本土化战略能使企业面对各个市场的异质需求时的反应最优化

    D. 跨国战略融合了多国本土化战略和全球化战略的优点

6. 下列属于多元化战略的是( )。

    A. 甲汽车制造企业利用现有的生产线和营销渠道进入摩托车市场

    B. 乙电视机生产厂通过加强品牌建设使其产品打入高端电视市场

    C. 丙汽车制造企业为分散经营风险而投资高速公路

    D. 丁食品加工厂为保证原料来源收购了一家面粉厂

7. 下列关于及时生产系统(JIT)的表述中,正确的是( )。

    A. JIT 追求一种无库存或库存达到最小的生产系统

    B. JIT 以产品生产工序为线索,组织密切相关的供应链

    C. JIT 在专业分工时强调相互协作及业务流程的精简

    D. JIT 将员工视为企业团体的成员,充分发挥基层的主观能动性

8. 以下关于企业发展阶段的特征描述正确的是( )。

    A. 导入期经营风险非常高    B. 成长期主要靠权益融资

    C. 衰退期资金来源主要是债务    D. 成熟期股利分配率高

9. 下列属于处于成熟阶段的财务战略要点有( )。

    A. 扩大负债筹资的比例    B. 借债并回购股票

    C. 提高股利支付率    D. 首次公开发行股票(IPO)

10. 信息系统开发和变更过程中不相容岗位(或职责)一般应包括:开发(或变更)( )。

    A. 立项    B. 审批

    C. 编程    D. 测试

11. 通过协议的方式,甲远洋运输公司收购了乙房地产开发公司,其资金来源为:发行债券25%,银行贷款60%,自有资金15%,该种收购方式属于( )。

    A. 杠杆收购    B. 混合收购

    C. 友善并购    D. 敌意并购

12. 某玩具制造商拟实施包括实现规模经济、针对3岁以下的幼儿设计独有的"幼童速成学习法"玩具系列等在内的战略方案,以增加其业务的竞争优势。该玩具制造商上述业务层战略属于(　　)。

　　A. 成本领先战略　　　　　　　　　　B. 多元化战略
　　C. 集中差异战略　　　　　　　　　　D. 集中成本领先战略

13. 下列各项关于经营风险与财务风险的搭配方式的表述中,正确的是(　　)。
　　A. 高经营风险与高财务风险搭配通常因不符合风险投资者的期望而无法实现
　　B. 高经营风险与低财务风险搭配是同时符合股东和债权人期望的现实搭配
　　C. 低经营风险与高财务风险搭配是同时符合股东和债权人期望的现实搭配
　　D. 经营风险与财务风险反向搭配是制定资本结构的一项战略性原则

14. 下列关于企业财务战略矩阵分析的表述中,正确的是(　　)。
　　A. 对增值型现金短缺业务单位,应首先选择提高可持续增长率
　　B. 对增值型现金剩余业务单位,应首先选择提高投资资本回报率
　　C. 对减损型现金剩余业务单位,应首先选择提高投资资本回报率
　　D. 对减损型现金短缺业务单位,应首先选择提高可持续增长率

15. 下列各项关于信息战略的表述中,正确的是(　　)。
　　A. 信息管理战略应当确保将信息提供给用户且不会生成多余的信息
　　B. 信息技术系统战略应当确保企业信息需求所必需的特定系统,包括硬件、软件和操作系统等
　　C. 信息系统战略应当遵循企业的财务战略,以确保财务战略实施中获得、保存、共享和使用恰当的信息
　　D. 信息战略应当随着企业目标的改变、新技术的发展、软件硬件的更新以及企业的发展和多样化而变化

16. 下列各项关于信息战略的表述中,正确的有(　　)。
　　A. 信息管理战略应当确保将信息提供给用户且不会生成多余的信息
　　B. 信息技术系统战略应当确保企业信息需求所必需的特定系统,包括硬件、软件和操作系统等
　　C. 信息系统战略应当遵循企业的财务战略,以确保财务战略实施中获得、保存、共享和使用恰当的信息
　　D. 信息战略应当随着企业目标的改变、新技术的发展、软件硬件的更新以及企业的发展和多样化而变化

17. 某公司是一家啤酒生产大型企业,利用自主研发的清爽型啤酒,在当地取得了50%的市场占有率。为通过保证质量、再降成本,强化成本领先战略优势,某公司下一步应选择一体化战略中的(　　)。
　　A. 前向一体化战略　　　　　　　　　B. 后向一体化战略
　　C. 横向一体化战略　　　　　　　　　D. 纵向一体化战略

18. 某城市商业银行,为了扩大信用卡的发行量,在当地与大型百货商场、航空公司合作,推出签账回赠礼品、签账换航空飞行里程等营销措施。从密集型战略来看,这种营销措施不属于(　　)战略。

A. 市场营销 　　　　　　　　B. 市场开发
C. 市场渗透 　　　　　　　　D. 产品开发

## 三、简答题

1. 简述总体战略的类型。
2. 简述发展战略的途径。
3. 基本竞争战略包括哪些战略类型？各自的适用条件是什么？
4. 简述零散产业和新兴产业的战略选择。
5. 简述市场营销组合内容。
6. 简述财务战略的四种类型及其具体的解决途径。
7. 简述国际化经营战略的四种类型。
8. 简述新兴市场中本土企业的战略选择类型以及具体的做法。

## 四、任务训练

1. 中小企业的战略选择

【实训目的】任选一零散产业或新兴产业中的企业，根据该企业资料，练习对该类企业的战略选择。通过实地走访、调查报告加强对该种战略类型的理解。

【实训指导】

步骤①：在纸上写下7个数字1～7，这些数字对应中小企业的战略选择。

步骤②：画一个矩阵，在纸上写下你的答案。

步骤③：与同学交换答案，并根据老师给出的正确答案相互评分。

2. 为你的大学制定具体的战略

【实训目的】因为由学院或大学中各方面的代表来认定和讨论能够使教师、学生、职工、离退休人员、校友和其他各方面人士受益的各种战略是十分重要的。因此在进行这一训练时注意人们在阐述不同观点时运用的知识和观点。要记住，制订计划的过程比成文的计划本身更为重要。

【实训指导】

步骤①：回忆或找到[典型任务举例2.4]练习中所认定学校的外部机会与威胁和内部优势和劣势。如果你不曾做过该练习，那么现在请作为课堂练习，讨论你所在的学院或大学所面临的重要的外部和内部因素。

步骤②：认定并在黑板上写下你认为可以使学院或大学受益的各种战略。你建议采取的行动应当能够使你发挥特定的优势，弥补特定的弱点，回避外部威胁和利用外部机会。至少在黑板上写下15个可能采取的战略，并为各种战略编号。

步骤③：在一张纸上写下1至你所列举的战略总数。请全班所有同学各自用1～3级法为各战略评分。这里1=不主张实施；2=对是否实施该战略持中立态度；3=坚决主张实施。在为各战略评级时要认识到靠你的直觉行事并不总能得到满意的或有潜在收益的结果。

步骤④：在黑板上写下你对各战略的评分，其他同学亦然。

步骤⑤：将对各战略的评分相加，得到一个按优先顺序排列的备选战略建议。这一建议反映了全班同学的集体智慧。有最高评分的战略一定是最好的战略。

步骤⑥:讨论这一过程如何使企业得到雇员的理解和支持。

步骤⑦:向一位学校管理人员报告你班的研究结果,并请他(她)对这一研究过程和你们所建议采取的战略进行评论。

创新虽有风险但有希望,守旧必有风险且无希望。

今天你进步了吗?请在下面空白处写下你的学习心得吧!

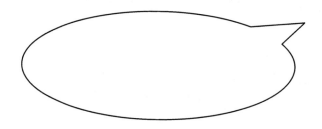

# 项目四　战略实施

 学习目标

※ **知识目标**

1. 掌握企业组织结构的八种基本类型、优缺点和应用条件。
2. 掌握企业文化的类型以及战略稳定性与文化适应性的关系。
3. 掌握战略失效的类型以及预算控制、BSC 等战略控制的方法。
4. 掌握战略变革时机、战略变革面临的障碍及克服变革阻力的策略。
5. 掌握利益相关者的矛盾和冲突。

※ **技能目标**

1. 能识别战略与组织结构的关系。
2. 能判断不同企业文化的类型。
3. 能够描述不同控制方法的异同。
4. 能进行战略变革时机的选择及变革的阻力分析。
5. 能分析出战略管理中利益相关者的诉求和矛盾。
6. 能与实际案例相结合,修改某科技实业有限公司的组织架构图或为其设计一个好的组织结构。
7. 能为某具体企业编制其平衡计分卡。
8. 能了解你所在大学的文化和战略变迁,并客观评价其战略实施过程。

※ **素质目标**

1. 培养初步的从战略分析、战略选择到战略实施的能力。
2. 具有战略文化意识及修养。
3. 培养撰写战略报告的能力。

 知识结构图

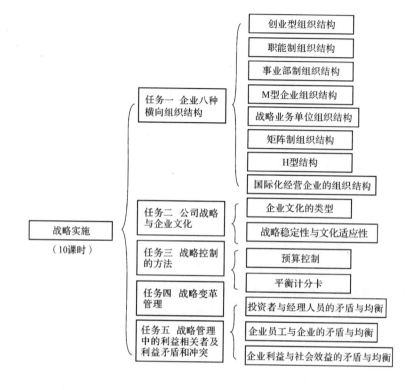

 情境写实

美国福特汽车公司在经历了20世纪末21世纪初的全面扩张以后,由于市场变化及公司相对竞争力下降,近年来连续亏损。2008年福特公司净亏损147亿美元,急需现金流来度过美国汽车工业危机。而其他两家汽车公司在这场危机中,最终步入了破产保护程序。2006年福特公司进行了重大战略调整,确定从战略扩张改为战略收缩,专注于北美市场,专注于其自身核心品牌,这一战略旨在减少集团内地域性品牌并改变福特公司全球市场的过于分割的状态,而加强福特公司自身品牌的产品阵营,此即为"大F"战略。此后福特公司从2007年开始相继出售欧洲几个高端品牌,最后2009年完成"大F"计划。

2006年福特公司面临了复杂的内外部环境的变化,为此公司开始实施从战略扩张到战略收缩的战略变革:方向是市场和产品定位的变化,此次战略变革涉及公司的各个层面:取消实行多年的"让工人按时下班回家"的政策;让高管参加为期5周的危机激励课程;整合所有可用资源以提振生产;指导经销商开展各种活动来刺激销售;建立新的福特慈善基金,仅售165美元的"慈善SUV";播出美国明星主演的福特公司新广告;在高管停车库中安装更便宜的地毯;解雇成千上万"应该为损失负责"的员工;放松对具体工作的质量管理和定级。福特公司的这一革命性战略变革会影响公司各类人员的利益安排,能否成功实现,取决于管理层能否掌握变革中的人的行为,从变革支持者、抵制者两个方面入手做好工作,克服变革的阻力。

根据该公司的情况,福特公司选择在2006年这个时机进行这一革命性战略变革,从时机类型来看属于哪一种变革类型?战略执行过程中从战略扩张到战略收缩涉及公司层战略怎样的改变,战略的类型分别经历了怎样的变化?这些均涉及战略在实施过程中碰到的问题。在本项目中我们将讨论企业组织结构与战略相匹配、将业绩和报酬挂钩、建立有利于变革的企业环境、管理企业内的政治关系、建立支持经营战略的企业文化、调整生产作业过程管理人力资源等内容。

(资料来源:中国注册会计师协会.公司战略与风险管理.北京:经济科学出版社,2013.已修改)

必备知识

## 任务一 企业八种横向组织结构

战略的变化将导致组织结构的变化。组织结构的重新设计应能够促进公司战略的实施。离开了战略或企业存在的理由,组织结构将没有意义。

从横向分工结构考察,企业组织结构有八种基本类型,分别是创业型组织结构、职能制组织结构、事业部制组织结构、M型企业组织结构、战略业务单位组织结构、矩阵制组织结构、H型结构和国际化经营企业的组织结构。

### 一、创业型组织结构

创业型组织结构是多数小型企业的标准组织结构模式。采用这种结构时,企业的所有者或管理者对若干下属实施直接控制,并由其下属执行一系列工作任务。企业的战略计划(若有)由中心人员完成,该中心人员还负责所有重要的经营决策。这一结构类型的弹性较小并缺乏专业分工,其成功主要依赖于该中心人员的个人能力,通常应用于小型企业。

### 二、职能制组织结构

职能制组织结构被大多数人认为是组织结构的典型模式。这一模式表明结构向规范化和专门化又迈进了一步。随着企业不断扩张经营规模和经营范围,企业需要将职权和责任分派给专门单元的管理者。目前的多数企业、事业单位等均是这种模式。通常适用于单一业务企业的职能型结构。

这一类型组织结构的优点表现在:(1)能够通过集中单一部门内所有某一类型的活动来实现规模经济;(2)组织结构可以通过将关键活动指定为职能部门而与战略相关联,从而提升深入的职能技能;(3)任务为常规和重复性任务,工作效率得到提高;(4)董事会便于监控各个部门。

这一类型组织结构的缺点表现在:(1)由于对战略重要性的流程进行了过度细分,在协调不同职能时可能出现问题横向协调较困难;(2)难以确定各项产品产生的盈亏;(3)导致职能间发生冲突、各自为政,而不是出于企业整体利益进行相互合作;(4)等级层次以及集权化的决策制定机制会放慢反应速度。

图4-1所示是一家玩具生产商的职能制组织结构。

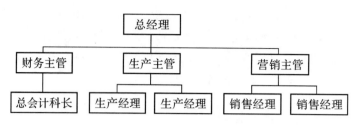

图 4-1 一家玩具生产商的职能制组织结构

**止步思考 1**

如果这是一家玩具生产商,总会计科长正在准备和整理来年不同部门的预算资料。生产经理不愿意提供预算数字,因为他们认为只应直接报告给生产主管。那么这个案例中的问题出在哪里呢?

**参考答案**

上述该玩具生产商的总会计科长正在准备和整理来年不同部门的预算资料。生产经理不愿意提供预算数字,因为他们认为只应直接报告给生产主管。很显然这种做法违背了职能制组织结构职能。职能制组织结构很容易使员工狭隘地理解各自的职能,各自为政。而事实上,生产经理的职能应当包括预算信息的提供。该问题的解决办法在于将组织结构图上移,然后再向下移,即财务主管(以及总经理,若必要)应先确保生产主管解释整个企业预算信息的重要性,然后再向各部门的主管寻求支持。

### 三、事业部制组织结构

事业部制组织结构采用的是分级管理、分级核算、自负盈亏,类似于分公司,但不完全一样,可以按照地区(区域)、客户(市场)、产品(服务)进行分类。

表 4-1 说明了区域事业部制结构、产品/品牌事业部制结构和客户细分或市场细分事业部制结构的区别。

表 4-1 三种具体的事业部制组织结构

| | | |
|---|---|---|
| 区域事业部制结构 | 含义 | 当企业在不同的地理区域开展业务时,区域式结构就是一种较为适当的结构,它按照特定的地理位置来对企业的活动和人员进行分类 |
| | 适用情形 | 在不同的地理区域开展业务的企业 |
| | 优点 | (1)在企业与其客户的联系上,能实现更好更快的地区决策。<br>(2)与一切皆由总部来运作相比,建立地区工厂或办事处会削减成本费用。<br>(3)有利于海外经营企业应对各种环境变化 |
| | 缺点 | (1)管理成本的重复。<br>(2)难以处理跨区域的大客户的事务 |

续表 4-1

| | | |
|---|---|---|
| 产品/品牌事业部制结构 | 含义 | 产品事业部制结构是以企业产品的种类为基础设立若干产品部,而不是以职能或以区域为基础进行划分 |
| | 适用情形 | 具有若干生产线的企业 |
| | 优点 | (1)生产与销售不同产品的不同职能活动和工作可以通过事业部/产品经理来予以协调和配合。<br>(2)各个事业部可以集中精力在其自身的区域,更有助于企业实施产品差异化。<br>(3)易于出售或关闭经营不善的事业部 |
| | 缺点 | (1)各个事业部会为了争夺有限资源而产生摩擦。<br>(2)各个事业部之间会存在管理成本的重叠和浪费。<br>(3)若产品事业部数量较大,则难以协调。<br>(4)若产品事业部数量较大,高级管理层会缺乏整体观念 |
| 客户细分或市场细分事业部制结构 | 含义 | (1)通常与销售部门和销售工作相关,批销企业或分包企业也可能采用这种结构,在这些企业中由管理者负责联系主要客户。<br>(2)另一方式是,将不同类型的市场按照客户进行划分,如企业客户、零售客户或个人客户等 |
| | 适用情形 | 所开展业务具有明显客户特征的企业 |

图 4-2 所示是一家企业的产品/品牌事业部制组织结构。

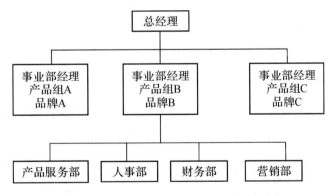

**图 4-2 一家企业的产品/品牌事业部制组织结构**

### 四、M 型企业组织结构

M 型企业组织结构也称为"多部门结构",即将企业划分成若干事业部,每一个事业部负责一个或多个产品线。原因是通过产品线的数量增加,企业会不断扩张;随着企业规模的扩大,上述结构将不再适用。通常具有多个产品线的企业应采用 M 型结构。

这一类型组织结构的优点表现在:(1)便于企业的持续成长;(2)减轻总部工作量;(3)职权容易划分;(4)便于绩效考核。

这一类型组织结构的缺点表现在:(1)为事业部分配企业的管理成本比较困难并略带主观性;(2)由于每个事业部都希望取得更多的企业资源,因此经常会在事业部之间产生职能失调性的竞争和摩擦;(3)当一个事业部生产另一事业部所需的部件或产品时,确定转移价格也会产生冲突。

图 4-3 所示是一家 A 器具企业的 M 型组织结构。

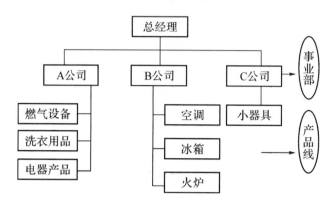

图 4-3　A 器具企业的 M 型组织结构

A 器具企业的组织结构曾经非常简单,仅拥有三个产品事业部:燃气系列产品、洗衣系列产品以及电子系列产品。但是通过收购 B 公司(一家空调、冰箱和火炉生产商)和 C 公司(一家小型家电制造商),企业不断扩张产品线,组织结构随之要做相应的改变。

### 五、战略业务单位组织结构(SBU)

战略业务单位组织结构按照业务单位建立组织结构,业务单位下辖不同事业部。这一类型组织结构常用于规模较大的多元化经营的企业。

这一类型组织结构的优点表现在:(1)降低了企业总部的控制跨度,企业层的管理者只需要控制少数几个战略业务单位而无须控制多个事业部;(2)降低了总部的信息负荷,由于不同的企业单元都向总部报告其经营情况,因此控制幅度的降低也减轻了总部的信息过度情况;(3)这种结构使得具有类似使命、产品、市场或技术的事业部之间能够更好地协调;(4)由于几乎无须在事业部之间分摊成本,因此易于监控每个战略业务单位的绩效。

这一类型组织结构的缺点表现在:(1)由于采用这种结构多了一个垂直管理层,因此总部与事业部和产品层的关系变得更疏远;(2)战略业务单位经理为了取得更多的企业资源会引发竞争和摩擦,而这些竞争会变成职能性失调并会对企业的总体绩效产生不利影响。

图 4-4 所示是一家公司的战略业务单位组织结构。

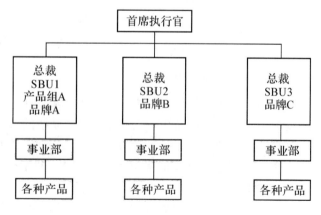

图 4-4　一家公司的战略业务单位组织结构

## 六、矩阵制组织结构

矩阵制组织结构是为了处理非常复杂项目中的控制问题而设计的。这种结构在职能和产品或项目之间起到了联系的作用。适用于"常规管理"和"项目控制"交互混杂的具有复杂控制问题的企业。

这一类型组织结构的优点表现在：（1）由于项目经理与项目的关系更紧密，因而他们能更直接地参与到与其产品相关的战略中来，从而激发其成功的动力；（2）能更加有效地优先考虑关键项目，加强对产品和市场的关注，从而避免职能型结构对产品和市场的关注不足；（3）与产品主管和区域主管之间的联系更加直接，从而能够做出更有质量的决策；（4）实现了各个部门之间的协作以及各项技能和专门技术的相互交融；（5）双重权力使得企业具有多重定位，这样职能专家就不会只关注自身业务范围。

这一类型组织结构的缺点表现在：（1）可能导致权力划分不清晰（比如谁来负责预算），并在职能工作和项目工作之间产生冲突；（2）双重权力容易使管理者之间产生冲突；（3）管理层可能难以接受混合型结构，并且管理者可能会觉得另一名管理者将争夺其权力，从而产生危机感；（4）协调所有的产品和地区会增加时间成本和财务成本，从而导致制定决策的时间过长。

图 4-5 所示是一家公司的矩阵制组织结构。

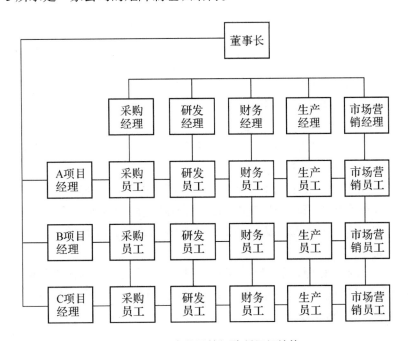

图 4-5　一家公司的矩阵制组织结构

## 七、H 型结构

H 型结构又称控股企业/控股集团组织结构，指成立控股企业，其下属子企业具有独立的法人资格。控股企业的类型有三种形式：（1）投资下属企业，负责购买和出售业务；（2）只拥有下属企业的股份，不控制或较少控制下属企业；（3）母企业有自己的业务，其作用仅限于做出购买或出售下属企业的决策,很少参与企业产品或市场战略。这种组织结构业务领域涉及多个方面,甚至上升到全球化竞争层面的企业。

这一类型组织结构的优点表现在:(1)其业务单元的自主性强;(2)企业无须负担高额的中央管理费,因为母企业的职员数量很可能非常少;(3)业务单元能够自负盈亏并从母企业取得较便宜的投资成本;(4)在某些国家如果将这些企业看成一个整体,业务单元还能够获得一定的节税收益。

这一类型组织结构的缺点是母子公司的关系无法稳定,有时很容易撤销对个别企业的投资。

### 八、国际化经营企业的组织结构

企业国际化经营战略所依托的组织结构如图4-6所示。

图4-6 国际化经营企业的组织结构

1. 与"国际战略"相配套的"国际部结构" 这种企业发挥全球协作程度低,产品对东道国市场的需求的适应能力也比较弱,在这种情况下,企业多把产品开发的职能留在母国,而在东道国建立制造和营销职能。

2. 与"多国本土化战略"相配套的"全球区域分部结构" 这种企业发挥全球协作程度低,产品对东道国市场的需求的适应能力比较强,根据不同国家的不同的市场,提供更能满足当地市场需要的产品和服务。

3. 与"全球化战略"相配套的"全球产品分部结构" 这种企业发挥全球协作程度高,产品对东道国市场的需求的适应能力比较弱,通过向全世界的市场推销标准化的产品和服务,并在较有利的国家中集中地进行生产经营活动,易形成经验曲线和规模经济效益,以获得高额利润。

4. 与"跨国战略"相配套的"跨国结构" 这种企业发挥全球协作程度高,产品对东道国市场的需求的适应能力也比较强,采用这种战略的企业试图通过发展混合型的结构来同时获得两种结构的优势。

**止步思考2**

[情境写实]中,你认为福特公司可能采取的组织结构类型有哪些?各种组织结构类型的优缺点分别是什么?

**推荐阅读材料 4.1**

### 常见组织结构形式的适用情形

常见的组织结构形式的适用情形见表 4-2 所示。

表 4-2　八种具体的组织结构

| 组织结构形式 | 适用情形 |
| --- | --- |
| 创业型组织结构 | 适用于单一产品经营 |
| 职能制组织结构 | 适用于以单一产品或单一产品为主导的经营 |
| 事业部制组织结构 | 适用于多种产品或产业的经营 |
| M 型组织结构 | 适用于多种产品或产业的经营 |
| 战略业务单位组织结构 | 适用于多种产品或产业的经营 |
| 矩阵制组织结构 | 适用于以项目、产品为中心的经营 |
| 控股公司组织结构 | 适用于多种产品或产业的经营 |
| 国际化企业组织结构 | 适用于国际化经营 |

**典型任务举例 4.1**　修改或重新设计某科技公司的组织架构图

1. 资料

参见典型任务举例 1.1 资料。

2. 要求

战略的变化将导致组织结构的变化。组织结构的重新设计应能够促进公司战略的实施。建立和修改组织架构图是战略制定者应具有的一项很重要的技能。本实训的练习将提高你的为适应新战略而调整企业层级结构的能力。

3. 工作过程

步骤①：找到该公司的组织架构图。在纸上画出你所认为的该公司在采用按产品划分的分部结构时所应具有的最佳组织图。（若无，请重新设计一个组织结构图）

步骤②：在图中填上尽可能详细的内容，包括人员姓名和职位。

步骤③：把你的成果跟全班同学分享，并具体阐述采取这种组织结构的好处。

## 任务二　公司战略与企业文化

【小故事　大道理】

### 三个和尚的故事

中国版本的"三个和尚的故事"大意是：一个和尚挑水吃，两个和尚抬水吃，三个和尚没水吃。那三个和尚怎么解决吃水问题呢？我国著名的经济学家厉以宁用协作创新的思路解决了这个人多反而不如人少的问题。

第一个方案：庙离河边有些远，一天挑了一缸水就累了，不干了。于是三个和尚商量，咱们何不来个接力呢，每人挑一段。第一个和尚从河边挑到半路，停下来休息。传给第二个和尚继续挑，再传给第三个和尚，挑到缸里灌上，空桶回来再接着挑。这样一搞接力，大家都不累。水很快就挑满了。这个协作的办法，可以叫"机制创新"。

第二个方案：庙离河边有些远，一天挑了一缸水就累了，不干了。于是三个和尚一商量，咱们三个还都去挑水，谁挑得水多，晚上吃饭时加道菜；谁挑得水少，吃白饭，没菜。三个和尚都拼命地去挑，一会儿水就挑满了。这个办法叫"管理创新"。

第三个方案：三个和尚商量，天天挑水太累，咱们想个办法。山上有竹子，把竹子砍下来连在一起。竹子中心是空的，然后再买个辘轳。第一个和尚把一桶水摇上来，第二个和尚专管倒水，第三个和尚就地休息。三个和尚轮流换班，一会儿水就灌满了。这叫"技术创新"。

第四个方案：三个和尚商量，咱们庙里随着人员增加，各个职能的业务量增多，第一个和尚负责包括挑水在内的一切内勤事物；第二个和尚负责种地，解决庙里的粮食及蔬菜的供给问题；第三个和尚负责庙里的保卫并发挥自己的能力，尽快在庙里挖一眼井，彻底解决吃饭、种地、用水问题。如果大家对分工持有疑义，可协商规定一个时间，进行一次全员岗位轮换，但必须在规定时间内完成岗位的目标任务。这叫"组织结构创新"或"经营结构创新"。

实际上，对企业来说，出现"1+1<2"的现象与企业的文化是密不可分的。

## 一、企业文化的类型

一个公司的组织由其结构、政策和公司文化等多方面组成，然而，这一切常常可能在迅速变化的业务环境中造成机能失调。一个公司改变政策是困难的，而公司文化的改变更难，但文化改变常常是成功执行新战略的关键。

公司文化实际上是什么呢？有些人认为文化体现了一个组织的经验、历史、信仰和标准。比如你走进一家公司，首先吸引你的公司文化是人们的穿着，与人谈话的方法以及对顾客的欢迎方式等。

尽管在文化的定义和范围上存在着很大的分歧，也没有两个企业的文化是完全相同的。但是，英国当代最知名的管理大师查尔斯·汉迪在1976年提出的关于企业文化的分类至今仍具有相当重要的参考价值。他将文化类型从理论上分为四类，即：权力（Power）导向型、角色（Role）导向型、任务（Task）导向型和人员（People）导向型。

### （一）权力导向型

权力导向型文化，也称作集权式文化、铁腕型家长文化，通常存在于家族式企业和初创企业。

这种文化通常是由一位具有领袖魅力的创始人或其继任者，以相当权威化的方式运作。中间管理阶层采取主动的空间不大。这种企业文化，在决策正确的情况下，有助于公司快速成长；但是，如果决策错误，将为公司带来灾难。在企业运行中明显忽视人的价值和一般福利。这类企业经常被看成是专横和滥用权力的，因此它可能因中层人员的低士气和高流失率而蒙受损失。

### （二）角色导向型

角色导向型文化，也称作各司其职的文化，最常见于一些历史悠久的银行与保险公司,以及集团企业(如日本的株式会社)、国有企业和公务员机构等。

这类结构十分重视合法性、忠诚和责任。十分强调等级和地位,权利和特权是限定的,大家必须遵守。因此具有稳定性、持续性的优点。但是,这类企业不太适合动荡的环境。

### (三)任务导向型

任务导向型文化,也称作目标导向型文化,常见于新兴产业中的企业(特别是一些高科技企业)、公关公司、房地产经纪公司,以及销售公司等。

在这种文化中,实现目标是企业的主导思想,不允许有任何事情阻挡目标的实现。企业强调的是速度和灵活性,专长是个人权力和职权的主要来源,并且决定一个人在给定情景中的相对权力。这类文化具有很强的适应性,个人能高度掌控自己分内的工作,在十分动荡或经常变化的环境中会很成功。但是,这种文化也会给企业带来很高的成本。由于这种文化有赖于不断地试验和学习,所以建立并长期保持这种文化是十分昂贵的。

### (四)人员导向型

人员导向型文化,也称作利他导向型文化,常见于俱乐部、协会、专业团体和小型咨询公司。

这类文化完全不同于上述三种。这类文化中的人员不易管理,企业能给他们施加的影响很小,因而很多企业不能持有这种文化而存在,因为它们往往有超越员工集体目标的企业目标。

综上所述,虽然汉迪关于企业文化的分类可能不能囊括所有的文化类型,而且一个企业内部可能还存在着不同的亚文化群,但是,这四种分类较好地总结了大多数企业的文化状况,可以作为研究企业文化与战略关系重要的分析基础。

**推荐阅读材料4.2**

#### 华为公司的"狼性文化"

企业文化是一个企业的无形资产。华为公司的"狼性文化"作为其标志性的企业文化,对其创建和发展都起到了至关重要的作用。"狼性文化"强调竞争,鼓励不屈不挠的奋进精神,这样的企业氛围促使每一位员工和管理者都不由自主地积极竞争,从而产生向上的进取意识。

华为公司优秀企业文化的构建,是依据创始人及管理层的管理方式与策略逐渐转化形成的。任正非个人独特的管理方式造就了"狼性文化"的产生与发展。比如,通过将工号、职位等信息写到工牌上,提醒员工积极进取,以获得靠前的工号,从而获得更多的股权与公司福利。采取CEO轮值制度,通过分散权力促使管理层时刻保持危机意识,也提醒每一位员工加强危机意识,促使企业持续快速发展。实施末位淘汰制,排名最末的员工会被转换到其他岗位重新学习和培训,确保每一个工作岗位上的员工都适合且能胜任本职工作等。

总之,企业文化作为软实力,无形中将员工个人与企业命运联系起来。企业文化既可以提升员工的个人能力,对于企业目标的实现也具有重大意义。

## 二、战略稳定性与文化适应性

考察战略与文化的关系,还有一个重要的内容是分析企业战略的稳定性与文化的适应性。战略的稳定性反映企业在实施一个新的战略时,企业的结构、技能、共同价值、生产作业程序等各种组织要素所发生的变化程度;文化适应性反映企业所发生的变化与企业目前的文化相一致的程度。处理二者关系可以用如下矩阵图来表示,具体参见表4-3。

表4-3 战略稳定性和文化适应性

| 各种组织要素的变化 | | | |
|---|---|---|---|
| | 多 | 以企业使命为基础<br>(第1象限) | 重新制定战略<br>(第4象限) |
| | 少 | 加强协同作用<br>(第2象限) | 根据文化进行管理<br>(第3象限) |
| | | 大 | 小 |
| | | 潜在的一致性 | |

在该矩阵中,纵轴表示企业战略的稳定性状况,横轴表示文化的适应性状况。下面具体阐述这四个象限中的内容。

1. 以企业使命为基础 是指在第一象限中,企业实施一个新的战略时,重要的组织要素会发生很大变化,大多与企业的文化有潜在的一致性。在这种情况下,企业处理战略与文化关系的重点是:(1)企业进行重大变革时,必须考虑基本使命的关系;(2)发挥企业现有人员在战略变革中的作用;(3)在调整企业奖惩时,必须注意与企业组织目前的奖励行为保持一致;(4)考虑进行组织目前的文化相适应的变革,不要破坏企业已有的行为准则。

2. 加强协调作用 是指在第二象限中,企业实施一个新的战略时,组织要素发生的变化不大,又多与企业目前的文化相一致。在这种情况下,企业应考虑两个问题:(1)继续巩固和加强企业文化;(2)根据企业文化的要求解决企业生产经营中的问题。

3. 根据文化的要求进行管理 是指在第三象限中,企业实施一个新战略,主要的组织要素变化不大,但多与企业组织目前的文化不大一致。在这种情况下,企业可以根据经营的需要,在不影响企业总体文化一致的前提下,对某种经营业务实行不同的文化管理。

4. 重新制定战略 是指在第四象限中,企业在处理战略与文化的关系时,遇到了极大的挑战。企业在实施一个新战略时,组织的要素会发生重大的变化,又多与企业现有的文化很不一致,或受到现有文化的抵制。对于企业来讲,这是个两难问题。

在这种情况下,企业首先要考察是否有必要推行这个新战略。如果没有必要,企业则需要考虑重新制定战略。反之,在企业外部环境发生重大变化,企业考虑到自身长远利益,必须实施不能迎合企业现有文化的重大变革,企业则必须进行文化管理,使企业文化也做出相应重大的变化。

## 典型任务举例 4.2　了解本大学的文化

1. 资料

你所在的学校或是你熟悉的其他院校均可,可以实地观察、走访或在学校网页浏览来获取相关资料。

2. 要求

发现深藏在组织中丰富的故事、语言、模范人物和礼仪中的基本价值观和信仰是一种艺术,而文化又可以是战略实施中最重要的因素。

3. 工作过程

步骤①:在纸上列出如下术语:模范人物、信仰、隐喻、语言、价值观、标志、故事、传说、传奇、仪式和礼仪等等。

步骤②:就你所在的大学的情况,举出上述各术语的例子。可通过与教师、职工、管理人员、物业或同学、校友而得到这些例子。如必要,可先查看一下定义。

步骤③:向全班同学汇报你的结论。说明本校的文化因素是如何被自觉地用于协助战略实施的。

## 任务三　战略控制的方法

战略控制是将预定的战略目标与实际效果进行比较,检测偏差程度,评价其是否符合预期目标要求,发现问题并及时采取措施,借以实现企业战略目标的动态调节过程。

战略控制的步骤包括:①执行策略检查;②根据企业的使命和目标,识别各个阶段业绩的里程碑(即战略目标),给诸如市场份额、品质、创新、客户满意等要素进行定量和定性;③设定目标的实现层次,不需要专门定量;④对战略过程进行正式监控;⑤对于有效实现战略目标的业绩给予奖励。

战略控制的方法有预算控制、企业业绩衡量指标、平衡计分卡的业绩衡量方法和统计分析和专题报告。本书重点介绍预算控制和平衡计分卡的业绩衡量方法。

**【小故事 大道理】**

乌鸦站在树上似乎无所事事。兔子看见乌鸦,就问它:"我能像你一样站着,每天什么也不干吗?"乌鸦说:"当然可以。"于是,兔子开始在树下的空地休息。忽然,一只狐狸出现了,它把兔子吞进了肚子。可以看出,兔子的悲剧就在于它只想正确地做事,而没有相做正确的事。

思维决定目标,目标指导行动,行动铸就结果。做正确的事,然后正确地做事本身就是一种思维;做正确的事首先让你知道自己正在向哪个方向前进;正确地做事告诉你怎样到达目的地。所以,做事的准则是:找对方向、确定目标、找准方法,提高效率,做对事。

### 一、预算控制

1. 增量预算(Incremental budgeting)　是指新的预算使用以前期间的预算或者实际业绩作为基础来编制,在此基础上增加相应的内容。

这种预算的优点表现在:(1)预算是稳定的,并且变化是循序渐进的;(2)经理能够在一个稳定的基础上经营他们的部门;(3)系统相对容易操作和理解;(4)遇到类似威胁的部门能够避免冲突;(5)容易实现协调预算。

这种预算的缺点表现在:(1)它假设经营活动以及工作方式都以相同的方式继续下去;(2)不能拥有启发新观点的动力;(3)没有降低成本的动力;(4)它鼓励将预算全部用光以便明年可以保持相同的预算;(5)它可能过期,并且不再和经营活动的层次或者执行工作的类型有关。

2. 零基预算(Zero-based budgeting) 是指在每一个新的期间必须重新判断所有的费用。零基预算开始于"零基础",需要分析企业中每个部门的需求和成本。

这种预算的优点表现在:(1)能够识别和去除不充分或者过时的行动;(2)能够促进更为有效的资源分配;(3)需要广泛的参与;(4)能够应对环境的变化;(5)鼓励管理层寻找替代方法。

这种预算的缺点表现在:(1)它是一个复杂的、耗费时间的过程;(2)它可能强调短期利益而忽视长期目标;(3)管理团队可能缺乏必要的技能。

## 二、平衡计分卡

卡普兰(Kaplan)和诺顿(Norton)提出了名为平衡计分卡的方法,英文简称BSC,它是一种平衡4个不同角度的衡量方法。具体而言,平衡计分卡平衡了短期与长期业绩、外部与内部的业绩、财务与非财务业绩以及不同利益相关者的角度,包括:财务角度、顾客角度、内部流程角度、学习与成长角度。

平衡计分卡表明了企业员工需要什么样的知识技能和系统,分配创新和建立适当的战略优势和效率,使企业能够把特定的价值带给市场,从而最终实现更高的股东价值。

平衡计分卡不仅可以应用于以营利为目的的企业,还可以应用于非营利组织,这是因为平衡计分卡同样看重财务与非财务指标在企业实现其战略目标中的作用。图4-7是对四个不同角度进行衡量的应用实例。

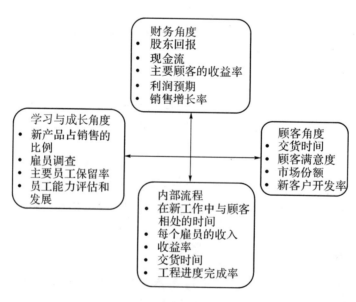

图4-7 平衡计分卡实例

## 项目四 战略实施

> **战略人物介绍**

罗伯特·卡普兰(Robert S. Kaplan, 1940),男,哈佛大学教授,平衡计分卡的创始人。平衡计分卡(Balanced Score Card,简称 BSC)是美国著名的管理大师罗伯特·卡普兰(Robert S. Kaplan)和复兴方案国际咨询企业总裁戴维·诺顿(David P. Norton)于1992年共同提出的战略管理业绩评价工具。它以组织的发展战略为基础,克服了传统只重短期经济指标的缺点,以其特有的评价模式推翻了原有评价体系,提供一种全新评价思路。目前,200家世界最大银行以及约70%的世界500强企业正在实施平衡计分卡。《哈佛商业评论》也将平衡计分卡理论列为20世纪最具影响力的75个管理理念之一。

平衡计分卡涵盖了四个维度,分别为:财务维度、顾客维度、内部流程维度和学习与成长维度。这四个维度是根据组织在市场竞争环境中的顾客维护、财务经营、高效运作、创新学习等多目标的追求所提出的绩效评价战略框架,其基本原理如图4-8所示。

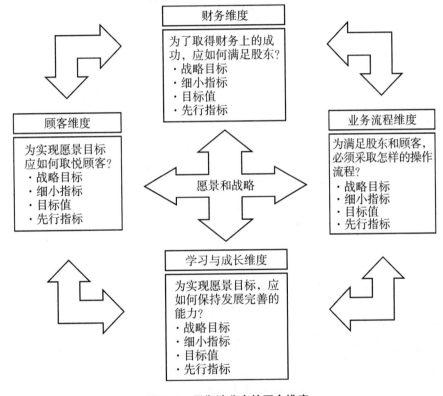

图4-8 平衡计分卡的四个维度

 **推荐阅读材料4.3**

### 甲企业如何选择管理控制模式

近日,甲企业集团召开董事会商议选择适合自身的管理控制模式。根据企业战略管理理论,管理控制包括制度控制模式、预算控制模式、评价控制模式、激励控制模式四大管控模式。甲企业集团董事会为了更好地分析每种模式的利弊,重点分析并

总结了四家控股公司的成功案例信息:

(1) 万达集团在前期高速增长的过程中,公司的投资活动异常活跃,不断投资新项目或设立新公司,此阶段管理人员利用制度控制模式对公司投资活动进行了有效控制。以万达广场为例,在新项目筹备过程中,公司就制定了各项财务管理与财务控制制度以对业务流程实施有效的控制,利用各项完善的制度,公司在扩张过程中没有出现财务失控的情况,各项投资活动均在既定的战略计划下顺利推进,确保了价值最大化目标的实现。

(2) 中外运敦豪国际航空快递有限公司利用平衡计分卡建立了管理目标和奖励系统相结合的评价控制模式。其平衡计分卡包含三个层面的内容:财务指标、效率指标和服务质量指标。总部根据战略目标及网络的要求确定考核指标的权重及标准,管理人员了解公司的愿景、战略、目标与绩效衡量指标。受益于评价控制模式,公司的管理层得以及时跟踪并修正指标,管理变得更加便捷有效,近年来,公司业务年平均增长率达400%,营业额跃升60多倍。

(3) 作为一个高度追求计划性的公司,天士力公司通过预算控制系统合理调整负债结构,降低财务风险。天士力公司的全面预算管理以公司业务为基础。通过预算,天士力公司可以全面了解各控股公司的财务计划,从而能够做到财务年度开始前从整体上对公司资金的使用加以控制。为对资金实施有效监控,天士力公司的信息部门和财务部门还共同开发了网上报销与支付管理系统,总部财务部门通过这个系统可以随时查询预算执行情况,实现实时的预算管理。

(4) 长城物业集团股份有限公司经过股份制改造后,公司主要经营者持有13%的股份,成为公司的自然人股东,实现了管理人员和股东利益的统一。目前,长城物业的员工持股资格与职务级别直接挂钩:除了自然人持股保持不变外,其他员工所持股份和职级直接相关,员工职级变动时,其所持股份的份额也相应发生改变。持股员工主要集中在管理层,即公司、分公司、管理部门的责任人,共计131人,占管理人员的17.5%。

在本例中,甲公司采用了制度控制模式。主要理由在于:从万达集团的案例可以发现,制度控制模式对于高速增长阶段的公司非常适用。公司在急剧扩张过程中,会不断出现新项目或成立新公司,而新项目或新公司又处于初创阶段,管理基础比较薄弱,制度控制模式与公司所处的阶段相适应,能有效引导各项投资活动的开展,严格地将其控制在既定的轨道上,避免盲目扩张导致偏离公司理财目标。

中外运敦豪国际航空快递有限公司采用平衡计分卡进行管理控制属于评价控制模式。平衡计分卡设定了公司业绩考核指标,并以此对相关责任部门的经营活动加以考评,根据指标的完成情况奖惩员工。平衡计分卡和员工个人收入结合起来,能促使员工更多地关注公司与部门经营活动的绩效,了解自己的努力对于经营活动的影响,以及对于实现公司战略目标的作用。

甲企业集团也可以采用以预算控制为主、其他控制为辅的管理控制模式。总之,可根据自身控制环境的特点,并结合企业所处发展阶段,综合选择。

(资料来源:财政部会计资格评价中心. 高级会计实务. 北京:中国财经出版传媒集团、经济科学出版社,2021.)

## 任务四 战略变革管理

战略实施意味着变革。传统观念认为战略变革是一种不经常的,有时是一次性的、大规模的变革。然而,近年来,战略变革逐渐走向成熟,是一种连续变化的过程,一个战略变革往往带来其他变革的需要。

戴富特在1992年对企业为了适应环境和在市场条件下生存而推行的战略变革进行了分类,共分为技术变革、产品和服务变革、结构和体系变革、人员变革四种类型。

一般而言,市场占有率下降,产品质量下降,消耗和浪费严重,企业资金周转不灵;企业缺乏新的战略和适应性措施,缺乏新的产品和技术更新,没有新的管理办法或新的管理办法推行起来困难等;决策迟缓,指挥不灵,信息交流不畅,机构臃肿,职责重叠,管理幅度过大,扯皮增多,人事纠纷增多,管理效率下降等;管理人员离职率增加,员工旷工率,病、事假率增加等是战略变革的征兆。

战略变革时机有三种:(1)提前性变革。这是一种正确的变革时机选择。在这种情况下,管理者能及时地预测到未来的危机,提前进行必要的战略变革。国内外的企业战略管理实践证明,及时地进行提前性战略变革的企业是最具有生命力的企业。(2)反应性变革。在这种情况下,企业已经存在有形的可感觉到的危机,并且已经为过迟变革付出了一定的代价。(3)危机性变革。如果企业已经存在根本性的危机,再不进行战略变革,企业将面临倒闭和破产。因此,危机性变革是一种被迫的变革,企业往往付出较大的代价才能取得变革的成效。

战略变革会面临如下两点障碍:(1)文化障碍,比如结构惯性/利益惯性。(2)私人障碍,如习惯、收入、无常、选择性耳聋;生理变化;心理变化,如迷失方向、不确定性、快速适应、无助、无力;环境变化等。

克服变革阻力的策略有三:(1)注意变革的节奏。变革越是循序渐进,就有越多的时间来提出问题,提供保证并进行管制。(2)变革的管理方式。在变革计划比较完善的情况下,变革过程中的领导、协调、沟通和激励的效果直接决定了变革的成败。(3)变革的范围,应当认真审阅变革的范围,大转变会带来巨大的不安全感和较多的刺激。

### 止步思考3

[情境写实]中,福特公司面对内外部环境的变化,应采取哪种战略变革的时机类型呢?战略变革中会遇到哪些方面的阻力?应该如何应对这些阻力呢?可以从支持者和反对者的角度分别进行分析。

### ▶▶ 典型任务举例4.3 战略变革三种时机的辨识

1. 材料

《鹖冠子》中记载:魏文王问扁鹊曰:"子昆弟三人其孰最善为医?"扁鹊曰:"长兄最善,中兄次之,扁鹊最为下。"魏文王曰:"可得闻邪?"扁鹊曰:"长兄于病视神,未有形而除之,故名不出于家。中兄治病,其在毫毛,故名不出于闾。若扁鹊者,针血脉,投毒药,副肌肤,间而名出闻于诸侯。"

这段话的意思是说:魏文王问扁鹊:"你们家兄弟三人,都精于医术,到底哪一位医术最高呢?"扁鹊答道:"长兄最好,中兄次之,我最差。"魏文王又问:"能详细说说吗?"扁鹊回答说:"长兄治病,是治病于病情发作之前(未病之病)。由于一般人不知道他事先能铲除病因,所以他的名气无法传出去;中兄治病,是治病于病情初起时。一般人以为他只能治轻微的小病,所以他的名气只及本乡里。而我是治病于病情严重之时。一般人都看到我在经脉上穿针管放血,在皮肤上敷药等大手术,所以以为我的医术高明,名气因此响遍全国。"

从这段对话中可以看出,扁鹊认为能"治未病"者才是良医。其实,扁鹊医术已经达到了这个境界。

2. 要求

根据上述材料,指出"长兄最善,中兄次之,扁鹊最为下"影射的战略变革时机类型。

3. 工作过程

步骤①:理解战略变革三种时机的概念,提高自己对战略变革三种时机的辨识能力。

步骤②:认真阅读上述材料,根据战略变革三种时机的内涵,确定上述材料中的具体类型。

(Ⅰ)根据"长兄治病,是治病于病情发作之前(未病之病)。由于一般人不知道他事先能铲除病因,所以他的名气无法传出去"这段话,企业管理者仿佛是为名医,在人"未病"或"刚有病初期"时就发觉问题所在,赶紧采取措施,吃药预防。可以判断属于提前性变革。可以判断属于提前性变革。

(Ⅱ)根据"中兄治病,是治病于病情初起时。一般人以为他只能治轻微的小病,所以他的名气只及本乡里。"这段话,企业的管理者仿佛是一位中规中矩的医生,在病症有明显表现时,才能发现疾病所在,但能够及时救治,也算亡羊补牢,没有耽误事。可以判断属于反应性变革。可以判断属于反应性变革。

(Ⅲ)根据"而我是治病于病情严重之时。一般人都看到我在经脉上穿针管放血,在皮肤上敷药等大手术,所以以为我的医术高明,名气因此响遍全国。"这段话,企业的管理者仿佛是位"庸医",在病症很明显时都视而不见,非要等到病入膏肓再下猛药,此时只能死马当活马医,可能起死回生也可能一命呜呼。可以判断属于危机性变革。可以判断属于危机性变革。

## 任务五 战略管理中的利益相关者及利益矛盾和冲突

公司战略的制定与实施和其各利益相关者利益与权力的均衡密不可分。利益相关者是指能够影响企业的使命,同时受企业战略的影响,并对企业经营业绩拥有可实施的主张权的个人或群体。企业经营业绩的主张权可以通过利益相关者停止向企业投入关乎其生存、竞争以及盈利性的重要资源来实现。

利益相关者分为两类:(1)外部利益相关者包括政府、购买者和供应者、贷款人、社会公众;(2)内部利益相关者包括股东与机构投资者、经理阶层、企业员工。

利益相关者的利益矛盾和冲突主要表现在以下三方面:

### 一、投资者与经理人员的矛盾与均衡

1. 鲍莫尔的销售最大化模型　鲍莫尔把在某种利润约束条件下追求销售收入最大化看作是企业的典型目标。这里的利润约束是指企业股东认可的最低利润水平。

2. 马里斯的增长最大化模型("平衡状态"模型)　马里斯提出"增长最大化假说",即如果经理人认为企业的增长和自己的利益有关,就会将企业规模的追求作为其个人利益最大化的目标。

3. 威廉森的经理效用最大化模型(管理权限理论)　威廉森提出经理效用模型。他假定经理不寻求使得股东效用最大化的最大利润政策,而是执行使他自己的效用最大化的政策。在执行政策时,经理有自行决断的权力。

### 二、企业员工与企业(股东或经理)的矛盾与均衡

员工追求工资收入最大化与工作稳定,企业追求利润最大化,二者的矛盾与均衡可以通过列昂惕夫模型进行描述。

### 三、企业利益与社会效益的矛盾与均衡

企业的社会效益目标与企业自身经济目标很难两全其美。强调企业自身经济利益绝不意味着企业在追求利润最大化时,可以不负相应的社会责任。在社会效益与企业效益之间,企业实际上也总是处于一个讨价还价的均衡点。

## 项目总结

战略实施也是战略管理过程很重要的环节之一,主要包括组织结构、企业文化、战略控制方法、战略变革管理及利益相关者的矛盾和冲突等内容。其重点是企业组织结构的八种基本类型优缺点和适用范围;企业文化四种类型的特点;BSC的四个维度及内容;战略变革类型的选择等。难点是企业组织结构的八种基本类型的应用;企业文化类型的辨析;BSC战略控制方法的应用;战略变革类型的选择等。

## 闯关考验

### 一、单选题

1. 与多国本土化战略相配套的组织结构是(　　)。
   A. 全球区域分部结构　　　　　　B. 全球产品分部结构
   C. 国际部结构　　　　　　　　　D. 跨国结构

2. 适用于以单一产品或单一产品为主导经营的组织结构是(　　)。
   A. 事业部制组织结构　　　　　　B. 职能制组织结构
   C. 矩阵制组织结构　　　　　　　D. 控股公司组织结构

3. 俱乐部、协会、专业团体和小型咨询公司通常采用的企业文化类型是(　　)。
   A. 权力导向型文化　　　　　　　B. 角色导向型文化
   C. 任务导向型文化　　　　　　　D. 人员导向型文化

4. 当企业实施一个新战略,主要的组织要素变化不大,但多与企业组织目前的文化不大一致。在这种情况下,企业处理战略与文化关系的重点是(　　)。

A. 实施以企业使命为基础的变革

B. 加强协调作用

C. 根据文化的要求进行管理

D. 重新制定战略

5. 某建筑公司设有集团财务部、设计部、规划部、工程部、物资部、行政部这6个主要部门,当公司承接一个建设项目时由设计部、规划部、工程部、物资部、行政部各抽调人员组成项目小组进行项目开发和实施。该建筑公司所采取的组织结构为(　　)。

A. M型组织结构　　　　　　　　B. 职能制组织结构

C. 矩阵制组织结构　　　　　　　D. 事业部制组织结构

6. 下列不属于戴富特提出的战略变革的类型的有(　　)。

A. 内部控制　　　　　　　　　　B. 管理变革

C. 结构和体系变革　　　　　　　D. 产品和服务变革

7. 企业已经感知到危机,并已经为危机付出一定的代价的情形下做出的战略变革称为(　　)。

A. 提前性变革　　　　　　　　　B. 反应性变革

C. 危机性变革　　　　　　　　　D. 必要性变革

8. 下列各项属于非财务指标的是(　　)。

A. 销售数量　　　　　　　　　　B. 毛利率

C. 质量标准　　　　　　　　　　D. 市场份额

9. 平衡计分卡包括四个方面,最大的优点是(　　)。

A. 财务角度　　　　　　　　　　B. 顾客角度

C. 内部流程角度　　　　　　　　D. 创新与学习的角度

10. 某企业全球协作程度低,产品对东道国市场需求的适应能力也比较弱,该企业适应的组织结构是(　　)。

A. 全球区域分部结构　　　　　　B. 国际部结构

C. 全球产品分部结构　　　　　　D. 跨国结构

11. 甲公司为软件开发公司,总部设在北京。其主要客户为乙移动通信公司(以下简称"乙公司"),甲公司主要为乙公司实现预期通信功能和业务管理功能提供应用软件开发服务。乙公司以各省或大型城市为业务管理单位,各业务管理单位需求差异较大,软件功能经常升级。甲公司与乙公司保持了多年的良好合作关系。甲公司所处的软件开发行业的突出特点是知识更新快,同时也导致经验丰富、素质高的软件工程师流动性较大,为此甲公司按乙公司的业务管理单位,对各项目进行管理和考核。根据上述情况,适合甲公司选择的最佳组织结构类型是(　　)。

A. 职能制组织结构

B. 事业部制组织结构

C. 战略业务单位组织结构

D. 矩阵制组织结构

12. 当企业实施一个新的战略时,重要的组织要素会发生很大变化。这些变化大多与企业目前的文化有潜在的一致性。在这种情况下,企业处理战略与文化关系的重点是(    )。

   A. 实施以企业使命为基础的变革　　B. 加强协调作用
   C. 根据文化的要求进行管理　　　　D. 重新制定战略

13. 甲公司是国内一家大型农业生产资料集团,近年来致力于推进横向一体化和纵向一体化战略,以保持国内规模优势。甲公司对其各子公司实行预算管理,并通常使用增量预算方式进行战略控制,子公司预算需要经甲公司预算管理委员会批准后执行。20×9年9月,甲公司在化肥市场低迷时期,收购了乙化肥厂。甲公司收购乙化肥厂后更换了其总经理和财务总监,并计划全面改变乙化肥厂的经营策略。20×9年11月,甲公司启动20×0年度预算编审工作,此时甲公司应要求乙化肥厂编制(    )。

   A. 增量预算　　　　　　　　　　　B. 零基预算
   C. 动态预算(弹性)　　　　　　　　D. 静态预算(固定)

14. 对于经常进行新产品开发的组织来说,同时按产品和职能划分部门以及实施双重授权制是比较适宜的。在下列组织结构中,最适合于该类型组织的结构是(    )。

   A. 创业型组织结构　　　　　　　　B. 矩阵制组织结构
   C. 战略业务单位组织结构　　　　　D. 职能制组织结构

15. 下列关于企业文化类型表述正确的有(    )。

   A. 权力导向型常见于小型咨询公司
   B. 角色导向型员工通过示范和助人精神来互相影响,而不是采用正式的职权
   C. 角色导向型十分重视合法性、忠诚和责任,可能导致高效率
   D. 任务导向型强调企业的变革主要由企业中心权力来决定

16. 某企业是一家处于成长期的健身公司,地处高校密集的大学城。公司实行会员制,顾客主要通过电话和网络预约方式来门店进行健身。该企业决定采用平衡计分卡进行绩效管理,从顾客的角度考虑,其平衡计分卡的内容包括(    )。

   A. 顾客订单的增加　　　　　　　　B. 主要员工保留率
   C. 健身器材的维护　　　　　　　　D. 顾客续卡率

二、多选题

1. 面对不明朗的经济环境,丁公司管理层年初在公司内各部制定实施了开源节流的具体措施。为定期考察相关措施的绩效是否符合管理层的预期,及其在各部门的运作和顾客服务等方面是否与公司的战略目标相符,丁公司管理层可以采用的评价方法有(    )。

   A. SWOT分析　　　　　　　　　　B. 预算控制
   C. 平衡计分卡的业绩衡量　　　　　D. 蒙特卡罗模拟法

2. 企业以其目标或使命为出发点,计划组织结构。与其他组织结构比较,战略业务单元组织结构的优点是(    )。

   A. 降低企业总部的控制跨度
   B. 使企业总部与事业部和产品层关系更密切
   C. 使具有类似使命、产品、市场或技术的事业部能够更好地协调
   D. 更易于监控每个战略业务单元的绩效

3. 下列有关角色导向型文化的说法中,正确的有( )。
   A. 各司其职的文化
   B. 企业被称作官僚机构
   C. 十分重视合法性、忠诚和责任
   D. 具有稳定性、持续性的优点
4. 英国当代最知名的管理大师查尔斯·汉迪在1976年提出的关于企业文化的分类至今仍具有相当重要的参考价值。他将文化类型从理论上分为( )。
   A. 权力导向型
   B. 角色导向型
   C. 任务导向型
   D. 人员导向型
5. 当企业在实施一个新战略时,组织的要素会发生重大的变化,又多与企业现有的文化很不一致,或受到现有文化的抵制。为了处理这种重大的变革,企业可以从( )方面采取管理行动。
   A. 企业的高层管理人员要痛下决心进行变革,并向全体员工讲明变革的意义
   B. 要发挥企业现有人员在战略变革中的作用
   C. 将奖励的重点放在具有新文化意识的事业部或个人的身上
   D. 设法让管理人员和员工明确新文化所需要的行为,形成一定的规范
6. ABC公司是南京一家集团公司,其核心业务为金融行业和贷款担保行业。最近,ABC公司又涉足了仪器仪表生产行业和房地产行业。为配合该公司的总体战略实施,ABC公司可以选择的组织结构类型有( )。
   A. 产品/品牌事业部制组织结构
   B. 职能制组织结构
   C. M型企业组织结构
   D. 控股集团组织结构
7. 下列各项中,属于增量预算的缺点的有( )。
   A. 不能拥有启发新观点的动力
   B. 是一个复杂的耗费时间的过程
   C. 可能强调短期利益而忽视长期目标
   D. 没有降低成本的动力
8. 平衡计分卡的内部流程角度主要关注( )。
   A. 员工能力评估和发展
   B. 工程进度完成率
   C. 新客户开发率
   D. 处理客户订单时间
9. 下列各项用于多元化经营的企业的有( )。
   A. 职能制组织结构
   B. 战略业务单位组织结构
   C. 创业型组织结构
   D. H型组织结构
10. 事业部制组织结构不同类型的划分依据包括( )。
    A. 产品
    B. 服务
    C. 市场
    D. 地区
11. 用来描述投资者与经理人员的利益矛盾与均衡的模型有( )。
    A. 列昂惕夫模型
    B. 威廉森的经理效用最大化模型
    C. 马里斯的增长最大化模型
    D. 鲍莫尔的销售最大化模型
12. 某公司是一家关注于高科技移动领域的互联网公司,公司没有森严的等级制度,强调员工平等,崇尚创新,在处理多样化的问题时,鼓励员工、部门合作,在工作中发挥自己的专长和创意,努力打造客户需要的产品,该公司的企业文化类型不属于( )。
    A. 角色导向型
    B. 权力导向型
    C. 任务导向型
    D. 人员导向型

13. 某公司是杭州一家集团企业,其核心业务为批发外国高级品牌的休闲服及内衣。其他业务包括代理世界各地不同品牌的化妆品、手表和鞋。最近,公司购入了在国内拥有五家玩具连锁分店的乙公司,并与丙公司签订战略联盟协议开展餐饮业务。为配合公司的总体战略实施,该公司可以选择的组织结构类型有(　　)。

　　A. 产品/品牌事业部制组织结构　　　　B. 职能制组织结构
　　C. M 型企业组织结构　　　　　　　　D. 创业型组织结构

14. 某公司是沿海地区的一家大型物流配送企业,业务量位居全国同行业前三。该公司的业务明确定位于只做文件与小件业务,承诺在国内一二级城市快件 24 小时送达,其他城市不超过 36 小时。为此,公司在全国建立了 2 个快递分拨中心、50 多个中转场及 100 多个直营网点。该公司采用平衡计分卡对企业绩效进行衡量。从顾客的角度看,该公司的平衡计分卡内容可以包括(　　)。

　　A. 处理单个订单时间　　　　　　　　B. 建立服务标准
　　C. 品牌形象建设　　　　　　　　　　D. 提供服务承诺

## 三、简答题

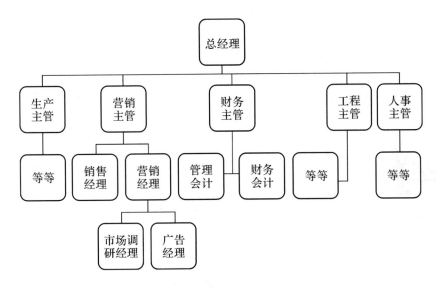

图 4-9　金茂企业的组织结构

1. 金茂企业的组织结构如图 4-9 所示:
（1）简述该企业采用的组织结构。
（2）简述该企业采用组织结构的优缺点。
2. 简述八种组织结构及其适用范围。
3. 简述企业文化的四种类型。
4. 简述平衡计分卡的四个维度,并会举例说明。
5. 简述投资者与经理人员的利益矛盾与均衡的代表人物及其观点。
6. 搜索下列公司如海尔、星巴克、麦当劳、华为公司的理念设计,并各自整理成 400 字的说明。
7. 搜索卡普兰·诺顿的资料,整理一个 300 字的文字说明,突出对 BSC 的贡献。

## 四、任务训练

1. 评价本大学的战略

【实训目的】战略评价的一个很重要的部分便是确定企业的外部机会与威胁和内部优势和劣势。这些基础性重要因素的变化表明需要对公司的战略进行改变或调整。

【实训指导】

以上课的形式讨论在你上学期间你的大学的外部及内部因素发生了哪些有利的和不利的变化。首先在黑板上列出新的或正在出现中的机会和威胁。之后确定在你上学期间发生过明显变化的优势与劣势。针对这些变化,讨论学校是否需要调整战略。你是否可以推荐一些新的战略?向系或学校领导提出你的建议。

2. 平衡计分卡的编制

【实训目的】通过练习,提高学生对平衡计分卡四个维度的理解,并具备设计 BSC 的能力。

【实训资料】快乐寿司店是一家处于成长期的公司,其主要通过电话或网络订购的方式销售日本生鱼片和寿司。该公司决定采用平衡计分卡来计量来年的绩效。

【实训指导】

步骤①:在一张纸上或卡片上,写下平衡计分卡衡量的 4 个维度内容。

步骤②:针对每个维度,设计符合资料要求的绩效指标,尽可能多地设计相关指标。

步骤③:把你的结果和同学交流,并根据老师提供的参考答案进行核对。然后进行打分,每个维度分值 25 分。

"战略不能落实到使命和目标上,都是空话""突然性是战略的本质"。

请你留言

>>>>>> 第二部分

# 风险管理部分

# 项目五　风险管理

 学习目标

※ **知识目标**

1. 了解风险概念,掌握风险类型。
2. 掌握风险管理的含义、目标、成本与效益分析。
3. 掌握风险管理基本流程及技术与方法。
4. 掌握投资者和董事会在公司治理中的作用。
5. 了解内部控制与风险管理的关系。
6. 了解风险管理、内部控制和公司治理三者的关系。

※ **技能目标**

1. 能与实际案例相结合识别不同的风险类型。
2. 能在了解风险与战略关系的基础上,对风险管理流程有一个全面的认识,并熟悉风险管理流程、策略与方法在不同风险管理中的应用。
3. 能描述投资者、董事会、外部监督在公司治理中的作用。
4. 能够描述风险管理、内部控制和公司治理三者的关系。

※ **素质目标**

1. 培养风险及风险管理意识。
2. 具有公司治理思维。
3. 具有内部控制意识。
4. 具有初步分析和解决风险管理、内部控制和公司治理问题的能力。

 知识结构图

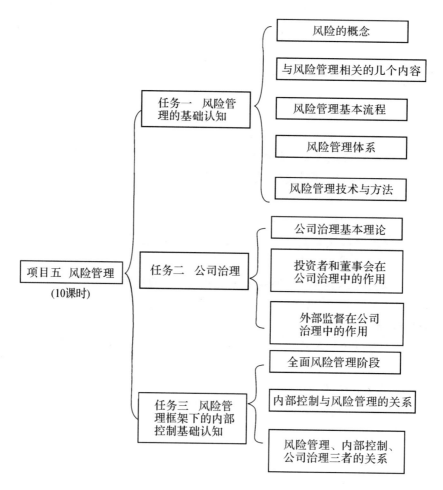

情境写实

  TK公司始创于1960年，1973年TK公司在纽约证交所上市。TK公司的经营机构遍布100多个国家，雇用了26万员工，2003年营业额超过300亿美元。

  从1999年起的三年时间里，TK公司兼并了数百家公司，并购价格将近300亿美元。对于这些收购兼并，TK公司采用购买法予以反应。按照美国公认会计原则（GAAP）的规定，采用购买法时，被兼并企业在购买日后实现的利润才可与购买方的利润合并。同样，被兼并企业在购买日前发生的损失，也不需要纳入购买方的合并范围。

  基于这一规定，TK公司开始玩起了一个个"财务游戏"。被TK公司兼并的公司都有一个共同特点：被兼并公司合并前的盈利状况往往出现异常的大幅下降，而在合并后盈利状况迅速好转。其实，这些被兼并公司合并完成前后盈利异常波动主要是各种"准备"科目的贡献：合并前对各类费用和减值准备过度计提，合并后逐步释放出各类准备。这样的弄虚作假行为被TK公司的高管人员美其名曰"财务工程"。

以TK公司并购A公司为例,TK公司于1998年年底开始对A公司进行收购,收购于1999年年初完成。对A公司1998年的第四季度息税前利润为8 500万美元,可是到了1999年第一季度(合并完成的前一个季度),却突然下降为-1 200万美元,而到了1999年第二季度(合并完成后的第一个季度),又迅速增至24 500万美元。利润大幅增长的原因就在于1999年第一季度计提了巨额的存货减值准备,提前"释放"了本应属于1999年第二季度的销售成本。

舞弊事件曝光后,TK公司的首席执行官被逮捕,将面临多年的牢狱之灾。另外,TK公司撤换了60多名高管人员,包括首席财务官、法律总顾问、财务总监以及人力资源总监等,此外,TK公司还撤换了整个董事会。

(资料来源:中国注册会计师协会.公司战略与风险管理.北京:经济科学出版社,2013)

必备知识

## 任务一 风险管理的基础认知

### 一、风险的概念

【小故事 大道理】

#### 风险的诱惑

主人外出,召来三个仆人,按他们不同的才干分配了不同的银子:甲五千、乙和丙各一千。主人走后,甲和乙两人用所得银子做生意,分别赚了五千和两千,丙仆人谨小慎微,为显示对主人的忠诚,将一千两银子埋了起来。主人回来后,对甲和乙二人赞赏有加,说:"好,我要把许多事情派你们管理,让你们享受主人的欢乐。"对丙仆人斥责慵懒与胆怯,逐出门外,并将一千两银子奖赏给已拥有一万两银子的那位仆人。

现代企业需要的不仅是忠实,更苛求胆识!畏首畏尾、从不冒险的企业家顶多维持不亏本的境地,而取得卓越成功的通常是有胆有识、敢冒风险的人。有风险才有诱惑。

(一) 什么是风险

通俗地讲,风险就是发生不幸事件的概率,或是指一个事件产生我们所不希望的后果的可能性。而企业风险(business risk)是指未来的不确定性对企业实现其经营目标的影响。它包括以下4个方面的内涵:

1. 企业风险与企业战略相关。公司经营中战略目标不同,企业面临的风险也就不同。

2. 风险是一系列可能发生的结果,不能简单理解为最有可能的结果。

3. 风险既具有客观性,又具有主观性。

4. 风险总是与机遇并存。大多数人只关注风险不利面,因而害怕风险。但"风险本身并不是坏事。对于企业发展而言,风险是必需的。我们必须学会平衡风险可能导致的相反结果所带来的机遇"。

### （二）风险观念的改变

随着社会的发展，人们的风险观念发生了转变，特别在现代市场经济中，随着全球贸易以及电子信息技术的发展，企业面临的机会大大增多，人们意识到必须重视风险能够导致变革和机会，对待风险的看法有本质的区别。

在前现代社会，风险被赋予"命运、迷信和罪恶"，人们对风险的反应是要么接受，要么责备，应对风险的机制是补偿、惩罚、复仇、报应；现代社会，风险被赋予"可预测、可度量的负面因素"，人们对风险的反应是避免和保护，应对风险的机制是赔偿、财务；现代市场经济中，风险被赋予"可管理、可操纵的机会"，人们对风险的反应是接受专业的控制建议，并建立自我纠错系统，应对风险的机制是系统改善。

**推荐阅读材料 5.1**

#### 你了解风险的由来吗？

"风险"一词的由来，最为普遍的一种说法是，在远古时期，以打鱼捕捞为生的渔民们，每次出海前都要祈祷，祈求神灵保佑自己能够平安归来，其中主要的祈祷内容就是让神灵保佑自己在出海时能够风平浪静、满载而归；他们在长期的捕捞实践中，深深地体会到"风"给他们带来的无法预测、无法确定的危险，他们认识到，在出海捕捞打鱼的生活中，"风"即意味着"险"，因此有了"风险"一词的由来。

而另一种据说经过多位学者论证的"风险"一词的"源出说"称，风险（risk）一词是舶来品，有人认为来自阿拉伯语，有人认为来源于西班牙语或拉丁语，但比较权威的说法是来源于法语的"risque"一词。在早期的运用中，也是被理解为客观的危险，体现为自然现象或者航海遇到礁石、风暴等事件。大约到了19世纪，在英文的使用中，风险一词常常用法文拼写，主要是用于与保险有关的事情上。

现代意义上的风险一词，已经大大超越了"遇到危险"的狭义含义，而是"遇到破坏或损失的机会或危险"，可以说，经过两百多年的演义，风险一词越来越被概念化，并随着人类活动的复杂性和深刻性而逐步深化，并被赋予了哲学、经济学、社会学、统计学甚至文化艺术领域的更广泛、更深层次的含义，且与人类的决策和行为后果联系越来越紧密，风险一词也成为人们生活中出现频率很高的词汇。

### （三）企业风险的种类

由于风险无处不在，人们从不同角度给予风险很多分类。本书侧重将企业面对的主要风险分为两大类：外部风险和内部风险。

#### 1. 外部风险

（1）政治风险。是指完全或部分由政府官员行使权力和政府组织的行为而产生的不确定性。也指企业因一国政府或人民的举动而遭受损失的风险，如"恐怖活动""内战"或"军事政变"等剧烈变化的事件都可能对企业产生威胁。

一般而言，政治风险的源头是政府行为导致的，如政府推行有关外汇管制、歧视性措施等。可以采取为政治风险投保、与职工建立良好的关系方式来创建友好的投资环境、与当地大使馆和商会保持联系等方法来应对政治风险。

（2）法律风险与合规风险。两者都是现代企业风险体系中重要的部分,各有重合,又各有侧重。法律风险是指企业在经营过程中因自身经营行为的不规范或者外部法律环境发生重大变化而造成不利法律后果的可能性。合规风险是指因违反法律或监管要求而受到制裁、遭受金融损失以及因未能遵守所有适用法律、法规、行为准则或相关标准而给企业信誉带来损失的可能性。如银行和客户约定的利率超出了中国人民银行规定的基准利率幅度,会面临合规风险（如面临监管机关的行政处罚、重大财产损失和声誉损失）和法律风险（如银行对客户民事赔偿责任的承担。）

**推荐阅读材料5.2**

某公司是一家拟上市的医药生产公司,管理层一直致力于实现最高水平的内部控制以使股东对管理层更加有信心,同时提高该公司的社会信誉。但是最近该公司的信誉由于内部出现的事件受到影响。事件的起因是一种口服药的部分批次所包含的菌群和菌落超出了相关药品安全标准的规定,药品生产质量检验部的一名员工对外进行了披露。该员工就此问题向其所在部门的领导进行反映,在未得到任何答复的情况下向媒体投诉。

（3）社会文化风险。是指文化这一不确定性因素的影响给企业经营活动带来损失的可能。如跨国经营活动引发的文化风险、企业并购活动引发的文化风险、组织内部因素等引发的文化风险。

（4）技术风险。是指技术在创新过程中,由于技术本身复杂性和其他相关因素变化产生的不确定性而导致技术创新遭遇失败的可能性,包括"纯技术风险及其他过程中由于技术方面的因素所造成的风险"。从技术活动过程所处的不同阶段考察,技术风险可以划分为技术设计风险、技术研发风险和技术应用风险。

（5）自然环境风险。是指企业由于其自身或影响其业务的其他方造成的自然环境破坏而承担损失的风险,如烟囱产生的空气污染、垃圾处理场的废物倾倒等产生的环境破坏,也包括核废弃物导致的自然环境问题。

（6）市场风险。依据《中央企业全面风险管理指引》,市场风险可以考虑以下几个方面:①产品或服务的价格及供需变化带来的风险;②能源、原材料、配件等物资供应的充足性、稳定性和价格的变化带来的风险;③主要客户、主要供应商的信用风险;④税收政策和利率、汇率、股票价格指数的变化带来的风险。

**推荐阅读材料5.3**

甲公司成立于1985年,在香港和深圳两地上市,是全球领先的综合通信解决方案提供商。公司通过为全球140多个国家和地区的电信运营商提供创新技术与产品

> 解决方案,让全世界用户享有语音、数据、多媒体、无线宽带等全方位沟通。目前已跃居全球第四大手机厂商。由于受到业绩的影响,该公司在二级市场的股价近期出现大幅度下跌,以及近期受一些事件的影响,该公司在印度出售电信设备的回款出现问题。从风险类型上看,该公司管理层正面临的主要风险是市场风险。

（7）产业风险。是指在特定产业中与经营相关的风险。需要考虑以下非常关键的几个因素：产业（产品）生命周期阶段、产业波动性（波动性是与变化相关的一个指标,波动性的产业一般包括电子业、软件业、房地产业和建筑业）和产业集中程度。

在产业集中度高的产业,在位企业具有竞争优势,特别是在受政府保护的垄断产业中,某些国家公用事业公司或国家政府所管理的公司面临很小的竞争压力和风险,而在这样的产业中,新进入者就面临着很高的进入障碍和风险。

2. 内部风险

（1）战略风险。是指未来的不确定性对企业实现其战略目标的影响。目前对战略风险概念的界定仍处于探索阶段,未得到统一。根据我国《企业内部控制应用指引第2号——发展战略》,需关注的主要风险主要表现在以下3个方面：①缺乏明确的发展战略或发展战略实施不到位,可能导致企业盲目发展,难以形成竞争优势,丧失发展机遇和动力。②发展战略过于激进,脱离企业实际能力或偏离主业,可能导致企业过度扩张,甚至经营失败。③发展战略因主观原因频繁变动,可能导致资源浪费,甚至危及企业的生存和持续发展。

（2）操作风险。是指由于员工、过程、基础设施和技术或对运作有影响的类似因素（包括欺诈活动）的失误而导致亏损的风险。简单讲是执行已明确的工作时采取错误步骤。从本质上来说,许多已经识别出的风险是操作方面的。应对操作风险方法有：①培训和管理员工；②评估技术和系统；③防止错误和欺诈；④在公司内实施正式的内部控制系统；⑤设立流程；⑥程序和政策；⑦外包安排。

（3）运营风险。依据《中央企业全面风险管理指引》,运营风险至少要考虑以下几个方面：①企业产品结构、新产品研发方面可能引发的风险；②企业新市场开发,市场营销策略（包括产品或服务定价与销售渠道、市场营销环境状况等）方面可能引发的风险；③企业组织效能、管理现状、企业文化、高、中层管理人员和重要业务流程中专业人员的知识结构、专业经验等方面可能引发的风险；④期货等衍生产品业务中发生失误带来的风险；⑤质量、安全、环保、信息安全等管理中发生失误导致的风险；⑥因企业内、外部人员的道德风险或业务控制系统失灵导致的风险以及给企业造成损失的自然灾害等风险；⑦企业现有业务流程和信息系统操作运行情况的监管、运行评价及持续改进能力方面引发的风险。

（4）财务风险。是指公司财务结构不合理、融资不当使公司可能丧失偿债能力而导致投资者预期收益下降和陷入财务困境甚至破产的风险。它是企业在财务管理过程中必须面对的一个现实问题,是客观存在的。企业管理者对财务风险只有采取有效措施来降低风险,而不可能完全消除风险。可以采取敏感性分析、决策树、情景分析等方法来应对。

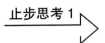

[情境写实]中 TK 公司利用并购机会操纵"准备"科目属于哪一类风险类型？该风险有哪些比较典型的计量方法？

### ▶▶▶ 典型任务举例 5.1　了解某科技实业有限公司面临的风险种类

1. 资料

具体资料参见典型任务举例 1.1。

2. 要求

根据企业资料，分析内外部环境，识别该公司面临的风险类型。

3. 工作过程

步骤①：在纸上列出 7 种内外部风险。

步骤②：仔细研读案例内容，借助 SWOT 分析工具，逐一识别该公司遇到的风险。如必要，可先查看一下 7 种风险类别的定义。

步骤③：向全班同学汇报你的结论，并说明是如何得出这一结论的。

## 二、与风险管理相关的几个内容

### （一）风险管理的含义

企业风险管理是一个过程，它由企业的董事会、管理层和其他人员实施，应用于战略制定并贯穿于企业之中，旨在识别可能会影响企业的潜在事项，管理风险以促使其在该企业的风险容量之内，并为企业目标的实现提供合理保证。

风险偏好和风险承受度是风险管理概念和风险管理策略的重要组成部分。风险偏好是企业希望承受的风险范围，回答公司希望承担什么风险和承担多少风险。风险承受度是指企业风险偏好的边界，分析风险承受度可以将其作为企业采取行动的预警指标，企业可以设置若干承受度指标，以显示不同的警示级别。《中央企业全面风险管理指引》指出："确定风险偏好和风险承受度，要正确认识和把握风险与收益的平衡，防止和纠正忽视风险，片面追求收益而不讲条件、范围，认为风险越大、收益越高的观念和做法；同时，也要防止单纯为规避风险而放弃发展机遇。"一般来讲，风险偏好和风险承受度是针对公司重大风险制定的。

### （二）企业风险管理发展历程

一般认为，风险管理经历了简单风险管理阶段、商务风险管理阶段和全面风险管理三个阶段。

而国内学者将风险管理的发展分为两个阶段：一是 20 世纪 90 年代以前，基于保险和财务层面的风险管理。其研究的内容基本上限于可保风险和财务风险，主要通过保险来承受或转嫁风险。二是 20 世纪 90 年代以来，由于社会环境和经济环境发生了很大的变化，建立良好的全面风险管理体系迫在眉睫，基于整体层面的风险管理应运而生。

2003 年 7 月，COSO 委员会发布企业全面风险管理框架的征求意见稿，并于 2004 年 9 月发布《企业风险管理——整合框架》（ERM 框架）正式稿，将风险管理纳入企业的各种活动之中,并将战略目标引入风险管理。ERM 从内部控制的角度出发,融合了整合风险管理、整体风险管理、综合风险管理的思想,宽泛地定义了风险管理,确立了适用于各种类型的组织、行业和部门的风险管理标准。

### (三) 全面风险管理的特征

1. 战略性　风险管理主要运用于企业战略管理层面,站在战略层面整合和管理企业层面风险是全面风险管理的价值所在。

2. 全员化　企业全面风险管理是一个由企业治理层、管理层和所有员工参与的,对企业所有风险进行管理,旨在把风险控制在风险容量以内,增进企业价值的过程。在这个过程中,只有将风险意识转化为全体员工的共同认识和自觉行动,才能确保风险管理目标的实现。

3. 专业性　即风险管理的专业人才实施专业化管理。

4. 二重性　企业全面风险管理的商业使命在于:损失最小化管理、不确定性管理、绩效最优化管理。全面风险管理既要管理纯粹的风险,也要管理机会风险。

5. 系统性　全面风险管理必须拥有一套系统的、规范的方法,来确保所有的风险都得到识别,而且所有的风险都得到管理。

### (四) 风险管理的目标

根据我国《中央企业全面风险管理指引》,风险管理的总体目标如下:

1. 确保将风险控制在与公司总体目标相适应并可承受的范围内;

2. 确保内外部,尤其是企业与股东之间实现真实、可靠的信息沟通,包括编制和提供真实、可靠的财务报告;

3. 确保遵守有关法律法规;

4. 确保企业有关规章制度和为实现经营目标而采取重大措施的贯彻执行,保障经营管理的有效性,提高经营活动的效率和效果,降低实现经营目标的不确定性;

5. 确保企业建立针对各项重大风险发生后的危机处理计划,保护企业不因灾害性风险或人为失误而遭受重大损失。

### (五) 风险管理成本与效益分析

风险管理的效益包括成本的节约、改进产品和服务的周期、更好地在业务部门之间进行资源调配,增强信誉和透明度,提升利润质量等。

而风险管理成本是指在风险管理过程中发生的成本,是公司经营成本的一部分。具体包括以风险为基点的预防成本、纠正成本、惩治成本和损失成本 4 类成本和以风险管理为基点的进入成本、维持成本、评估成本和处置成本。

企业风险管理的价值应建立在证明其益处超出了成本。因此,建立健全风险管理体系需要考虑投入的人力、物力和财力,以及该系统运行成本能否为企业所承受且达到合理的成本效益比。这就要求风险管理在成本效益分析中寻找以实现企业价值最大化为目标的平衡点。在理论上说这个平衡点就是预防成本、纠正成本、惩治成本和损失成本之和的最低点,也是企业的综合利益最大化的最优点。

### (六) 风险管理的文化

由于一个组织的整体文化对于企业的成功至关重要,因此,它的风险文化将决定企业如何成功地进行风险管理。这也是区分全面风险管理与传统风险管理的主要标志之一。

我国《中央企业全面风险管理指引》对于建立企业风险管理文化提出如下方针和措施：

1. 企业应注重建立具有风险意识的企业文化，促进企业风险管理水平、员工风险管理素质的提升，保障企业风险管理目标的实现。

2. 风险管理文化建设应融入企业文化建设全过程。

3. 企业应在内部各个层面营造风险管理文化氛围。

4. 企业应大力加强员工法律素质教育，制定员工道德诚信准则，形成人人讲道德诚信、合法合规经营的风险管理文化。

5. 企业全体员工尤其是各级管理人员和业务操作人员应通过多种形式，努力传播企业风险管理文化，牢固树立风险无处不在、风险无时不在、严格防控纯粹风险、审慎处置机会风险、岗位风险管理责任重大等意识和理念。

6. 风险管理文化建设应与薪酬制度和人事制度相结合，有利于增强各级管理人员特别是高级管理人员风险意识，防止盲目扩张、片面追求业绩、忽视风险等行为的发生。

7. 企业应建立重要管理及业务流程、风险控制点的管理人员和业务操作人员岗前风险管理培训制度。采取多种途径和形式，加强对风险管理理念、知识、流程、管控核心内容的培训，培养风险管理人才，培育风险管理文化。

推荐阅读材料 5.4

表 5-1 传统风险管理和全面风险管理的区别

| 项目 | 传统风险管理 | 全面风险管理 |
| --- | --- | --- |
| 涉及面 | 传统风险管理主要涉及财务会计主管和内部审计等部门负责人，就单个风险个体实施风险管理，主要是可保风险和财务风险 | 在高层的参与下，每个成员都承担与自己行为相关的风险管理责任；从总体上集中考虑和管理所有风险（包括纯粹风险和机会风险） |
| 连续性 | 只有管理层认为必要时才进行 | 是企业系统的、有重点的、持续的行为 |
| 态度 | 被动地将风险管理作为成本中心 | 主动积极地将风险管理作为价值中心 |
| 目标 | 与企业战略联系不紧，目的是转移或避免风险 | 紧密联系企业战略，目的是寻求风险优化措施 |
| 方法 | 事后反应式的风险管理方法，即先检查和预防经营风险，然后采取应对措施 | 事前风险防范，事中风险预警和及时处理，事后风险报告、评估、备案及其他相应措施 |
| 注意焦点 | 专注于纯粹和灾害风险 | 聚焦于所有利益相关者的共同利益最大化 |

## 三、风险管理基本流程

《中央企业全面风险管理指引》指出,风险管理基本流程如图 5-1 所示。

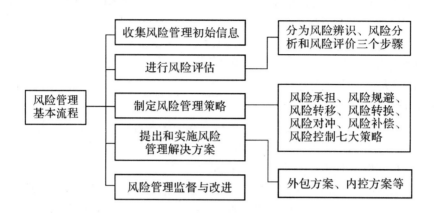

图 5-1 风险管理基本流程

### (一)第一步——收集风险管理初始信息

收集初始信息一般根据所分析的风险类型具体展开。

1. 分析战略风险,企业应广泛收集国内外企业战略风险失控导致企业蒙受损失的案例,并至少收集与本企业相关的以下重要信息:

(1)国内外宏观经济政策以及经济运行情况、企业所在产业的状况、国家产业政策;

(2)科技进步、技术创新的有关内容;

(3)市场对该企业产品或服务的需求;

(4)该企业主要客户、供应商及竞争对手的有关情况;

(5)与企业战略合作伙伴的关系,未来寻求战略合作伙伴的可能性;

(6)与主要竞争对手相比,该企业实力与差距;

(7)本企业发展战略和规划、投融资计划、年度经营目标、经营战略,以及编制这些战略、规划、计划、目标的有关依据;

(8)该企业对外投融资流程中曾发生或易发生错误的业务流程或环节。

2. 分析财务风险,企业应广泛收集国内外企业财务风险失控导致危机的案例,并至少收集本企业的以下重要信息:

(1)负债、或有负债、负债率、偿债能力;

(2)现金流、应收账款及其占销售收入的比重、资金周转率;

(3)产品存货及其占销售成本的比重、应付账款及其占购货额的比重;

(4)制造成本和管理费用、财务费用、营业费用;

(5)盈利能力;

(6)成本核算、资金结算和现金管理业务中曾发生或易发生错误的业务流程或环节;

(7)与本企业相关的产业会计政策、会计估算、与国际会计制度的差异与调节(如退休金、递延税项)等信息。

3. 分析市场风险,企业应广泛收集国内外企业忽视市场风险、缺乏应对措施导致企

业蒙受损失的案例,并至少收集与该企业相关的以下重要信息:
(1)产品或服务的价格及供需变化;
(2)能源、原材料、配件等物资供应的充足性、稳定性和价格变化;
(3)主要客户、主要供应商的信用情况;
(4)税收政策和利率、汇率、股票价格指数的变化;
(5)潜在竞争者、竞争者及其主要产品、替代品情况。

4. 分析运营风险,企业应至少收集与本企业、本产业相关的以下信息:
(1)产品结构、新产品研发;
(2)新市场开发,市场营销策略,包括产品或服务定价与销售渠道,市场营销环境状况等;
(3)企业组织效能、管理现状、企业文化,高、中层管理人员和重要业务流程中专业人员的知识结构、专业经验;
(4)期货等衍生产品业务中曾发生或易发生失误的流程和环节;
(5)质量、安全、环保、信息安全等管理中曾发生或易发生失误的业务流程或环节;
(6)因企业内、外部人员的道德风险致使企业遭受损失或业务控制系统失灵;
(7)给企业造成损失的自然灾害以及除上述有关情形之外的其他纯粹风险;
(8)对现有业务流程和信息系统操作运行情况的监管、运行评价及持续改进能力;
(9)企业风险管理的现状和能力。

5. 分析法律风险,企业应广泛收集国内外企业忽视法律法规风险、缺乏应对措施导致企业蒙受损失的案例,并至少收集与该企业相关的以下信息:
(1)国内外与该企业相关的政治、法律环境;
(2)影响企业的新法律法规和政策;
(3)员工道德操守的遵从性;
(4)该企业签订的重大协议和有关贸易合同;
(5)该企业发生重大法律纠纷案件的情况;
(6)企业和竞争对手的知识产权情况。

企业还要对收集的初始信息应进行必要的筛选、提炼、对比、分类、组合,以便进行风险评估。

### (二)第二步——进行风险评估

风险评估包括风险辨识、风险分析、风险评价三个步骤。其中风险辨识是指查找企业各业务单元、各项重要经营活动及其重要业务流程中有无风险,有哪些风险;风险分析是对辨识出的风险及其特征进行明确的定义描述,分析和描述风险发生可能性的高低、风险发生的条件;风险评价是评估风险对企业实现目标的影响程度、风险的价值等。

进行风险辨识、分析和评价,还应将定性与定量方法相结合。其中定性方法可采用问卷调查、集体讨论、专家咨询、情景分析、政策分析、行业标杆比较、管理层访谈、由专人主持的工作访谈和调查研究等。定量方法可采用统计推论(如集中趋势法)、计算机模拟(如蒙特卡洛分析法)、失效模式与影响分析、事件树分析等。

### (三)第三步——制定风险管理策略

所谓风险管理策略,是指企业根据自身条件和外部环境,围绕企业发展战略,确定风险偏好、风险承受度、风险管理有效性标准,选择风险承担、风险规避、风险转移、风险转换、风险对冲、风险补偿、风险控制等适合的风险管理工具的总体策略,并确定风险管理所需人力和财力资源的配置原则。企业要根据风险的不同类型选择适宜风险管理策略。

表5-2  7种不同的风险管理工具的具体内容

| 种类 | 说明 |
| --- | --- |
| 风险承担 | (1)含义:亦称风险保留、风险自留,是指企业对所面临的风险采取接受的态度,从而承担风险带来的后果。<br>(2)注意:①对未能辨识出的风险,企业只能采用风险承担。<br>②对于辨识出的风险,企业也可能由于以下几种原因采用风险承担:a.缺乏能力进行主动管理,对这部分风险只能承担;b.没有其他备选方案;c.从成本效益考虑,这一方案是最适宜的方案 |
| 风险规避 | (1)含义:是指企业回避、停止或退出蕴含某一风险的商业活动或商业环境,避免成为风险的所有人。<br>(2)举例:①退出某一市场以避免激烈竞争;②拒绝与信用不好的交易对手进行交易;③外包某项对工人健康安全风险较高的工作;④停止生产可能有潜在客户安全隐患的产品;⑤禁止各业务单位在金融市场进行投机;⑥不准员工访问某些网站或下载某些内容 |
| 风险转移 | (1)含义:是指企业通过合同将风险转移到第三方,企业对转移后的风险不再拥有所有权。转移风险不会降低其可能的严重程度,只是从一方移除后转移到另一方。<br>(2)举例:①保险:保险合同规定保险公司为预定的损失支付补偿,作为交换,在合同开始时,投保人要向保险公司支付保险费。②非保险型的风险转移:将风险可能导致的财务风险损失负担转移给非保险机构。例如,服务保证书等。③风险证券化:通过证券化保险风险构造的保险连接型证券(ILS)。这种债券的利息支付和本金偿还取决于某个风险事件的发生或严重程度 |
| 风险转换 | (1)含义:是指企业通过战略调整等手段将企业面临的风险转换成另一个风险。风险转换的手段包括战略调整和衍生产品等。<br>(2)注意:①风险转换一般不会直接降低企业总的风险,其简单形式就是在减少某一风险的同时,增加另一风险。②企业可以通过风险转换在两个或多个风险之间进行调整,以达到最佳效果。③风险转换可以在低成本或者无成本的情况下达到目的 |
| 风险对冲 | (1)含义:是指采取各种手段,引入多个风险因素或承担多个风险,使得这些风险能够相互对冲,也就是使这些风险的影响互相抵消。<br>(2)举例:常见的例子有资产组合使用、多种外币结算的使用和战略上的多种经营等。在金融资产管理中,对冲也包括使用衍生产品,如利用期货进行套期保值 |
| 风险补偿 | (1)含义:是指企业对风险可能造成的损失采取适当的措施进行补偿。风险补偿表现在企业主动承担风险,并采取措施以补偿可能的损失。<br>(2)风险补偿的形式有财务补偿、人力补偿、物资补偿等。财务补偿是损失融资,包括企业自身的风险准备金或应急资本等 |

续表 5-2

| 种类 | 说明 |
|---|---|
| 风险控制 | （1）含义：是指控制风险事件发生的动因、环境、条件等，来达到减轻风险事件发生时的损失或降低风险事件发生的概率的目的。<br>（2）对象：风险控制对象一般是可控风险，包括多数运营风险，如质量、安全和环境风险，以及法律风险中的合规性风险 |

### 风险管理人物介绍

乔治·多里奥特（1899—1987），哈佛大学商学院教授，风险投资之父。他对风险情有独钟，凭借着慧眼和勇气，挖掘风险中的财富，曾经仅仅用9年时间就获得了近400倍的回报。1946年，他创建的美国研发公司在未来半个多世纪内让许多创业者成为亿万富翁，同时使风险投资成为一个创造亿万富翁的产业。成就多里奥特就是风险财富的理念。财务和风险就像一枚硬币的两面，而风险投资就像抛硬币一样，成功则获利丰厚，失败则血本无归。有人说'人生要不是大胆地冒险便是一无所获'，但是同学们仍然需要正确对待风险和风险投资，因为人的天性是厌恶风险，所以投资理应规避风险。

（资料来源：（美）斯宾塞·安特 著 汪涛，完美的竞赛："风险投资之父"多里奥特传奇，中国人民大学出版社，2009年9月1日）

#### （四）第四步——提出和实施风险管理解决方案

在这一阶段，企业应根据风险管理策略，针对各类风险或每一项重大风险制定风险管理解决方案。

风险管理解决方案可以分为外部和内部解决方案。外部解决方案一般指外包。内部解决方案是风险管理体系的运转。在具体实施中，一般是以下几种手段的综合应用：风险管理策略；组织职能；内部控制（包括政策、制度、程序）；信息系统（包括报告体系）；风险理财措施。

落实风险管理解决方案时，一是高度重视，要认识到风险管理是企业时刻不可放松的工作，是企业价值创造的根本源泉。二是风险管理是企业全员的分内工作，没有风险的岗位是不创造价值的岗位，没有理由存在。三是落实到组织，明确分工和责任，全员进行风险管理。四是为确保工作的效果落实到位，要对风险管理解决方案的实施进行持续监控改进，并与绩效考核联系起来。

#### （五）第五步——风险管理的监督与改进

企业应确定重点风险对风险管理初始信息、风险评估、风险管理策略、关键控制活动及风险管理解决方案的实施情况进行监督，可以采用压力测试、返回测试、穿行测试以及风险控制自我评估等方法对风险管理的有效性进行检验，根据变化情况和存在的缺陷及时加以改进。

### 四、风险管理体系

《中央企业全面风险管理指引》指出，企业风险管理体系包括五大体系，如图5-2所示。

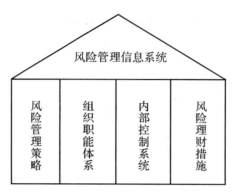

图 5-2 企业风险管理体系

本书重点介绍风险理财措施。

【小故事　大道理】

### 农妇卖鸡蛋

农妇家里养了几十只鸡,由于喂养得当,每只鸡都要下不少蛋。很快,她便积攒起了许多鸡蛋。听说邻村的集市上鸡蛋价格要比本村高出许多,她便决定把鸡蛋拿到邻村集市上去卖。

"该用什么东西来装这些鸡蛋呢?"农妇一边自言自语,一边找着装鸡蛋的家什。不一会儿,她找来一只很大的柳条篮子,心想这下可好了,一次就可以全装完。果然,尽管满满当当,可毕竟所有的鸡蛋都被放了进去。

不想正当她拎起鸡蛋篮子想出门时,丈夫拦在了门口:"不行,不能用一个大篮子装这么多鸡蛋,换成小点儿的篮子吧,哪怕多装几次。"

"没事儿!"农妇不耐烦地瞥了丈夫一眼,"这篮鸡蛋才有多重!你忘了去年秋天,我还用它背过比这更沉的东西呢?"说着,她便猛地一拎篮子,想夺门而出。

谁知自打去年秋天以来,这个篮子因为被用的次数太多,许多地方的柳条都已经快断掉了,现在它承受着这么多鸡蛋的重压,再加上农妇这么一猛提,底部一下子就豁了下来。自然,篮里所有的鸡蛋都掉在地上摔碎了。

小故事揭示了大道理,即倘若把所有资本都放在一个"篮子"里,无形之中就会增大风险;但如果过分分散,将之置于太多的"篮子"里,则就会增加管理成本。

### (一)风险理财的一般概念

风险理财是用金融手段管理风险,是全面风险管理的重要组成部分。对于可控的风险,只有风险控制而无风险理财;风险理财可以针对不可控的风险。

风险理财的特点:(1)风险理财的手段既不改变风险事件发生的可能性,也不改变风险事件可能引起的直接损失程度。(2)风险理财需要判断风险的定价,因此量化的标准较高,即不仅需要风险事件的可能性和损失的分布,更需要量化风险本身的价值。(3)风险理财的应用范围一般不包括声誉等难以衡量其价值的风险,也难以消除战略失误造成的损失。(4)风险理财手段技术强,许多风险理财工具本身有着比较复杂的风险特性,使用不当容易造成重大损失。

### （二）风险理财的策略与方案

风险理财需与整体风险管理策略一致,通盘考虑。要根据所面对的风险的性质,采用与之相匹配的风险理财手段。企业在选择这些风险理财工具时,要考虑如下几点:合规的要求;可操作性;法律法规环境;企业的熟悉程度;风险理财工具的风险特征;不同的风险理财手段可能适用同一风险。还要考虑成本与收益的平衡。

在企业选择风险理财的策略和方案时,涉及对金融衍生产品的选择。所谓金融衍生产品是指其价值决定于一种或多种基础资产或指数的金融合约,包括远期合约、期货、互换、期权等。其优点是:准确性;时效;使用方便;成本优势;灵活性;对于管理金融市场等市场风险有不可替代的作用。其缺点是杠杆作用大,风险很大,如用来投机可能会造成巨大损失。在选择金融衍生产品时主要思路是:一看是否增加自己愿意承担的风险;二是要消除或减少自己不愿承担的风险;三要转换不同的风险。

### （三）两类主要的风险理财措施的介绍

#### 1. 损失事件管理

损失事件管理是指对可能给企业造成重大损失的风险事件的事前、事后管理的方法,包括资金、声誉、技术、品牌、人才等。主要包括以下五个方面内容:

（1）损失融资是为风险事件造成的财务损失融资,是从风险理财的角度进行损失事件的事后管理,是损失事件管理中最有共性,也是最重要的部分。损失事件融资分为预期损失融资（一般作为运营资本的一部分）和非预期损失融资（属于风险资本的范畴）两类。

（2）风险资本是除经营所需的资本之外,公司还需要额外的资本用于补偿风险造成的财务损失。它是使一家公司破产的概率低于某一给定水平所需的资金,取决于公司的风险偏好。

（3）应急资本是一个金融合约,规定在某一个时间段内、某个特定事件发生的情况下公司有权从应急资本提供方处募集股本或贷款,并为此按时间向资本提供方缴纳权力费。其特点有:应急资本的提供方并不承担特定事件发生的风险,而只是在事件发生并造成损失后提供用于弥补损失、持续经营的资金;应急资本是一个综合运用保险和资本市场技术设计和定价的产品。与保险不同,应急资本不涉及风险的转移,是企业风险补偿策略的一种方式;应急资本是一个在一定条件下的融资选择权,公司可以不使用这个权利;应急资本可以提供经营持续性的保证。

**推荐阅读材料 5.5**

> 一家公司每年最低运营资本是 5 亿元,但是有 5% 的可能性需要 7.5 亿元维持运营,有 1% 的可能性需要 10 亿元才能维持运营。换句话说,如果风险资本为 2.5 亿元,那么这家公司的生存概率就是 95%,而 5 亿元的风险资本对应的则是 99% 的生存概率。

（4）保险是一种金融合约。保险合同规定保险公司为预订的损失支付补偿（也就是为损失进行融资），作为交换，在合同开始时，购买保险合同的一方要支付保险费。具体有财产、责任、多种财产、海险、雇员福利等险种。

（5）专业自保公司又称专属保险公司，是非保险公司的附属机构，为母公司提供保险，并由其母公司筹集保险费，建立损失储备金。其优点是降低运营成本；改善公司现金流；保障项目更多；公平的费率等级；保障的稳定性；直接进行再保险；提高服务水平；减少规章的限制；国外课税扣除和流通转移。其缺点是内部管理成本；资本与投入；管理人员的新核心；损失储备金不足和潜在损失；税收检查；成本增加或减少其他保险的可得性。

2. 套期保值

（1）套期保值与投机的区别，参见表5-3所示。

表5-3 套期保值与投机的区别

| 要点 | 内容 |
| --- | --- |
| 含义 | 套期保值是指为冲抵风险而买卖相应的衍生产品的行为；与套期保值相反的便是投机行为 |
| 目的 | 套期保值的目的是降低风险；投机的目的是承担额外的风险以盈利 |
| 结果 | 套期保值的结果是降低了风险；投机的结果是增加了风险 |

（2）期货套期保值的要点，参见表5-4所示。

表5-4 期货套期保值的相关内容

| 要点 | 内容 |
| --- | --- |
| 期货含义 | 期货是指在约定的将来某个日期按约定的条件（包括价格、交割地点、交割方式）买入卖出一定标准数量的某种资产 |
| 期货合约的类型 | ①商品期货是指标的物为实物商品的期货合约；<br>②外汇期货是指标的物为某种外币的期货合约；<br>③利率期货是指标的资产价格依赖于利率水平的期货合约；<br>④股票价格指数期货是指标的物是股价指数的期货合约 |
| 期货套期保值 | (1) 含义：亦称为期货对冲，是指为配合现货市场上的交易，而在期货市场上做与现货市场商品相同或相交易部位相反的买卖行为，以便将现货市场价格波动的风险在期货市场上抵消。<br>(2) 基本原理：就在于某一特定商品的期货价格和现货价格受相同经济因素的影响和制约。<br>(3) 两种方式：（两个时间的四个交易）<br>①空头期货套期保值：指如果某公司要在未来某时间出售资产，可以通过持有该资产期货合约的空头来对冲风险。如果到期日资产价格下降，现货出售资产亏了，但期货的空头获得。如果到期日资产价格上升，现货出售获利（相对合约签订日期）但期货的空头亏了。<br>②多头套期保值：指如果要在未来某时买入某种资产，则可采用持有该资产期货合约的多头来对冲风险 |
| 期货投机的风险 | (1) 含义：期货投机是指基于对市场价格走势的预期，为了盈利在期货市场上进行的买卖行为。<br>(2) 风险：由于远期市场价格的波动性，与套期保值相反，期货的投机会增加风险 |

推荐阅读材料 5.6

### 空头和多头套期保值举例

表 5-5 空头套期保值

|  | 现货市场 | 期货市场 |
| --- | --- | --- |
| 7月 | 某贸易公司与客户签订5个月后到期的远期合同,承诺12月份购买200吨铜,铜的现货市场价格(合同价格)为7 000美元/吨 | 在期货交易所卖出12月份到期的期铜200吨,每吨期铜价格7 020美元 |
| 12月 | 现货市场每吨铜的价格下跌到6 800美元 | 当月期铜价格接近现货价格,为每吨6 830美元。按此价格买入期铜200吨,平仓期货合同 |
| 结果 | 每吨铜亏损200美元 | 每吨盈利190美元 |

表 5-6 多头套期保值

|  | 现货市场 | 期货市场 |
| --- | --- | --- |
| 7月 | 某贸易公司与客户签订5个月后到期的远期合同,承诺12月份出售200吨铜给客户,铜的现货市场价格(合同价格)为7 000美元/吨 | 在期货交易所买入12月份到期的期铜200吨,每吨期铜价格7 020美元 |
| 12月 | 现货市场每吨铜的价格上涨到7 200美元。按现货价格买入200吨铜交付客户 | 当月期铜价格接近现货价格,为每吨7 210美元。按此价格卖出期铜200吨,平仓期货合约 |
| 结果 | 每吨亏损200美元 | 每吨盈利190美元 |

(3)期权套期保值的要点,参见表 5-7 所示。

表 5-7 期权套期保值的相关内容

| 要点 | 内容 |
| --- | --- |
| 含义 | 是在规定的一段时间内,可以以规定的价格购买或者出卖某种规定的资产的权利。 |
| 分类 | 买方期权,是指赋予期权持有人在期权有效期内按履约价格买进(但不负有必须买进的义务)规定的资产的权利。<br>卖方期权,是指期权持有人在期权有效期内按履约价格卖出(但不负有必须卖出的责任)规定的资产的权利 |

续表 5-7

| 要点 | 内容 |
| --- | --- |
| 期权合约的内容 | 标的资产：是指期权能够买入或者卖出的规定资产。<br>执行价格：是指行权时，可以以此价格买入或卖出规定资产的价格。<br>到期日：期权有效期截止的时间。<br>行权方式：如果在到期日之前的任何时间以及到期日都能执行，称这种期权为美式期权。如果只能在到期日执行，称为欧式期权。<br>期权价格：是指为获得该期权，期权的持有人付出的代价 |
| 期权套期保值 | （1）作为期权的买方（无论是看涨期权还是看跌期权）只有权利而无义务。它的风险是有限的（亏损最大值为期权价格），但在理论上获利是无限的。（2）作为期权的卖方（无论是看涨期权还是看跌期权）只有义务而无权利，在理论上它的风险是无限的，但收益是有限的（收益最大值为期权价格）。（3）期权的买方无须付出保证金，卖方则必须支付保证金以作为必须履行义务的财务担保 |

看涨期权和看跌期权举例：

①看涨期权：1月1日，标的物是铜，1份铜的看涨期权合约数量为10吨，期权执行价格为1 850美元/吨。甲买入1份铜的看涨期权，付出500美元的价格；乙卖出1份铜的看涨期权，收入500美元。2月1日，铜价上涨至1 905美元/吨，1份铜的看涨期权的价格涨至550美元。甲可采取两种交易策略：

第一种策略：行使权利——甲有权按1 850美元/吨的价格从乙手中买入铜；乙在甲提出这个行使期权的要求后，必须予以满足，即便乙手中没有铜，也只能以1 905美元/吨的市价在期权市场上买入而以1 850美元/吨的执行价卖给甲，而甲可以1 905美元/吨的市价在期货市场上抛出，获利50美元[（1 905-1 850）×10-500]。乙则损失50美元[（1 850-1 905）×10+500]。

第二种策略：售出权利——甲可以按550美元的价格出售看涨期权，甲获利50美元（550-500）。如果铜价下跌，即铜的市价低于敲定价格1 850美元/吨，甲就会放弃这个权利，只损失500美元权利金，乙则净赚500美元。在期权交易中，和期货交易一样，交易双方往往采用第二种交易策略，即进行差额结算，而不采取第一种实物交割方式。

②看跌期权：1月1日，标的物是铜，1份铜的看跌期权合约数量为10吨，铜期权的执行价格为1 750美元/吨，甲买入这个权利，付出500美元；乙卖出这个权利，收入500美元。2月1日，铜价下跌至1 695美元/吨，看跌期权的价格涨至550美元/吨。此时，甲可采取两种交易策略：

第一种策略：行使权利——甲可以按1 695美元/吨的市价从市场上买入铜，而以1 750美元/吨的价格卖给乙，乙必须接受，甲从中获利50美元[（1 750-1 695）×10-500]，乙损失50美元。

第二种策略：售出权利——甲可以550美元的价格售出看跌期权。甲获利50美元（550-500）。

如果铜价上涨,甲就会放弃这个权利而损失500美元权利金,乙则净赚500美元。

在期权交易中,交易双方往往采用第二种交易策略,即进行差额结算,而不采取第一种实物交割方式。

### 五、风险管理技术与方法

风险管理的技术与方法很多,既有定性分析,也有定量分析,这取决于不同风险识别技术和方法的特点。风险定性分析,往往带有较强的主观性,定量分析比较客观,但对数据的要求较高,同时还需借助数学工具和计算机程序,其操作难度较大。

风险管理的技术与方法同样也可以在企业战略分析中使用,主要有头脑风暴法、德尔菲法、失效模式影响和危害度分析法、流程图分析法、马尔科夫分析法、风险评估系图法、情景分析法、敏感性分析法、事件树分析法、决策树法、蒙特卡洛随机模拟法和统计推论法。本教材重点介绍如下几种方法:

#### (一)失效模式影响和危害度分析法(FMECA)

FMECA按规定的规则记录系统中所有可能存在的影响因素,分析每种因素对系统的工作及状态的影响,将每种影响因素按其影响的严重度及发生概率排序,从而发现系统中潜在的薄弱环节,提出可能采取的预防改进措施,以消除或减少风险发生的可能性,保证系统的可靠性。根据其重要性和危害程度,FMECA可对每种被识别的失效模式进行排序。FMECA可用于协助挑选具有高可靠性的替代性设计方案;确保所有的失效模式及其对运行成功的影响得到分析;列出潜在的故障并识别其影响的严重性;为测试及维修工作的规划提供依据;为定量的可靠性及可用性分析提供依据。FMECA可以为其他风险方法提供数据支持。

#### (二)流程图分析法

流程图分析法是对流程的每一阶段、每一环节逐一进行调查分析,从中发现潜在风险,找出导致风险发生的因素,分析风险产生后可能造成的损失以及对整个组织可能造成的不利影响。流程图是指使用一些标准符号代表某些类型的动作,直观地描述一个工作过程的具体步骤。流程图法将一项特定的生产或经营活动按步骤或阶段顺序以若干个模块形式组成一个流程图系列,在每个模块中都标示出各种潜在的风险因素或风险事件,从而给决策者一个清晰的总体印象。在企业风险识别过程中,运用流程图绘制企业的经营管理业务流程,可以将与企业各种活动有影响的关键点清晰地表现出来,结合企业中这些关键点的实际情况和相关历史资料,就能够明确企业的风险状况。通过业务流程图方法,对企业生产或经营中的风险及其成因进行定性分析。

推荐阅读材料 5.7

财务费用报销流程中各环节及其风险审核点,如表 5-8 所示。

表 5-8 财务费用报销流程风险分析

| 流程图 | 风险审核点 | 权责部门 |
| --- | --- | --- |
| 报销单据整理粘贴 | 报销人员根据公司费用报销制度要求,整理好需要报销的发票或单据,并进行整齐粘贴。根据报销内容填写《费用报销单》 | 报销人员 |
| 填写《费用报销单》 | 报销单填写要求不得涂改,不得用铅笔或红色的笔填写,并附上相关的报销发票或单据。若属于出差的费用报销,必须附上经过批准签字的《差旅费报销单》。采购物品报销需附上总经理签字确认的《采购申请表》 | 报销人员 |
| 部门领导审核 | 《费用报销单》及相关单据准备完成后,报销人员提交给直接主管审核签字,直接主管须对以下方面进行审核:<br>(1)费用产生开支的原因及真实性;<br>(2)费用的标准性及合理性;<br>(3)费用的控制等。<br>若发现不符合要求,立即退还给相关报销人员重新整理提报 | 相关部门领导 |
| 财务部确认 | 部门领导审核签字后,报销人员将报销单据提交给财务部,由财务部门会计人员进行报销费用的确认,主要内容包括:<br>(1)产生的费用是否符合报销标准;<br>(2)财务是否能及时安排此费用。<br>若发现不符合要求,立即退还给相关人员重新整理提报 | 财务部主管 |
| 财务负责人审查 | 财务主管审核签字后,报销人员将报销单据提交给财务部负责人,由财务负责人进行报销费用的审查,主要内容包括:<br>(1)单据或票据是否符合财务规范要求;<br>(2)财务人员是否合理按照报销标准审核。<br>若发现不符合要求,立即退还给相关人员重新整理提报 | 财务部负责人 |
| 副总经理批准 | 财务部对审核签字后,报销人员将报销单据提交副总经理(总经理助理)由副总经理进行最后核查,主要内容包括:<br>(1)部门领导审核和公正性;<br>(2)财务部门审核和严谨性。<br>若副总经理发现不符合要求,立即退还给相关人员重新整理提报 | 副总经理(总经理助理) |
| 董事长总经理批准 | 副总经理(总经理助理)对审核要求的报销单签字后,最后报销人员呈交董事长(总经理),由总经理进行批准签字。签字后报销人员方可去财务部领款 | 董事长(总经理) |

## (三)风险评估系图法

风险评估系图识别某一风险是否会对企业产生重大影响,并将此结论与风险发生的可能性联系起来,为确定企业风险的优先次序提供框架。它适用于对风险初步的定性分析。主要优点是风险评估系图法作为一种简单的定性方法,直观明了。局限性是如需要进一步探求风险原因,则显得过于简单,缺乏有效的经验证明和数据支持。

根据企业实际绘制风险评估系图,如图 5-3 所示。从该图中可以看出,与影响较小且发生的可能性较低的风险(在图中的点 2)相比,具有重大影响且发生的可能性较高的风险(在图中的点1)更加亟待关注。然后分析每种风险的重大程度及影响。

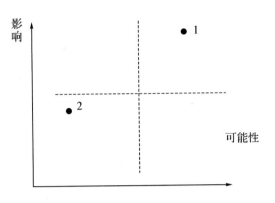

图 5-3 风险评估系图

### (四)事件树分析法(Event Tree Analysis,ETA)

事件树(Event Tree Analysis,ETA)是一种表示初始事件发生之后互斥性后果的图解技术,其根据是为减轻其后果而设计的各种系统是否起作用,它可以定性地和定量地应用。

### (五)蒙特卡洛随机模拟法

蒙特卡洛是由法国数学家 John. Ron. Neuman 创立并推广到科学研究中,由于该方法与轮盘掷色子等赌博原理类同,所以采用欧洲著名的赌城摩纳哥首都 Monte Caro 命名。蒙特卡洛方法又称随机抽样技巧或统计试验方法,它是估计经济风险和工程风险常用的一种方法。蒙特卡洛风险模拟法的基本思想是将待求的风险变量当作某一特征随机变量。通过某一给定分布规律的大量随机数值,作为解释该数字特征的统计量和所求风险变量的近似解。具体方法是通过随机变量函数发生器产生一定随机数的概率模拟,理论上试验次数越多,分布越接近真实值,但实际中达到 50~300 次后分布函数便不再有显著变化,趋于稳定。适用于较为复杂的大中型项目风险管理。

### 止步思考2

[情境写实]中针对TK公司面临的风险类型,采用的风险管理策略是什么?具体的做法是怎样的?

**▶▶▶ 典型任务举例5.2** 风险管理流程、策略、方法在操作风险管理中的应用

1. 资料

具体资料参见典型任务举例1.1或任选一家公司作为研究对象。

2. 要求

根据企业资料,提高风险管理流程、策略、方法在操作风险管理中的应用的能力。

3. 工作过程

步骤①:了解操作风险评估的方法。

近年来,为了研究操作风险的具体测量方法开展了大量的工作。直到今天,还没发现类似 VaR 的被普遍认可的计量方法,而很多的风险仍然继续采用传统方式计量。操作风险涉及广泛的领域,而且每个领域都面临着不同程度的计量难题。比较典型的操作计量方法有:

Ⅰ.员工方面:空缺职位数量、绝对数量及百分比、有职位空缺的期间、缺席员工的平均人数及最多人数、加班水平等。

Ⅱ.运作方面:已利用的容量的百分比、控制界限被突破的实例、系统失效的次数、系统运作结束时未被处理的项目数量、交易量、平均处理时间、最长处理时间、生产力水平、员工流动、每千次处理中发生差错的数量等。

Ⅲ.舞弊:舞弊或舞弊未遂实例的数量和价值、破坏安全系统未遂的次数。

Ⅳ.风险的自我评估:管理层对企业内的不同层级采用不同的调查问卷,要求每人完成一系列的综合问题,以对其负责的领域进行自我评估。这些问题可能涉及如职工安置水平、对现有的已知问题的识别、技术支持的充分性和将在未来半年或一年内出现计划变动。然后管理层对风险进行评级,即将特别重大的风险领域评为高优先级,次级重要的风险评为中等优先级,影响力有限的风险评为低优先级,并且在与下一级管理人员讨论后,以其优先级作为资源分配的基础。

除了风险的自我评估,可以将上文列出的指标纳入评级系统,这种评级系统同时利用客观和主观标准,为业务部门或运营部门评出风险分数。

另外一种方法是利用主要风险指标。主要风险指标是由管理层确立的客观的计量方法。由于它们是风险的主要指标,应当对它们进行定期追踪。例如,企业如果以要求员工定期休假作为把内部舞弊风险降至最小化的其中一种方法,就要定期追踪连续休假到规定期间的员工数量。

许多风险是属于操作性质的风险,因此,这些风险都可以采用上述方法计量。它们不一定是复杂的计量方法,但是,如果使用得当,有利于识别暴露潜在问题的领域,从而可以据此采取行动。

步骤②:了解操作风险管理策略。

与可保风险或大多数经营风险不同,操作风险的重点不是重大的不确定性。企业要应对的是在实施已确立的程序时出现的故障。会出现的问题及其后果是众所周知。因此,操作风险管理策略最为普遍的是采用风险控制策略,即控制风险事件发生的动因、环境、条件等,来达到减轻风险事件发生时的损失或降低风险事件发生的概率的目的。

具体做法是:

Ⅰ.设立流程、程序和政策:流程和程序有助于确保一个企业的政策得以实施。政策和程序的整理归档可以减少管理时间并且为雇员提供策略支持。流程和程序产生的风险包括由于流程、程序、控制或制衡的缺失或无效而引起风险所产生的不良后果。通常,这些程序是为了减少错误或欺诈而设计的。流程和程序的风险影响套期保值以及交易的决策、监督和风险控制功能,交易的处理以及对政策的遵守。

企业的竞争力在很大程度上是由其所立程序的有效性表现出来的。国际标准化组织(ISO)只向那些已实施了能够提供高质量产品和服务的程序的企业颁发证书。显然,意识到在操作过程中会面临问题的企业,需要完善用于开展业务的程序。而这需要在必要时增加新的程序、更新现有程序及废止过时的程序。

Ⅱ.在公司内实施正式的内部控制系统。

Ⅲ.防止错误和欺诈:人员对于企业的运作至关重要,并且从风险管理的角度来看,他们往往代表一种最为显著的风险。交易涉及雇员的决策以及雇员之间的关系。因此,必须始终警惕潜在的错误和舞弊。执行反舞弊项目,设计和执行控制,以消除程序内嵌入的重大风险。

Ⅳ.培训和管理雇员:由于对企业的获利能力有较大影响,因此,对雇员进行有效的管理是很重要的。人力资源管理的重要性,可通过旷工率、劳动力流失、事故率等来衡量。

Ⅴ.评价技术和系统:技术和系统风险也属于操作风险,是由于商品或服务的定价和交易系统、技术依赖、支付系统、数据和网络维护、访问文件或数据可被欺诈性地改变而产生。对系统和网络进行评价,要根据其对于破坏、欺诈或错误的脆弱性。如果只有一个员工能够操作一个复杂的系统,那么,就会产生很大的问题。关于技术和系统安全的风险属于技术性的问题,许多方面的讨论适合由行业专家来进行。

Ⅵ.外包安排:企业应与外包服务商通过服务级别协议建立质量和服务的要求,并对其产品和服务进行定期的检查。

步骤③:向全班同学汇报你的结论,并说明是如何做的,并书写300~500字的心得体会。

## 任务二 公司治理

股份有限公司的出现,衍生出外部投资者对内部管理者实施监督和治理的内在需求。由于信息不对称的存在,导致具有优势信息的内部人员有可能在损害外部投资者利益基础上获取个人私利。而全球范围内已经发生的各类资本市场舞弊和丑闻已经证明,缺乏规则治理的前提下股份有限公司更可能出现代理问题,进而会带来整个资本市场的系统性风险。因此,越来越多的国家、组织和机构开始着手制定相关的治理准则和管控标准,积极推进公司治理改革来保护资本市场顺利健康发展。本任务重点介绍这些基本理论和制度安排,去落实和保护外部投资者利益。

### 一、公司治理基本理论

#### (一) 公司治理概念

公司治理的形成来源于股份有限公司内在治理的根本需要,作为独立学科公司治理没有统一定义,理解上可以分为两大类别,即狭义和广义。

从狭义视角理解,公司治理是指公司及其股东的关系,是监督和控制过程,以保证公司管理层的行为与股东利益一致。从广义角度看,公司治理不仅包括监督和控制公司及其所有者之间的关系,也包括了监督和控制公司与其他广泛利益相关者的关系,这些利益相关者包括雇员、客户、供应商、债权人、甚至社会公众等。

公司治理有以下基本特征:

1.公司治理是一种制度安排,用以规范所有者、董事会和管理层的行为,协调不同利益相关者的利益关系。同时,公司治理还要确保公司战略制定有效,能够持续性地创造公司价值,实现公司业绩。

2. 公司治理是一种内外部平衡的体系,保证所有利益相关者的利益,负责开展业务活动。

3. 公司治理有助于公司实施正确的资源配置、管理,确保正确的程序和活动,从而实现和创造公司价值。这些程序包括影响公司业绩的所有方面,如风险管理、经营和营销战略、内部控制、公共关系、沟通和财务报告。

### (二)公司治理的参与各方

公司治理需要各方共同参与,包括:公司内部治理直接参与者、公司治理的促进者、证券监管机构和准则制度机构。

1. 公司内部治理直接参与者　一般来说,执行管理层、董事会和审计委员会是公司内部治理主要责任方。其中,董事会一般由3～15人组成,董事一般拥有相应专长与经验,董事由股东选举,董事行为要确保所有者利益。董事会一般不参与日常具体经营决策,除了聘任和解聘公司高管外,主要负责战略制定和顾问指导,保证和管理层的沟通,监督管理层的业绩和行为;审计委员会是董事会下属专业委员会之一,目的是监督会计和财务报告过程,包括和内外部审计师的沟通。

2. 公司治理的促进者　具体包括:内部审计师、外部审计师、交易市场(包括分析师)和缺席的所有者。其中,内部审计师对一个公司财务系统提供质量控制,直接向审计委员会报告最为理想;外部审计师一般是由审计委员会聘任,并直接向其报告;分析师通过搜集分析财务报告及相关各类信息,提供相关投资建议,在证券市场中也能够发挥重要作用。

3. 证券监管机构和准则制定机构　监管机构、监督委员会及准则制定者有助于确保公司治理各方面正确运行。一般而言,证券监管机构确保证券市场有效运行,负责监督所有公司和交易市场,履行外部监督职能,如美国证券交易委员会、中国证监会。而为保证投资者投资决策能够使用统一财务信息,各国成立了准则制定机构来实现财务报告标准化。目前大多数国家普遍采用的是国际财务报告准则。审计准则和审计师职业道德准则制定机构也在维护公司治理。如注册会计师协会等组织要求所有行业协会内的事务所必须遵守审计准则和职业道德准则,确保公司遵守会计准则。

### (三)公司治理基本原则

有效的公司治理原则包括如下十条内容:建立完善的组织结构;明确董事会角色和责任;提倡正直及道德行为;维护财务报告的诚信及外部审计独立性;及时披露信息和提高信息透明度;鼓励建立内部审计部门;尊重股东权利;确认利益相关者合法权益;鼓励提升业绩;公平薪酬和责任。

## 二、投资者和董事会在公司治理中的作用

### (一)投资者在公司治理中的作用

1. 公司治理应当保护促进股东权利行使　一般而言,公司治理确保股东如下权利:

(1)股东基本权利。包括:①安全登记所有权的方法;②转让和交易股票;③及时定期从公司得到相关信息;④参加股东大会并投票;⑤选举和撤换董事;⑥分享企业利润。

（2）股东应具有参与权、充分告知权、企业重大变更决策权。这些重大变更包括：①修改法规、公司章程或类似管理文件；②授权增发股份；特别交易，包括转让全部或大部分资产。

（3）股东具备参与机会，能够在股东大会投票、被告知相应投票程序,这将决定股东大会正常举行。具体包括：①股东应及时收到股东大会举行日期、地点、议程等信息,包括会议决议事项等；②股东应有机会向董事会提问,包括年度审计报告、对股东大会议程中的增加项目、对提议的决议案等；③在关键的公司治理问题如任命董事等,应确保股东权利,同时确保股东熟悉公司薪酬政策。

（4）股东可以亲自投票,也可缺席投票,两者都赋予投票结果同等效力。

（5）使某些股东获得与他们所有权不成比例的控制地位的资本结构和安排,应当被披露。某些资本结构运行一个股东行使超过其所有权比例的控制权,如金字塔结构、交叉持股、限制性股份或加倍投票权等。

（6）公司控制权市场应被允许以有效率和高透明的方式运作。用来规范资本市场中有关公司控制权的非常规交易的具体规则,如并购、资产出售等,应明确制定和披露,以便投资者理解他们的权利。反并购机制不应当作为董事会和管理层免受监督的借口。

2. 公司治理应保证所有股东得到公平待遇

（1）同一类别、同一系列的股东应当同等待遇。同类别所有股份应具有同等权利,包括：①相应的获取信息权益及在可能遭受侵害时的核准权；②对控股股东造成的损害应给出明确补偿办法；③选举也取得有表决权股票所有者同意；④对远程投票妨碍应去除；⑤投票程序和过程对所有股东公平对待,不允许复杂和花费昂贵。

（2）禁止内部交易和滥用权利交易。公司治理应有效制止滥用内部权利获取私利的内幕交易行为。

（3）在直接影响企业任何交易或事项中,具有实质利益的相关利益方应被要求公开。近年来机构投资者的发展,使得这类机构在公司治理中的话语权不断提升。

### （二）董事会履行的职能及其在公司治理中的作用

1. 董事会履行的职能

（1）审查指导制定公司战略、行动计划、风险对策、年度预算和商业计划、制定绩效目标、监督目标执行和绩效实现、监督资金支出、收购和出售等重要行为。其中,风险应对越来越受到关注。该应对包括确认公司为达到目标能接受的风险类别和程度,这对进行风险管理使风险不超出预期水平的管理者来说非常重要。

（2）监控公司的治理实践成效,在需要时候加以方向上的干预。董事会对公司治理监督包括：不断审核公司内部制度,确保所有管理者责任清晰。很多国家除定期对公司治理情况监督和披露外,还建议董事会对自身运作、成员及董事长进行评估。

（3）选择、确定报酬、监控关键的经营主管人员,必要的时候更换关键的经营主管人员,监督更替计划。

（4）协调关键管理人员和董事薪酬,确保使之与公司和股东长远利益一致。大多数国家通过建立独立董事组成的薪酬委员会负责薪酬事项,也要求薪酬委员会不得在不同公司相互担任,以防止利益冲突。

（5）保证董事会选聘和任命过程正规化、透明性。尽管各国提名董事程序不同，但需要确保提名程序透明。董事会还能够发掘具有合适知识水平、专业知识的人士进入董事会。一些国家广泛公开地寻找合适的被提名者。

（6）监管经营层、董事和股东潜在利益冲突，包括公司财产滥用和关联交易等舞弊行为。监督财务报告和内部控制系统，避免关联交易和舞弊行为是董事会重要职能。该职能可以是内部审计人员负责执行。为了实施有效控制，董事会需要鼓励举报行为，建立规章制度奖励举报并保护举报人。

（7）确保会计、财务报告真实性，控制系统到位，风险管理系统、财务和运作控制按照法律法规执行。

（8）监督信息披露和对外沟通。董事会需要明确有关信息披露和交流的职能与责任。

2. 董事会在公司治理中的作用

（1）董事会成员的行为在充分可靠信息基础上，诚实守信、勤勉尽责，实现公司及股东利益。

（2）若决策可能对不同股东团体产生不同影响，应平等对待所有股东。

（3）董事会应建立高水平伦理道德标准，充分考虑利益相关者利益。

（4）董事会对公司事务应行使客观独立判断。

①董事会应考虑指派足够数量、有能力的非执行董事，对潜在利益冲突事项行使客观评价。如确保财务报告和非财务报告完整、审核管理交易、任命董事成员、确定高管报酬等。独立董事可以为以上涉及潜在利益冲突的决策事项提供保障。

②董事会设立专业委员会，职能、构成需要明确。

③董事会成员应该有效地履行他们的职责。

（5）为了履行职责，董事会成员应有渠道掌握准确、关键、及时的信息。董事会成员需要掌握及时、关键的信息做出市场决策。尤其是相对于管理层处于信息劣势的非执行董事，应增加接触和沟通，保证履职的必要信息。

（三）独立董事、审计委员会在公司治理中的作用

1. 独立董事独立性　董事会应定期评估独立董事独立性，将每个独立董事信息在年报公司治理部分做出单独披露。可能影响独立董事独立性的情形包括：

（1）最近5年内曾是公司或控股公司雇员；

（2）最近3年曾经在公司重要部门工作或有业务联系，或曾担任公司股东、董事与高管；

（3）曾收取过公司除董事津贴外的额外薪酬，参与过公司股票期权计划、绩效计划或公司养老金计划的成员；

（4）直系亲属担任过公司顾问、董事或高管；

（5）与其他董事通过其他公司存在交叉任职或者重要关系；

（6）代表公司某个重要股东；

（7）在董事会第一次选举时起在董事会中任职超过9年。

如果董事会在某董事存在上述关系情况下仍将其确定为独立董事，则董事会应当说明具体原因。

2. 独立董事的角色　独立董事的职责分为战略角色、监督或绩效角色、风险角色和人事管理角色四种。

（1）战略角色。作为董事会正式成员，独立董事为企业战略成功制定做出贡献，独立董事利用专业和经验辅助战略制定，提出建议或挑战。

（2）监察或绩效角色。代表股东监督执行董事对公司决策和业绩承担责任。

（3）风险角色。独立董事确保公司设有充分的内控系统和风险管理系统。

（4）人事管理角色。独立董事对董事会成员管理负有责任监督，如董事、高管薪酬和任命问题，也可能涉及合同、纪律或接班人计划方面。

3. 审计委员会在公司治理中的作用　审计委员会作为董事会专业委员会之一，全部由独立董事和非执行董事组成，至少拥有相关财务经验。审计委员会负责人具备独立性、良好的职业操守和专业胜任能力。

（1）审计委员会对外部审计师的选择提供建议责任，监督审计师选择过程，批准外聘审计师业务条款及审计服务报酬。审计委员会复核审计师审计工作范畴，确信审计范畴是充分的，确保年审开始之时为审计制定了适当的计划。审计委员会执行审计工作完成后的复核。

（2）审计委员会要制定年度程序，确保外聘审计师工作独立性和客观性。可以从审计师处获取相关信息以确定独立性和专业规定的遵守情况。

（3）审计委员会协助董事会确立选择审计师的原则和程序，关注外聘事务所与本企业是否存在关联关系，以及此关系是否影响事务所独立性。

（4）审计委员会还应为企业制定关于外部审计师提供非审计服务的政策，注意不能影响审计师的独立性和客观性。

（5）为了防止审计委员会与外部审计师沟通不畅，管理层也应及时向审计委员会和董事会汇报信息，保持信息沟通顺畅。如果董事会没有采纳审计委员会关于外审会计师选择的建议，公司应当在年度报告中说明。如果会计师事务所同时提供非审计服务，则应在年度报告中就如何保证注册会计师客观性和独立性向股东做出解释说明。

### 三、外部监督在公司治理中的作用

#### （一）注册会计师审计在公司治理中的作用

注册会计师是公司治理不可或缺的制衡机制，有效帮助股东实施治理提升公司信息披露透明度：

1. 年度报告应该由独立、有能力、有资格的注册会计师制作，以便给董事会和股东提供一个外部客观保证，财务报告应在尊重事实基础上公正、客观地反映公司财务状况和业绩。

2. 外部注册会计师应对股东负责，并对公司负有义务，在审计中具备专业、审慎的素养。

3. 注册会计师在审计中的独立性。外部审计人员由审计委员会推荐，并由该机构或股东任命。应构建有关审计人员独立性标准的框架，防止诸如个人利益、亲密关系和恐吓威胁成为影响独立性的因素。

#### （二）政府及有关监管机构在公司治理中的作用

政府及监管机构在公司治理中扮演重要作用，主要表现在如下方面：

1. 通过法律法规规范公司治理参与方权利、责任和义务　公司治理实践显著受到法律法规影响,包括公司法、证券法、会计核算审计标准、破产法、合同法、劳工法、税法等。政府需要制定完善的法律和监管标准提升公司治理水平的同时,也要关注在制定法律、变更法律法规时需认识到其对公司治理实践的影响,应当在透明度和可操作性方面协调一致。

2. 通过制定信息披露制度保障公司透明度　信息披露制度是上市公司保障投资者利益、接受公众监督而按法律规定必须将自身财务及经营状况等信息资料向政府监管部门报告,并向社会公开以便使得投资者了解公司情况的制度。良好的披露制度帮助吸引资本和提升投资者信心,股东及潜在投资者在充分信息披露基础上对公司管理层领导力、公司估值、所有权和投票权都能做出明智决策。我国《证券法》规定,发行人、上市公司依法披露的信息,必须真实、准确、完整,不得有虚假记载、误导性陈述或者重大遗漏,并据此制定较为详细的上市公司信息披露管理办法。

3. 通过执行法律法规促进公司治理不断改善　政府及监管部门通过执行已经制定的法律法规来促使公司治理目标的实现,具体包括:

（1）通过规范董事会运作,强调发挥董事会在监督管理层行为和保证给投资者信息的可靠性方面发挥关键作用。

（2）通过对公司财务报告的监管,阻止公司发布不完善的信息,终止和处罚违反会计准则和审计准则的事务所和上市公司,确保公司不出现任何不恰当信息,以有效保护投资者及公众的利益。

（3）执行信息披露制度,规范上市公司除财务报告以外的其他信息,充分防范选择性信息披露和内幕交易,确保信息公开披露,维护信息公平。

## 任务三　风险管理框架下的内部控制基础认知

### 一、全面风险管理阶段

企业内部控制理论的演变与发展经历了五个阶段:一是内部牵制阶段;二是内部控制制度阶段(20世纪50年代至70年代);三是内部控制结构阶段(20世纪80年代至90年代初);四是内部控制整合框架阶段;五是提升阶段,即全面风险管理阶段。

2004年9月,COSO发布了《企业风险管理——整合框架》。企业风险管理整合框架认为"企业风险管理是一个过程,它由一个主体的董事会、管理当局和其他人员实施,应用于战略制订并贯穿于企业之中,旨在识别可能会影响主体的潜在事项,管理风险以使其在该主体的风险容量之内,并为主体目标的实现提供合理保证。"风险管理整合框架中指出风险管理框架将内部控制框架涵盖在其中。

与COSO内部控制整合框架相比,风险管理整合框架具有下列6个方面的主要特点:

1. 内部控制涵盖在企业风险管理活动之中,是其不可分割的组成部分。
2. 拓展了所需实现目标的内容。

首先,在实现目标方面增加了统驭经营、财务报告和遵循法律法规的最高层次——战略目标。

其次,将财务报告扩展为企业编制的所有报告,包括出于内部管理目的而编制的报告和其他外部报告,如监管申报材料和其他报送给外部利益相关者的报告。

最后,引入风险偏好和风险容忍度的概念。

3. 引入风险组合观,使企业在考虑实现企业目标的过程中关注风险之外,还有必要从企业角度和业务单元两个角度以"组合"的方式考虑复合风险。

4. 更加强调风险评估在风险管理中的基础地位,将COSO报告的风险评估扩展为一个由4要素组成的过程——目标设定、事项识别、风险评估和风险应对,并相应地在岗位设置上做出具体安排,如设置首席风险官。

5. 扩展了控制环境的内涵,强调风险管理概念和董事会的独立性。

6. 扩展了信息与沟通要素,企业不仅要关注历史信息,还要关注现在和未来可能影响目标实现的各种事项的影响。

## 二、内部控制与风险管理的关系

目前理论界对内部控制与风险管理的关系有三种不同的观点。

1. **内部控制包含风险管理** 第一种观点认为,内部控制包含风险管理。按照施控的主体来分,控制可分为内部控制和外部控制。加拿大COCO报告(1995)认为:"控制"是一个组织中支持该组织实现其目标诸要素的集合体,实质上就是"内部控制",风险评估和风险管理是控制的关键要素。同时,该报告将风险定义为"一个事件或环境带来不利后果的可能性",阐明了风险管理和内部控制的关系:"当你在把握机会和管理风险时,你也正在实施控制。"

2. **风险管理包含内部控制** 第二种观点认为,风险管理包含内部控制。英国Turnbull委员会(2005)认为,风险管理对企业目标的实现具有重要意义。企业的内部控制在风险管理中扮演关键角色,内部控制应当被管理者看作范围更广的风险管理的必要组成部分。南非King Ⅱ Report(2002)认为,传统的内部控制系统不能管理很多风险,如政治风险、技术风险和法律风险,风险管理将内部控制作为减轻和控制风险的一种措施,是一个比内部控制更加复杂的过程。持这类观点的人一般认为风险管理的内涵比内部控制更宽阔,内部控制是风险管理的必要环节。

3. **内部控制与风险管理是一对既互相联系又互相差别的概念** 持这类观点的人认为内部控制与风险管理既有联系,又各有侧重,不存在包含或被包含关系,也无法完全互相替代,二者具有明显的相同点与差别点。

相同点是两者均是合理保证目标实现的过程。在实际操作中,内部控制的实施经常会运用风险管理方法,内部控制是基于风险的控制过程,是对风险进行评估和管理的必要过程。通过内部控制的实施,可将风险控制在可接受的范围内,确保企业的经营按照既定的目标前进。同时,风险管理的技术方法也常运用到内部控制的过程中。

差别点主要体现在:风险管理更偏向这一过程的前端,更偏向于对影响目标实现的因素的分析、评估与应对;相对于内部控制,风险管理是一个更为独立的过程。内部控制更加重视实施,嵌入企业各业务流程的具体业务活动中,融合在企业的各项规章制度之中,使企业在正常运营过程中自发地防止错误,提高效率,从而合理保证目标的实现。

综上所述,不论什么观点,内部控制与风险管理在本质上是协调共存、密不可分,这已经成为人们的共识。

## 三、风险管理、内部控制、公司治理三者的关系

企业风险管理的框架下,风险管理、内部控制、公司治理三者的关系可以在以下四个方面来体现。

### (一) 管理范围的协调

风险管理框架下的内部控制是站在企业战略层面分析、评估和管理风险,是把对企业监督控制从细节控制提升到战略层面及公司治理层面。风险管理不仅仅关注内控建立,最主要的是关注内部控制运行与评价,从企业所有内外风险的角度为公司治理层、管理层持续改进内部控制设计和运行提供思路,风险管理比内部控制的范围要广泛得多,如图5-4所示。

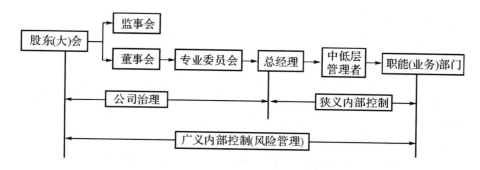

图5-4 风险管理、内部控制、公司治理三者的关系

### (二) 前动与后动的平衡

在风险管理框架下的内部控制既包括提前预测和评估各种现存和潜在风险,从企业整体战略的角度确定相应的内控应对措施来管理风险,达到控制的效果,又包括在问题或事件发生后采取后动反应,积极采取修复性和补救性的行为。显然,在未发生风险负面影响前即采取措施,更能够根据事件或风险的性质,降低风险的损失,降低成本,提高整体管理效率。

### (三) 治理、风险、控制的整合

在风险管理框架下的内部控制试图寻求一个有效的切入点使得内部控制真正作为组织战略管理的重要成分嵌入组织内部,提高组织对内部控制重要性的认同,并使得内控能为组织战略目标的实现做出更多的贡献。依照风险管理的整体控制思维,扩展内部控制的内涵和外延,将治理、风险和控制作为一个整体为组织目标的实现提供保证。这一整合的过程将克服原本内部控制实施过程中内部控制与管理脱节的问题,整个组织风险管理的过程也是内部控制实施的过程,内控不再被人为地从企业整个流程中分离出来,提高了内部控制与组织的整合性和全员参与性。

### (四) "从上到下"控制基础和"从下到上"风险基础执行模式的融合

过去,一提到内部控制,人们往往认为是管理者制定出相应的规章制度约束员工的。但在风险管理框架下的内部控制既体现内部控制从上到下的贯彻执行,也强调内部控制从下到上参与设计、反馈意见以及"倒逼"机制,即从上到下控制基础和从下到上风险基础的执行模式的融合。

**推荐阅读材料 5.8**

某国有大型集团公司为切实提升管理水平和风险防范能力,于 2006 年 12 月 26 日召开了由集团领导班子成员参加的内部控制高层会议,讨论通过了关于集团内部控制建设和实施的决议。有关人员的发言要点如下:

——总经理刘某:我先讲两点意见:(1)加强内部控制建设十分重要,可以杜绝财务欺诈、串通舞弊、违法违纪等现象的发生,这是关系到集团可持续发展的重要举措。(2)集团公司内部控制建设应当抓住重点,尤其要注重加强对控制环境、风险评估、控制活动等内控要素方面的建设,企业文化方面对内部控制影响较小,可不必投入太多人力、物力。

——常务副总经理张某:企业生产经营过程中面临着各种各样的风险,这些风险能否被准确识别并得以有效控制,是衡量内控质量和效果的重要标准。建议重点关注集团内部各种风险的识别,找出风险控制点,据此设计相应的控制措施,来自集团外部的风险不是内部控制所要解决的问题,可不必过多关注。在内控建设与实施过程中,对于那些可能给企业带来重大经济损失的风险事项,应采取一切措施予以回避。

——总会计师李某:由于集团公司是基于行政划转的原因而组建的,母、子公司内部连接纽带脆弱,子公司各行其是的现象比较严重。建议集团公司加强对子公司重大决策权的控制,包括筹资权、对外投资权、对外担保权、重大资本性支出决策权等,对子公司重大决策应当实行集团公司总经理审批制。

——协管人事的副总经理周某:集团公司可以从完善人事选聘和培训政策入手,健全内部控制。(1)建议子公司的总经理和总会计师由集团统一任命,直接对集团公司董事会负责。(2)注重加强内控知识的教育培训。中层以上干部每年必须完成一定学时的内控培训任务;其他基层员工仍应以岗位技能培训为主,没有必要专门组织内控培训。

——董事长吴某:以上各位的发言我都赞同,最后提三点意见:(1)思想要统一。对集团公司而言,追求的是利润最大化。一切制度安排都要将利润最大化作为唯一目标,包括内部控制。(2)组织要严密。我建议由总会计师李某全权负责建立健全和有效实施集团内部控制,我和总经理全力支持和配合。(3)监督要到位。应当成立履行内部控制监督检查职能的专门机构,直接对集团公司总经理负责,定期或不定期对内部控制执行情况进行检查评价,不断完善集团公司内部控制。

在本例中,

——总经理刘某:

(1)认为内部控制可以杜绝财务欺诈、串通舞弊、违法违纪等现象发生的观点不恰当。理由:内部控制由于其固有的局限性以及出于成本效益的考虑,只能合理保证有关目标的实现,不能完全杜绝上述现象的发生。

(2)企业文化对内部控制影响较小的观点不恰当。理由:企业文化是内部控制环境的重要组成部分,良好的企业文化可以促进内部控制机制的有效运作。

——常务副总经理张某：

（1）认为外部风险不是内部控制问题的观点不恰当。理由：内部控制所称风险识别不仅包括内部风险，还包括外部风险。

（2）对可能给企业带来重要经济损失的风险事项一律予以回避的观点不恰当。理由：除风险规避外，企业还可以选择风险承担、风险转移和风险控制等风险应对策略。

[或：风险应对策略的选择取决于管理层对待风险的态度、预期的成本效益、期望的风险容限等一系列因素。]

——总会计师李某：

有关子公司重大决策权限的授权批准控制不恰当。理由：不符合内部会计控制有关规定，重大决策应实行集体决策制度，不应由总经理一人审批。

[或：实行联签制度，不应由总经理一人审批。]

——协管人事的副总经理周某：

（1）由集团任命的子公司总经理和总会计师直接对集团公司董事会负责的观点不恰当。理由：子公司总经理和总会计师应由子公司董事会任命并对其负责，接受集团公司董事会的监督。

（2）只对中层以上员工进行内控知识培训的观点不恰当。理由：内部控制是由全员参与的一个管理过程，只有全体员工都掌握了内控的知识和理念，才能真正促进内部控制的有效实施。

——董事长吴某：

（1）以利润最大化作为内部控制的唯一目标的观点不恰当。理由：内部控制的目标不仅包括经营目标，还包括战略目标、报告目标、资产目标和合规目标。

（2）由总会计师全权负责建立健全和有效实施集团内部控制的观点不恰当。理由：董事长对建立健全和有效执行内部控制负总责。

[或：单位负责人对建立健全和有效执行内部控制负总责。]

（3）履行内控监督检查职能的专门机构直接对总经理负责的观点不恰当。理由：履行内控监督检查职能的专门机构应当对董事会或审计委员会负责。

[或：履行内控监督检查职能的专门机构应当与管理层保持独立，否则会导致对总经理的权力缺乏监督。]

## 项目总结

风险管理部分主要包括风险管理、公司治理和风险管理框架下的内部控制基本认知内容。其重点是企业面对的风险种类（外部风险 7 种，内部风险 4 种）以及应对措施；风险管理基本流程；风险管理体系、风险管理技术与方法适用范围和主要优缺点；投资者、董事会和外部监督在公司治理中的作用；风险管理、内部控制与公司治理的关系等知识点。难点是如何识别企业风险类型；套期保值风险理财措施的应用；结合案例分析投资者、董事会和外部监督在公司治理中的作用等。

## 闯关考验

**一、单选题**

1. 下列不属于风险评估步骤的是（　　）。
   A. 风险辨识　　　　　　　　　　　B. 风险分析
   C. 风险评价　　　　　　　　　　　D. 风险应对

2. 风险管理发展阶段不包括（　　）。
   A. 简单风险管理阶段
   B. 复杂风险管理阶段
   C. 商务风险管理阶段
   D. 全面风险管理阶段

3. 下列不属于全面风险管理特征的是（　　）。
   A. 战略性　　　　　　　　　　　　B. 全员化
   C. 计划性　　　　　　　　　　　　D. 二重性

4. 以风险为基点进行分类，风险管理成本不包括（　　）。
   A. 预防成本　　　　　　　　　　　B. 评估成本
   C. 惩治成本　　　　　　　　　　　D. 损失成本

5. 企业（　　）应当对内部控制评价报告的真实性负责。
   A. 总经理　　　　　　　　　　　　B. 董事会
   C. 评价部门或机构　　　　　　　　D. 评价工作组

6. 甲工厂采购一批原材料用于乙项目的生产，入库时记录员记错了库存号，导致在生产领取该批原材料时找不到该批原材料，花费了大量的时间，严重影响生产进度，该种风险属于（　　）。
   A. 市场风险　　　　　　　　　　　B. 操作风险
   C. 财务风险　　　　　　　　　　　D. 政治风险

7. 下列选项中，属于企业外部风险的是（　　）。
   A. 战略风险　　　　　　　　　　　B. 市场风险
   C. 操作风险　　　　　　　　　　　D. 运营风险

8. 某制药公司由于在药物中添加了过量的成分导致病人食用完之后造成极坏的副作用，从而遭到大量投诉。该制药公司面临的风险是（　　）。
   A. 环境风险　　　　　　　　　　　B. 政治风险
   C. 法律风险　　　　　　　　　　　D. 运营风险

9. 下列各项关于应对风险的措施中，属于风险补偿的是（　　）。
   A. 甲公司与一家台资企业合资组建子公司
   B. 乙公司为了防止水灾，避免仓库进水，采取增加防洪门、加高防洪堤等措施
   C. 丙公司为其银行长期贷款利率风险进行套期保值
   D. 丁公司计提意外损失补偿基金

10. 企业对风险管理的有效性进行检验,根据变化情况和存在的缺陷及时加以改进。下列不属于可采用的方法是(　　)。

　　A. 压力测试

　　B. 顺向测试

　　C. 穿行测试

　　D. 风险控制自我评估

11. 下列各项中,属于用以评估风险影响的常见的定性方法是(　　)。

　　A. 敏感性分析法　　　　　　　　B. 风险评估系图法

　　C. 情景分析法　　　　　　　　　D. 决策树

12. 在COSO内部控制框架中,企业目标的类别可分为(　　)。

　　A. 运营、财务报告及合规三个类别

　　B. 运营、信息及合规三个类别

　　C. 信息、财务报告及监察三个类别

　　D. 运营、信息及监察三个类别

13. 下列风险中,不属于市场风险的是(　　)。

　　A. 商品价格风险　　　　　　　　B. 利率风险

　　C. 产品风险　　　　　　　　　　D. 汇率风险

14. 甲公司在利比亚开发一基建项目,20×1年2月16日,非洲石油大国利比亚突发战乱致使甲公司在该地的项目蒙受巨大损失,从风险的类型来看,这属于(　　)。

　　A. 宏观政治风险　　　　　　　　B. 微观政治风险

　　C. 宏观经济风险　　　　　　　　D. 微观经济风险

15. 某公司以一套核材料设备进行A产品的生产,20×1年该设备使用寿命到期,在对该设备处理的过程中,产生了核废弃物,影响了附近居民的健康。上述材料体现的风险属于(　　)。

　　A. 产业风险　　　　　　　　　　B. 市场风险

　　C. 自然环境风险　　　　　　　　D. 信用风险

16. A国只向本国企业提供获取外币的渠道,迫使其他海外公司B将外币带入A国,B公司面临的这种风险属于(　　)。

　　A. 操作风险　　　　　　　　　　B. 经营风险

　　C. 信用风险　　　　　　　　　　D. 政治风险

## 二、多选题

1. 下列属于我国《中央企业全面风险管理指引》设定的风险管理总体目标的有(　　)。

　　A. 确保将风险控制在与公司总体目标相适应并可承受的范围内

　　B. 确保遵守有关法律法规

　　C. 确保企业与股东之间实现真实、可靠的信息沟通

　　D. 确保企业建立针对各项重大风险发生后的危机处理计划

2. 以风险管理为基点进行分类,风险管理成本包括(　　)。

　　A. 预防成本　　　　　　　　　　B. 维持成本

　　C. 进入成本　　　　　　　　　　D. 损失成本

3. 下列适合在风险识别阶段进行定性分析的风险管理方法有（　　）。

　　A. 头脑风暴法

　　B. 德尔菲法

　　C. 风险评估系图法

　　D. 决策树法

4. E公司为一家房地产开发公司，现在正在评估投资家电项目的风险。在整个风险评估中，甲公司管理层可用的分析工具有（　　）。

　　A. 敏感性分析　　　　　　　　　　B. 决策树

　　C. 情景设计　　　　　　　　　　　D. 平衡计分卡

5. 在企业风险管理整合框架下，下列有关风险管理与内部控制二者关系的说法中，正确的有（　　）。

　　A. 风险管理比内部控制的范围要广泛得多

　　B. 内部控制是风险管理的重要手段

　　C. 治理、风险和控制作为一个整体为组织目标的实现提供保证

　　D. 实现了"从上到下"控制基础和"从下到上"风险基础执行模式的融合

6. 下列说法中，属于内部控制与风险管理是一对既互相联系又互相差别的概念的观点有（　　）。

　　A. 内部控制与风险管理的相同点是两者均是合理保证目标实现的过程

　　B. 内部控制是为了达到某些目的而进行的一种动态的管理过程

　　C. 风险管理是围绕特定目标，通过各种手段对风险进行管理，为实现目标提供合理保证的过程和方法

　　D. 风险管理更偏向内部控制过程的前端，更偏向于对影响目标实现的因素的分析、评估与应对

7. 在风险管理整合框架中，企业的主要目标包括（　　）。

　　A. 战略目标　　　　　　　　　　　B. 经营目标

　　C. 报告目标　　　　　　　　　　　D. 合规目标

8. 在风险管理整合框架中，下列属于风险管理要素的是（　　）。

　　A. 内部环境　　　　　　　　　　　B. 目标设定

　　C. 风险应对　　　　　　　　　　　D. 控制环境

9. 随着现在市场经济的不断发展，人们对风险的认识已经提升到企业战略发展的层面上，下列对企业风险定义说法正确的是（　　）。

　　A. 企业风险与企业相关

　　B. 风险是一系列可能发生的结果

　　C. 风险既具有客观性又具有主观性

　　D. 风险总是与机遇并存

10. 风险管理自古有之，下列属于风险管理阶段的有（　　）。

　　A. 简单风险管理阶段　　　　　　　B. 商务风险管理阶段

　　C. 全面风险管理阶段　　　　　　　D. 以上均正确

11. 某矿业集团近期收购了厄瓜多尔铜矿,集团风险管理部派李某驻该铜矿担任中方管理人员,并负责该铜矿的风险管理工作。下列各项中,李某可以用以应对该铜矿政治风险的措施有(    )。

  A. 与当地职工建立良好关系

  B. 向国际保险公司对该项目政治风险投保

  C. 当厄瓜多尔出现自然灾害时,主动进行捐助

  D. 在原料、零配件的采购上适当以当地企业优先

12. 在商业活动中,企业面临的市场风险有(    )。

  A. 项目风险

  B. 信用风险

  C. 商品价格风险

  D. 股票价格风险

13. 在期货市场中,套期保值能够实现的原理有(    )。

  A. 现货市场与期货市场的价格走势具有"趋同性"

  B. 现货市场与期货市场的基差等于零

  C. 现货市场与期货市场的价格走势不一致

  D. 当期货合约临近交割时,现货价格与期货价格趋于一致

14. 智博公司是一家连锁书店,面对电子图书的冲击和网上售书模式的兴起,智博公司陆续开辟了"名师书架""读者乐园"和"网上书城"等,通过优化图书结构和经营模式吸引消费者,取得了显著效果。在本案例中,智博公司规避的风险有(    )。

  A. 战略风险         B. 运营风险

  C. 产业风险         D. 市场风险

### 三、简答题

1. 简述风险的种类。
2. 简述风险管理的目标。
3. 简述公司治理应使股东哪些权利得到行使。
4. 简述董事会职能,及其在公司治理中的作用。
5. 简述公司治理的10条原则。
6. 简述独立董事的4个角色。
7. 简述外部监管机构在公司治理中的作用。
8. 简述风险管理、内部控制、公司治理三者的关系。

### 四、任务训练

1. 公司面临的风险种类的识别

【实训目的】

任选一公司案例,根据收集的企业资料,分析内外部环境,识别该公司面临的风险类型。

【实训要求】

步骤①：在纸上列出 7 种内外部风险。

步骤②：仔细研读案例内容，借助 SWOT 分析工具，逐一识别该公司遇到的风险。如必要可先查看一下 7 种风险类别的定义。

步骤③：向全班同学汇报你的结论。说明是如何得出这一结论的。

2. 风险管理流程、策略、方法在市场或运营风险管理中的应用

【实训目的】

任选一公司案例，根据收集的企业资料，提高风险管理流程、策略、方法在市场或运营风险管理中的应用的能力

【实训要求】

步骤①：市场或运营风险的评估。

步骤②：市场或运营风险管理策略。

步骤③：向全班同学汇报你的结论。说明是如何做的，并书写 300～500 字的心得体会。

"不要把鸡蛋放在一个篮子里""鼓励尝试风险"　　　　　　　　　——英特尔公司

你也尝试着写一写吧！

# 第三部分

## 案例分析及模拟试题

# 一、案例分析题（24题）

【1】随着某国出台4万亿的经济刺激计划,该国金融机构决定放开对中小企业的贷款限制,以进一步扶持中小企业的发展。E公司是一家生产甲产品的中小企业,成立的时间不长。在成立初期,为了在市场上取得较好的成绩,主要投资人以一个较高的起点设立了这家企业,花巨资购买了世界最先进的一条生产线,并通过给予优厚的待遇招聘到了一些资深的研发人员,为他们配备了很好的设备和环境,期望能够在最短的时间内研发出新产品。E公司的产品质量在市场上处于中上游水平,仅位于一家主要竞争对手之后。产品一经推出即得到市场的认同,销售增长速度很快。由于公司在设备和人员等方面投入的资金巨大,使得公司的资金较为紧张,而且由于公司是一家新成立的企业,所以管理上还有很多不完善的地方,包括组织结构的设置、规章制度的制定等方面。同时,也未能在最短的时间内建立起自己比较完善的销售网络,销售商拖欠贷款现象比较突出,制约了进一步的发展。统计数据表明,某行业内市场占有率前五名的企业为A、B、C、D、E,它们的市场占有率分别为29%、27%、21%、10%和5%。而且其中的B、C、D三家公司已经建立了联盟关系,共同采购原材料。E公司为了制定自身的发展战略,采用五力模型对行业的竞争结构进行分析。部分因素分析如下：(1)本行业的新进入者来自国内、国外两个方面。本行业是资本和技术密集型的行业；对国外进入者,国家有一定限制以对本行业进行必要的保护。(2)本公司产品的主要原材料供应商十分集中,采购量在各供应商之间分布较均匀,主要原材料暂无替代品。(3)由于本行业中各企业提供的产品差异性越来越小,因此顾客选择机会较多。(4)由于科技进步加快,市场上已开始出现性能更高的同类产品,只是目前的价格还略高于传统产品。

要求：

(1) 简述上述四方面因素分别属于波特五力模型中的哪个力。
(2) 说明每个因素对该行业竞争强度的影响。
(3) 根据案例材料,画出SWOT分析表。
(4) 根据案例材料,计算E公司产品的相对市场份额,并分析该企业产品属于波士顿矩阵中的什么类型产品。
(5) 针对该企业产品的类型可采取的对策是什么？

【2】C公司是中国首批由民营资本独资经营的航空公司,也是国内唯一一家低成本航空公司,其总部设在上海,以上海虹桥机场和上海浦东机场为主运营基地,现已开通10余条国际及地区航线、70余条国内航线。C公司的净利润连年持续、稳步增长,成为当前国内最成功的廉价航空公司,正积极准备上市。

C公司倡导反奢华的低成本消费理念和生活方式,采用低成本模式运营,以提高运营效率及降低运营成本。

C公司采取单一机型(机队全部由空客A320构成)、单一经济舱布局(取消了商务舱、头等舱),使座位数达到180座,充分提高了飞机的经济性。C公司自行建立飞机离港系统及机票销售网站,不进入GDS(Global Distribution System,全球分销系统),大大节省了代理佣金等非必要开支。另外,C公司将非必要服务(如机上餐食、行李额度等)从机票价格中剥离,最大限度降低机票价格,创造了199元、99元、1元等一系列特价机票,促使其平均客座率连续多年达95%以上,这也是C公司连年盈利的最重要保障。

C公司将自己定位为"草根航空",其顾客主要为普通旅游者,以及对价格比较敏感的商务旅客,与追求豪华消费和高票价的现有国内航空公司相比,它是一个"异类",始终保持票价差异(低价)、销售方式差异(直销)、服务差异的策略。但是,C公司与众不同的做法也遭到一些非议,机上餐饮有偿服务让顾客觉得该公司"小气"、服务较差,低票价策略反而会让顾客怀疑其安全性和可靠性,自建网站销售机票也让顾客感到不熟悉、不方便。另外,其他航空公司也开始逐渐推出低价机票,这对C公司来说是一个极大的威胁。

假定不考虑其他因素。公司通常可采用的最基本的经营战略有三种:成本领先战略、差异化战略和集中化战略。

要求:

请问C公司采取了哪些经营战略?其面临的主要不利因素和应采取的措施分别有哪些?

【3】X公司的产品利润率很高,但占有的市场份额很小,为了扩大生产规模,公司力图通过向银行借款融资来满足资金需要。但银行在对X公司考核后认为X公司不符合贷款条件。X公司转而希望通过上市发行股票融资来获取资金,但公司市场份额很低,没有通过监管机构的审核。但公司获得了风险投资的青睐,风投提出公司一定要限制公司的股利政策发放,甚至要求股利要减少为零。X公司董事会认为这会伤害投资者的利益,因此打算放弃风险融资的机会。

Y公司产品处于快速增长的市场中且占有较高的市场份额,但公司一直无法通过生产经营活动创造稳定的正现金流。Y公司经过市场调研做出判断,决定进一步吸引投资并扩大市场规模。Y公司希望获取银行的资金支持,并向对方提出了2亿元的借款,该借款额度将使Y公司资产负债率达到70%;此外,Y公司决定减少股利支付额度,通过大幅度削减股利的方式来获取内部资金。

Z公司主导产品是公司现金流的主要贡献者,每年度产生大量现金,但由于公司生产的产品属于传统产业,公司的销售增长率出现了负增长。Z公司为此向银行借入大量借款提高资产负债结构比例,同时不断向股东支付现金股利或者通过股票回购的方式提高其市场价。但Z公司的这一战略受到了公司财务经理的强烈质疑,他认为Z公司此举增加了公司财务风险,而且公司应开辟新的投资方向和提高资金使用效率。

要求:

(1)请根据资料,分析X公司的财务行为是否合适,并简要说明理由。
(2)请根据资料,分析Y公司的财务行为是否正确,并简要说明理由。
(3)请根据资料,分析Z公司的财务经理的质疑是否合理,并简要说明理由。
(4)请说明X、Y公司所处阶段确定预算目标的重点。

【4】某公司有甲、乙两个事业部,分别从事A产品系列和B产品系列的生产经营。这两个事业部20×3年的有关资料如下:

| 事业部 | 投资资本回报率/% | 资本成本/% | 销售增长率/% | 可持续增长率/% |
|---|---|---|---|---|
| 甲 | 11 | 9 | 5 | 8 |
| 乙 | 7 | 6 | 10 | 7.5 |

要求：

（1）根据以上资料，说明甲、乙两个事业部价值创造与现金余缺情况。

（2）基于创造价值/增长率的财务战略选择模型，指出甲、乙两个事业部处于财务战略矩阵的哪个象限，并简要说明相应应采取的财务战略选择。

【5】格兰仕前身是梁庆德在1979年成立的广东顺德桂洲羽绒厂。1991年，格兰仕最高决策层普遍认为，羽绒服装及其他制品的出口前景不佳，并达成共识：从现行业转移到一个成长性更好的行业。经过市场调查，初步选定家电业为新的经营领域（格兰仕所在地广东顺德及其周围地区已经是中国最大的家电生产基地）；进一步地，格兰仕选定小家电为主攻方向（当时，大家电的竞争较为激烈）；最后确定微波炉为进入小家电行业的主导产品（当时，国内微波炉市场刚开始发育，生产企业只有4家，其市场几乎被外国产品垄断）。

1993年，格兰仕试产微波炉1万台，开始从纺织业为主转向家电制造业为主。自1995年至今，格兰仕微波炉国内市场占有率一直居第1位，且大大超过国际产业、学术界确定的垄断线（30%），达到60%以上，1998年5月市场占有率达到73.5%。格兰仕频频使用价格策略在市场上获得了领导地位。1996年到2000年，格兰仕先后5次大幅度降价，每次降价幅度均在20%以上，每次都使市场占有率总体提高10%以上。

格兰仕的规模经济首先表现在生产规模上。据分析，100万台是车间工厂微波炉生产的经济规模，格兰仕在1996年就达到了这个规模，其后，每年以两倍于上一年的速度迅速扩大生产规模，到2000年底，格兰仕微波炉生产规模达到1 200万台，是全球第2位企业的两倍多。生产规模的迅速扩大带来了生产成本的大幅度降低，成为格兰仕成本领先战略的重要环节。格兰仕规模每上一个台阶，价格就大幅下调。当自己的规模达到125万台时，就把出厂价定在规模为80万台的企业的成本价以下。此时，格兰仕还有利润，而规模低于80万台的企业，多生产一台就多亏一台。除非对手能形成显著的品质技术差异，在某一较细小的利润市场获得微薄赢利，但同样的技术来源且连年亏损的对手又怎么能够搞出差异来？当规模达到300万台时，格兰仕又把出厂价调到规模为200万台的企业的成本线以下，使对手缺乏追赶上其规模的机会。格兰仕这样做的目的是要构成行业壁垒，要摧毁竞争对手的信心，将散兵游勇的小企业淘汰出局。格兰仕虽然利润极薄，但是凭借着价格构筑了自己的经营安全防线。

要求：

（1）逐一简述竞争战略的基本类型、适用范围及其内涵，并指出格兰仕集团在微波炉市场上采取的是哪种竞争战略。

（2）简述格兰仕集团在微波炉市场上采取的竞争战略类型适用的条件。

【6】甲公司是珠三角的老牌快递公司，诞生于1997年，经营范围是国内和同城速递业务，并代客户回收货款。该公司扩张十分迅速，在鼎盛时期，其代收货款快递业务在华南地区至少占70%的市场份额，在深圳占10%的市场份额。素有"低价杀手"之称的甲公司快递，在珠三角站稳脚跟后，开始进军华东市场。主要采取了三大策略：第一是将华南地区的盈利投入到华东市场的开拓上，而且不计成本。第二是低价策略。甲公司并未采取个性化服务的方式，而是利用低价来抢占市场，将价格压到成本以下，明显低于同业竞争对手。在进入上海的短短5个月时间里，日接单金额暴增至15万元。第三是在其

他企业代客户回收款项收取一定手续费的情况下采取免费代客户回收款项,受到客户的欢迎。但该公司采取的免费代客户回收款项是在代客户回收的款项上打时间差,将本该过几天还给客户的回收款挪用来扩张公司连锁经营。这种做法有很大风险,一旦亏损就会造成拖欠客户货款等大问题。但公司负责人并未把这件事放在心上,认为只要公司业务有足够的发展,盈利是必然的。随着公司业务的扩张,低价策略在增加企业业务量的同时,并未给企业带来明显的盈利。半年后就资金不继,后续乏力,以至于后来代客户回收的、本该在四五天之内还上的款项,甲公司竟然拖延十天半个月仍还不上,导致公司财务状况恶化。

公司在扩大业务规模的同时,对递送人员的招聘和甄选控制不足,导致业务员改单、不交款成风,使公司财务状况急剧恶化,最后全面关停江浙沪业务。

**要求:**

(1) 该公司在进军华东市场时采取的战略类型是什么?

(2) 试分析该战略的适用条件,并简要分析该战略的风险。

(3) 根据我国《企业内部控制基本规范》,该公司在内控方面出现了哪些问题?

【7】日本钟表厂商发现瑞士厂家在日本经营钟表,并无强有力的分销系统,而仅凭借大规模的广告活动。由此,他们充分利用其熟知本土地理文化的优势,逐步建立他们自己的分销渠道和经销网点。与此同时,日本厂商还增强其研究和开发能力,率先采用石英技术和电子技术,成功推出石英表、电子表,大幅降低手表的成本,以低价策略冲击了整个市场。通过上述方法,日本钟表厂商逐渐占领国内市场以至国际市场,建立起自己的钟表王国。在日本企业的压力下,瑞士厂家市场份额受到极大冲击,经过分析后,瑞士厂家决定以高端的机械表为突破口,强调自身机械表的优良品质,塑造高端品牌,从而占据了巨大的市场份额。

**要求:**

根据以上资料及有关理论,回答下列问题:

(1) 日本钟表厂商对战略环境的哪些方面做了分析?

(2) 日本钟表厂商在经营过程中采取了哪些战略?

(3) 瑞士厂家采取的战略类型是什么?

【8】某汽车制造厂多年来一直专注生产轿车,但随着汽车市场竞争日趋激烈,发展前景不容乐观,公司管理层欲对今后的长远发展进行战略性决策。然而公司内部高层意见不统一。一派认为现在公司每年生产轿车所需的钢材价格居高不下,而钢材成本占整车成本的比重较高,应果断进入钢铁行业以控制原材料成本;另一派认为尽管农用拖拉机市场竞争也很激烈,而且生产轿车和生产农用拖拉机面对的市场截然不同。但随着国家支持"三农"的各项优惠政策的出台,我国农村对农用拖拉机的需求很大,公司应该发挥在轿车生产中积累起来的优势和经验尽快进入这一领域。

**要求:**

(1) 指出以上两派观点各自应采用什么样的增长战略。

(2) 指出以上两种战略的适宜情形和主要风险。

【9】ABC是一家以生产干巾和纸巾而发展起来的企业,经过20多年的发展,该企业已经在家庭生活用纸方面(包括纸尿裤)成为国内该行业的老大,年销售额达百亿人

民币。虽然该行业是高度竞争的行业,但该企业凭借着"传统渠道"优势——即在终端销售点(如小卖部),形成了全国35万家庞大的销售队伍,达1万人,加上产品质量比竞争对手好,所以该企业每年增长率达30%以上,远远高于其他竞争对手。这家企业拥有一个比较好的管理队伍。由于家庭生活用纸属于快速消费品,该企业拥有宽裕的现金流入,净现金流达几十亿元。

该企业最近改变以前单一经营领域的理念,通过资本市场运作,控股一家食品企业,该企业以生产果冻、薯片等这类小食品为主。在购买的当天,该公司的股票立即下跌了12%,振荡幅度超过20%,投资者多数不看好。认为"生产一家纸巾的企业,怎么能管理好生产食品的企业,技术完全不相干。""会给消费者认为,一边从口入,一边从屁股出。"等议论。但该企业老总非常有信心,因为企业拥有各种优势可支持食品行业的发展,且食品的品牌与原有品牌一样,还是原来公司生产、原品牌。果然第二年,该食品企业销售额在第二年就涨了50%。所以老总说,食品是该企业未来的增长点。

同时该企业也购买了一家化妆品生产企业,主要生产洗衣液、洗发水、沐浴露及女士化妆品,结果几年来,该化妆品企业一直亏损。所以,该企业另外建立了一套班子来进行管理,以解决问题。

要求:

(1)简述企业多元化战略的内涵和类型。
(2)上述企业的多元化属于哪一种类型?
(3)简述企业多元化战略的优缺点。

【10】福特汽车公司鲜明地证明了一个大公司如何向多个战略方向出击。

资料一:在早期,福特公司的发展是通过不断改进它的单一产品——轿车而取得的。在1908年制造的T型轿车比以前所有的车型有相当大的改进。在它生产的第一年,就销售了10 000多辆。1927年,T型轿车开始将市场丢给了它的竞争对手。福特公司又推出了A型轿车,该轿车集中了流行的车体款式和富于变化的颜色。当A型轿车开始失去市场、输给它的竞争对手的时候,在1932年,福特公司又推出了V-8型汽车。6年后,在1938年Mercury型车成为福特公司发展中档汽车的突破口。

资料二:福特公司建立了多样化生产集团,各个生产部门作用如下:塑料生产部门——供应福特公司百分之三十的塑料需求量和百分之五十的乙烯需求量。福特玻璃生产部门——供给福特北美公司的轿车和卡车所需的全部玻璃,同时也向其他汽车制造商供应玻璃。这个部门也是建筑业、特种玻璃、制镜业和汽车售后市场的主要供应商。电工和燃油处理部门——为福特汽车供应点火器、交流发电机、小型电机、燃油输送器和其他部件。

资料三:在1917年,福特公司开始生产拖拉机。福特新荷兰有限公司现在是世界上最大的拖拉机和农用设备制造商之一,它于1978年1月1日成立。福特新荷兰有限公司是由福特公司的拖拉机业务和新荷兰有限公司联合而组成的,后者是从Sperry公司收购来的农用设备制造商。福特新荷兰有限公司随后兼并了万能设备有限公司,它是北美最大的四轮驱动拖拉机制造商。

资料四:福特公司下属的福特汽车信贷公司在1985年收购了国家第一金融有限公司,后者是北美第二大储蓄和贷款组织。在1987年后期,它收购了美国租赁公司,它涉及企业和商业设备融资、杠杆租赁融资、商业车队租赁、设备运输、公司融资和不动产融资。

资料五：福特公司下属的福特汽车土地开发有限公司,到1920年,围绕着密歇根福特世界总部建立了59个商用建筑。由这个公司所拥有和由它管理的设施及土地的市场价值估计有十多亿美元。此外福特公司和还涉足了卫星通信行业。

要求：
逐一简述发展型战略的主要类型及其内涵,并指出上述资料一至资料四4个资料中分别采取的是哪种战略。

【11】甲公司为一上市大型企业,公司董事会有成员5名（包括董事长）,除董事长以外,还有三名执行董事（分别是两名副总裁和一名运营总监）,一名独立董事。董事会下设审计委员会,成员由公司执行董事及公司监事组成。该公司由董事长兼任首席执行官,并要求首席执行官以口头形式向董事会报告（企业的财务报告在所有重大方面按照有关的会计准则真实公允地反映了企业的财务状况和经营成果）。首席执行官负责公司外聘审计师业务,对外部审计师的表现和独立性进行评估,并与内外部审计师每两年会面一次。除了审计委员会,甲公司还设有内部审计部门。根据甲公司的机构设置,内部审计部门负责人由公司首席执行官任命,并负责向管理层直接定期报告。另外,随着甲公司管理层对内部控制重视程度的加深以及公司业务增长的需要,甲公司内部审计部分借调了公司财务部门的若干员工,并计划招聘更多的内部审计人员。

要求：
（1）根据以上信息,简要分析甲公司在公司治理方面存在的问题。
（2）简要分析甲公司审计委员会应承担的与外聘审计师有关的主要责任。
（3）简要分析内部审计部门与审计委员会之间的关系。

【12】俊辉企业是一个由几十名员工的小作坊式机电企业发展起来的,目前已拥有3 000多名员工,年销售额达几千万元,其组织结构属于比较典型的职能制形式。随着技术更新和竞争的加剧,高层领导者开始意识到,企业必须向产品多元化方向发展。其中一个重要的决策是转产与原生产工艺较为接近、市场前景较好的电信产品。恰逢某国有电子设备厂濒临倒闭,于是他们并购了该厂,再对其进行技术和设备改造,生产出了具备市场竞争力的电信产品。由于市场前景较好,在国内也迅速组建了一条该产品的生产线。在此基础上,企业组建了电信产品事业部,对国内外生产的相关产品进行统一协调管理。

要求：
（1）简述该职能制组织结构的缺点。
（2）在事业部制组织结构下,可以细分为哪几类？
（3）分析本案例电信产品事业部属于哪一类,并分析该类型事业部制组织结构的优缺点。

【13】为了夺得对世界移动通信市场的主动权,并实现在世界任何地方使用无线手机通信,以摩托罗拉为首的美国一些公司在政府的帮助下,于1987年提出新一代卫星移动通信星座系统——铱星。铱星系统技术上的先进性在目前的卫星通信系统中处于领先地位。铱星系统卫星之间可通过星际联络直接传送信息,这使得铱星系统用户可以不

依赖地面网而直接通信，但这也恰恰造成了系统风险大、成本过高、维护成本相对于地面也高出许多。整个卫星系统的维护费一年就需几亿美元之巨。谁也不能否认铱星的高科技含量，但用66颗高技术卫星编织起来的世纪末科技童话在商用之初却将自己定位在了"贵族科技"。铱星手机价格每部高达3 000美元，加上高昂的通话费用，它开业的前两个季度，在全球只发展了1万用户，这使得铱星公司前两个季度的亏损即达10亿美元。尽管铱星手机后来降低了收费，但仍未能扭转颓势。

要求：
根据材料分析摩托罗拉公司面临的风险种类以及该种风险包含哪些方面。

【14】菲亚特公司是一家刚成立不久的生物科技公司，凭借拥有的核心基因技术和强大的研发能力获得了多方的投资。但是由于公司刚刚成立，高层管理人员基本都是技术出身，既不懂管理也没有相关管理经验，因此在公司的发展问题上，以总经理为首的高级管理层普遍感觉空有远景却难以通过具体的规章制度落到实处，而且公司本身股东关系复杂，需要加快公司发展速度以平衡各方的利益，但是由于基因技术商品化的转化时间很长，在基因技术临床试验成功之前需要寻找合适的投资经营机会，在为技术研发提供现金流支持的同时又不能干扰主业的发展。另外，公司必须考虑在加入WTO后，国外同类药物快速进入中国市场带来的竞争压力，并采取相应的对策。以上种种问题使公司着手聘请咨询顾问帮助公司进行战略的分析与制定，使公司尽快走上正轨。

在咨询顾问的帮助下，公司领导层通过分析达成了以下共识：（1）公司的核心竞争力在于其基因技术和研发能力，因此公司参与的业务都必须紧紧围绕着基因技术进行；（2）公司的主营产品针对的是基因药物市场，目前基因药物市场的规模并不是很大，但发展前景看好，市场上与之竞争的企业较少，但是技术争夺激烈，而且由于总体生产规模不大，产品的价格偏高，主要的消费者集中在高收入患者和部分重病患者；（3）由于药品的特殊性质，医院和医生对产品市场的影响较大，市场相对较为集中，而且由于基因技术本身就有较高的行业进入门槛及国家政策等原因，基因药物进口受到一定的限制，价格上也过高，而国内尽管已经有不少企业进入基因药品市场，但真正具有技术实力的公司并不多，竞争并不激烈，特别是在细分市场上更是如此；（4）除了一些设备和特殊的药剂以外，基因药品行业的其他生产资料的供应商都较为分散，菲亚特公司面对的供应商较少，可供选择的产品或服务并不多。另外，在替代品问题上，由于专业性的特点，药品消费者本身对替代品的选择主动权不大；（5）患者对药物的选择基本处于被动地位，而且消费群很零散，所以渠道就显得格外重要。

除此以外，咨询顾问同时指出，尽管公司的管理层缺乏管理经验，但公司的人员整体素质较高，凝聚力强，重视内部沟通，对管理的重要性也有清醒的认识，因此公司在管理上也能具备一定的竞争优势。

要求：
（1）指出波特的"五力模型"中的"五力"分别指的是哪几项。
（2）利用五力分析模型对基因药物行业的市场竞争状况进行分析。
（3）简单阐述一下什么是核心竞争力，并列出核心竞争力的三个要素。

【15】江康公司是C国一家大型药品生产企业。江康公司自身的优势在于药品的生产与新药研发的前期业务。近年来公司以多种方式进行业务拓展。

为了保障原料药的稳定供给与产品质量,降低产业链中的交易成本,2009年以来,江康公司在C国3个省建设了5个原料药材现代化种植基地,全面推进原料药材规范化绿色种植工程。

2011年,为建立营销网络,江康公司收购了两家医药分销公司。之后,又将并购重心转向特色原料药领域,收购在这一领域具有优势地位的常丽制药公司70%股权,以增强公司在特色原料药生产方面的竞争实力。

为了提高江康公司的研发效率,同时保持江康公司自身在经营中的相对独立性,2012年江康公司以合作研究开发协议的方式与通健公司进行合作。通健公司的优势在于新药研发后期的毒理学试验。这一合作使江康公司实现了从新药研发到临床前试验一体化的业务整合。

**要求:**

(1)简要分析江康公司实施纵向一体化的具体类型、内涵与优点。

(2)分析江康公司业务拓展所属的企业发展战略途径的具体类型。

【16】2005年之前金宝集团着重于公用事业,主要围绕城市燃气来推动企业发展。从2005年开始金宝集团专注于清洁能源的开发和利用,依托技术创新和商业模式创新,形成从能源开发、能源转化、能源物流到能源分销的上中下游纵向一体化的产业链条,为客户提供多种清洁能源组合的整体解决方案。金宝集团"清洁能源生产与应用"的宗旨日益清晰。

随着集团清洁能源战略目标的日益清晰,金宝集团于2006年初进行了重大调整。

一是调整组织结构,将金宝集团的原有3大产业集团调整为能源分销、能源装备、能源化工、生物化工等产业板块,总部下设的支持保障机构也做了相应的变更。

二是人力资源政策调整,实施以科技牵引集团发展清洁能源的战略升级。金宝集团启动科技人才梯队建设,努力实现拥有科研人员、工程设计人员、技术管理人员、项目管理人员、技术工人五类人才和领军人物、核心人才、骨干人才三级智力网络的优秀科技人才梯队。

三是在科技人才激励体系、运行机制方面,金宝集团依据价值共创与价值共享的人本思想建立科技人才激励机制。金宝集团的激励政策致力于激发员工创新能力,重实绩、重贡献、重成果,向优秀科技创新人才和关键技术岗位倾斜,实行"智慧参与分配"和"技术参与股利分配"政策。技术与资本、劳动、管理一起,作为集团价值分配要素,以引导技术人员创造性地工作,全力攻克技术难关。建立以项目为基本单元,以项目成果为导向的激励机制,使激励和项目运作有机地结合起来。

**要求:**

(1)简要分析金宝集团从2005年开始启动的战略变革的类型。

(2)简要分析钱德勒"组织结构服从战略"理论在金宝集团的战略变革中是如何应用的。

(3)简要分析金宝集团还可采取哪些人力资源战略措施。

【17】甲公司是一家生产豆浆机的民营企业,设立于2004年。其企业愿景是将物美价廉的豆浆机摆进普通居民的厨房,让普通居民足不出户喝上新鲜香浓的豆浆。由于渣浆分离操作不便和内桶豆渣难以清理,豆浆机上市初期在市场上认同度较低,市场总体

需求量不大,总体增长率偏低。豆浆机上市初期,甲公司的唯一竞争对手是乙公司。乙公司是一家生产多类型小家电的企业,其所生产的豆浆机性能虽与甲公司生产的豆浆机相当,但因其拥有知名品牌,其豆浆机市场占有率远高于甲公司。甲公司一直依赖促销手段赚取微薄的利润。市场上其他著名小家电生产企业尚未涉足豆浆机的研发和生产。

2009年10月,经过持续的革新和改造,甲公司生产的新型豆浆机实现了渣浆的轻松分离和内桶豆渣的简捷清理,获得了中老年客户群的广泛认可,而且随着健康饮食观念的推广,豆浆已逐渐成为时尚的健康饮料,因此甲公司新型豆浆机销售量快速增长,出现了供不应求的局面。

鉴于豆浆机市场的迅速扩张,其他著名小家电企业开始加强研发,拟推出类似产品,抢夺市场。甲公司亦应对变化,进一步完善了相关财务战略目标。下面是关于甲公司豆浆机产品2011年的相关预测信息:

| 因素 | 2011年预计 |
| --- | --- |
| 销售增长率 /% | 60 |
| 可持续增长率 /% | 45 |
| 投资资本回报率 /% | 25 |
| 资本成本 /% | 15 |

**要求:**

(1)根据文中提供的信息和波士顿矩阵,简述甲公司的豆浆机在革新和改造前后所属的产品类型及其特征。

(2)根据甲公司2011年的相关预测信息,判断甲公司的业务在财务战略矩阵中所属的象限,并简要说明甲公司可能面临的财务挑战及可实施的应对措施。

(3)如果甲公司希望通过提高税后经营利润率的途径来提高可持续增长率,简要说明甲公司可以采用的具体方法。

【18】北方公司是A股上市公司,主要从事黑色金属冶炼和加工,所需原料铁矿石主要依赖国外进口,产品主要在国内市场销售。面对铁矿石价格总体上涨趋势,北方公司董事会决定通过境外衍生品市场开展套期保值业务,以有效锁定铁矿石采购价格,并责成公司经理层做好相关准备工作。为此,北方公司总经理杨某于近日召集有关人员进行了专题讨论,相关人员发言要点如下:

总经理杨某:第一,应当充分认识通过境外衍生品市场开展套期保值业务的必要性和复杂性;第二,应当充分了解境外衍生品市场运行特点,认真研究境外衍生品市场相关交易规则和管理制度;第三,应当建立健全相关组织机构和管理制度,成立套期保值业务管理委员会和套期保值业务工作小组,建议由总会计师朱某牵头负责。

总会计师朱某:第一,完全同意总经理杨某的意见;第二,公司应当在符合国家相关法律法规的前提下,积极利用境外衍生品市场对进口铁矿石进行套期保值;第三,考虑到公司目前对境外衍生品市场尚不熟悉,建议对境外衍生品投资进行决策时寻求专业第三方支持;第四,考虑到铁矿石价格总体呈上涨趋势,建议采用卖出套期保值方式对进口铁矿石进行套期保值。

风险管理部经理胡某:第一,开展套期保值业务应当坚持衍生品市场和现货市场买卖商品方向相同原则；第二，公司应当建立健全境外衍生品交易业务前台、中台、后台风险管理机制；第三，公司应当建立健全境外衍生品交易业务报批程序，但在市场发生特殊变化时可先交易后补办报批手续；第四，公司应当建立健全突发事件应急处理机制。

假定不考虑其他因素。

**要求：**

根据上述资料，逐项判断北方公司总经理杨某、总会计师朱某、风险管理部经理胡某的观点是否存在不当之处；对存在不当之处的，分别指出不当之处，并逐项说明理由。

【19】A公司通过其在中国的30家店铺销售多种高质量的运动服和运动鞋。在国家经济不断增长的情况下，该公司目前是盈利的，但这几年的利润空间一直在减少，公司尚未对此查明原因。每家店铺均采用电子系统记录库存。所有商品都由各店铺提供详细的产品要求，然后由驻孟加拉国的总部集中订购。订单通过邮寄方式发给供应商，并用塔卡（孟加拉国货币单位）结算。最近有新闻报道称，A公司在中国独家代理的防辐射服装，因其生产中使用的一种化学药品，在阳光下暴晒时间过长会释放毒烟。公司管理层正对此事进行调查。

2008年，中国承办了奥运会，引发体育消费热情。A公司借助全民参与奥运的运动热情，通过向银行借款等方式筹集大笔资金，借助一系列的商业赞助和营销，实现高速增长，店铺数量激增至1 500家。扩张速度加快，管理水平却没有得到相应提高，同时赶上消费人群骤降带来的行业低谷，抗风险能力明显下降。库存居高不下，银行还款压力剧增，不得不进行清仓甩卖，大规模关店。

**要求：**

（1）简要分析A公司可能面临的风险类型，并列举可以采取的风险应对策略。

（2）简要分析A公司可以采取的风险管理方案。

（3）简要分析A公司面临诸多风险时可能付出的成本。

（4）根据我国《中央企业全面风险管理指引》，简要分析企业风险管理的总体目标。

【20】资料一

建安公司是D省一家食品进出口集团公司旗下的子公司，主营业务是生产和出口A地区生猪。

A地区生猪市场有如下特点：

（1）市场需求量大、市场容量比较稳定。猪肉是居民肉类消费的最主要来源，占日常肉类消费的60%以上。由于A地区传统消费习惯的长期存在，其他肉类对猪肉的替代性不大。A地区的农副产品不能自给自足，市场需求基本由大陆地区供给。

（2）国家对内地出口A地区生猪实行配额管理及审批制度。现通过审批的企业近400家。但是目前看来，配额管理政策有全面放开的趋势。

（3）产品价格高于内地市场价，但质量要求也较高。由于供A地区生猪业务不仅是经济行为，还是一项政治任务，因此，当内地生猪供应量减少、内地猪肉价格急剧上升时，A地区生猪供应量和价格不会迅速做出相应的调整。但是在市场力量的作用下，随着时间的推移，A地区的生猪价格将缓慢升至合理价位。

（4）市场竞争激烈。由于A地区市场具有很大的特殊性，进入障碍很高，退出却非常容易，因此，各出口企业始终把质量和安全作为核心竞争力，努力把政策性的盈利模式变为市场性的盈利模式,从而在市场中立足。此外,近年来,一些国际金融巨头在中国大肆收购专业养猪场,因而潜在进入者的威胁也不容忽视。

(5)原材料市场还处于买方市场。供A地区生猪企业主要原材料包括饲料、兽药、种猪。从目前国内情况来看,主要原材料产业均是竞争比较激烈的产业,供应商数量较多。

资料二

建安公司资源和能力状况如下:

主要优势:

(1)有50多年的供A地区生猪生产与出口的历史和经验;

(2)掌握向A地区出口配额许可权,有在国家商务部注册的供A地区生猪的两个定点猪场;

(3)供A地区生猪的品质长期得到肯定;

(4)有良好的企业信誉和知名度。

主要劣势:

(1)生猪养殖规模较小;

(2)在整个供A地区生猪产业链中创造价值点单一;

(3)技术水平、管理水平较低。

建安公司在其"十二五"规划中的战略定位为:扩大生猪养殖和出口规模,形成规模化养殖,并积极打造生猪产业链,力保并扩大公司出口A地区业务市场份额,全面整合原材料供给、生猪养殖、出口销售产业链,扩展业务空间,全面提升企业竞争力。建安公司的目标是:扩大生猪出口规模,至2015年实现出口生猪规模50万头(即原有规模10万头的5倍)。

在发展途径的选择上,建安公司做了认真的分析。如果采用内部发展方式,需要开发、应用先进技术,迅速扩大生产规模,进入饲料、兽药、种猪等产业,根据建安公司的资源能力状况,一时难以解决发展瓶颈问题。而通过并购方式,需要选择合适的并购对象,还要考虑如何进行价值评估才不会支付过高的收购价格。更重要的是,并购方与被并购方需要很长时间的整合和协调,这些条件在短期内难以达到。因此,建安公司管理层决定采用战略联盟的方式。

资料三

宏达公司是D省一家大型畜牧业企业集团,是中国目前最大的种猪育种和肉猪生产基地。该公司生产规模大,具有生猪经营"原材料供给、生猪养殖、销售"完整的产业链,技术力量雄厚,创新能力较强。但是,该公司没有获得向A地区出口配额许可权,其猪场也不是在商务部注册的供A地区生猪定点猪场,而A地区市场的开发对宏达公司的发展至关重要。

在这样的背景下,建安公司和宏达公司结成战略联盟成为双方共同的意愿。双方管理层就战略联盟事宜进行了协商和谈判。首先确定了战略联盟的类型。根据双方的具体情况,决定采用契约式战略联盟,具体方案是建立产销合作联盟:双方签订收益共享合同,宏达公司给建安公司一个较低的生猪价格,而建安公司给宏达公司一定的收益分成,双方风险共担、收益共享。此外,协商和谈判中对生猪产品的质量标准、双方利益分配、交货、运输及费用的承担问题,以及双方的违约责任和联盟解体等问题都进行了商定。

建安公司对于实施战略联盟方案可能面临的风险也进行了分析,认为战略联盟方案实施过程中可能存在两类风险:一类风险主要体现在由于双方利益分配不均、管理协调不畅导致双方战略意图无法实现;另一类风险主要体现在生猪价格波动、生猪疾病疫情、生猪出口配额管理体系变化导致的风险。建安公司管理层认识到,必须建立风险预控机制,成立专门的风险管理委员会,以便对风险进行预测、识别和应对。

要求:

(1)简述产业5种竞争力的基本概念,并对A地区生猪市场进行5种竞争力分析。

(2)简述企业发展战略可采用的内部发展、外部发展、战略联盟3种途径的主要内涵,结合建安公司战略定位和目标、建安公司的资源能力状况,具体分析建安公司没有选择内部发展途径的原因。

(3)简述企业战略联盟形成的动因,分析建安公司与宏达公司结成战略联盟的主要动因。

(4)简述企业战略联盟的主要类型,说明建安公司与宏达公司采用的战略联盟类型的优点与不足。

(5)依据《中央企业全面风险管理指引》,简述分析市场风险可以考虑的几个方面;根据案例中建安公司提出的战略联盟方案实施过程中可能存在的两类风险,分析其应该考虑的市场风险。

(6)依据《中央企业全面风险管理指引》,简述企业风险管理组织体系包括的主要内容,简述建安公司管理层准备成立的风险管理委员会应该履行的主要职责。

【21】荣升集团是一家正处于发展阶段的上市公司,主要从事风力发电相关产品的制造及出售。现对该集团20×2年业绩进行评价。20×2年部分财务数据如下:

| 项目 | 金额 |
| --- | --- |
| 股东权益总额/亿元 | 14 998 |
| 负债总额/亿元 | 10 002 |
| 营业收入/亿元 | 15 031 |
| 营业成本/亿元 | 13 604 |
| 销售及管理费用/亿元 | 824 |
| 利息费用/亿元 | 68 |
| 净利润/亿元 | 401 |

行业平均资产负债率为30%。目前该公司生产的风力发电相关产品属于较新的产品,与同行业的领先企业相比,市场占有率很低。另外,国家制定一系列相关环境保护政策,对类似产业进行限制,虽然有这样的限制,环保相关产业的优惠政策也是十分优惠的,企业若能抓住机会,该项目将有十分广阔的发展前景。

要求:

(1)为定期考察相关措施的绩效是否符合管理层的预期,及其在各部门的运作和顾客服务等方面是否与公司的战略目标相符,说明公司管理层可以采用的评价方法有哪几种。

（2）说明平衡计分卡从哪四个角度衡量公司业绩，请对四个角度各举出最少2个驱动指标并简述平衡计分卡的作用。

（3）荣升集团可能面临的风险有哪些？

（4）简述波士顿矩阵的相关内容，并判断该集团的风力发电产品属于波士顿矩阵中的哪一类业务。

【22】瑞典汽车制造商沃尔沃与中国新东家吉利就在华扩张计划产生分歧。据多名知情人士透露，吉利希望在中国再建至多3家工厂，以便从中国高速增长的汽车需求量中获利，而位于瑞典哥德堡的沃尔沃管理层希望在扩张之前先确立扎实的商业计划。

"如果没有盈利数据和良好的利润率来为商业计划提供支撑，董事会是不会做出投资决定的，"一位要求匿名的知情人士表示，"在学会跑步之前我们必须先学会走路。"

围绕发展策略的辩论，标志着迄今为止中国汽车制造商最大海外品牌收购案面临的第一个重大考验。2010年3月，吉利同意从福特汽车手中收购沃尔沃之时，其董事长誓言将保护其管理独立性和高端形象。

大庆市与上海嘉定区为吉利15亿美元收购沃尔沃的交易提供了融资帮助，期望沃尔沃能将拟议中的汽车或发动机工厂设在自己的辖区内。

在中国，沃尔沃目前在福特与长安汽车的合资工厂生产S40紧凑型轿车和轴距加长版S80轿车，该合约将于2015—2018年到期。2010年沃尔沃在华销量略多于3万辆——其中近一半为进口车，因此面临高额关税——是中国快速增长汽车市场中一个相对较小的角色。

沃尔沃首席执行官斯特凡·雅各比希望在十年内使公司的全球销量翻番，达到80万辆，发展策略的一部分就是在华扩张。如今中国汽车市场规模已经超过美国。不过他希望在采取进一步行动之前，先为在华工厂确立清晰的商业理由，并明确资金来源。

根据一名听取了审议内容介绍的人士描述，沃尔沃内部关于在华发展策略的讨论"激烈，但没有闹翻"。

沃尔沃拒绝就讨论内容置评。吉利则将问题转给了沃尔沃新任中国区董事长沈晖。"我们当然希望在中国发展——这是我们的目标所在，"沈晖向英国《金融时报》表示，"我们只是需要制定出一个计划，顾及融资可能性和适合中国顾客的产品。"

要求：

（1）按收购资金来源考虑，简要分析此次收购行为的类型。

（2）简述企业并购的主要动机。

（3）简要分析并购失败的主要原因。

【23】银丰美国公司180天后有一笔需要支付20万英镑的应付账款，为规避交易风险，公司财务人员考虑在远期外汇套期保值、货币市场套期保值和货币期权套期保值三种方法中选择最佳方案。

现公司财务人员已取得以下有关信息：

（1）英镑即期汇率为 \$1.50/£；

（2）180天英镑远期汇率为 \$1.47/£；

（3）利率：

|  | 英国 | 美国 |
| --- | --- | --- |
| 180 天存款利率 /% | 4.50 | 4.50 |
| 180 天贷款利率 /% | 5.00 | 5.00 |

（4）180 天英镑买入期权单位执行价为 1.48 美元，单位期权费为 0.03 美元；

（5）180 天英镑卖出期权单位执行价为 1.49 美元，单位期权费为 0.02 美元；

（6）公司预测 180 天后的即期汇率为：

| 可能结果 / 美元 | 概率 /% |
| --- | --- |
| 1.43 | 20 |
| 1.46 | 70 |
| 1.52 | 10 |

**要求：**

计算各种方案的结果并进行比较，选出可能的最佳方案。

【24】1984 年到 1991 年是海尔实施品牌战略的阶段，别的企业上产量，而海尔扑下身子抓质量。此战略在海尔创立之初即以张瑞敏砸冰箱的戏剧化举动宣告推出。此后的六七年间，海尔完善了生产过程的全面质量管理，同时在销售方面推出星级服务的概念，在消费者心目中树立起质量超群的国产品牌形象。海尔在实践中，逐渐形成一套以人本主义为核心的企业文化。在此基础上，海尔在 20 世纪 90 年代初提出了 OEC 工作法，它的中文表述则为"日事日毕，日清日高"。至此，海尔以其全面质量管理和 OEC 工作法、以星级服务为特色的营销方式和顾客导向的产品改进与开发，三位一体形成了一个高效率、高品质的经营管理体系。

20 世纪 90 年代初，海尔集团年利润不过 3 000 多万元。因此其发展必须采取低成本扩张的方式。海尔从本地政府和武汉、广东等外地政府手上以低廉的代价接管了多家亏损企业，并依托这些企业建立了空调、洗衣机和彩电等新事业，1991 年海尔兼并青岛空调器厂和电冷柜总厂，标志着大规模多元化进程的开始，并持续到 1998 年。

由于拥有水平明显高于大多数国内企业的管理能力平台并善于将其植入被兼并的企业，同时借助公司上市募集的资金在海尔工业园新建了一批企业，海尔在 20 世纪 90 年代将自己扩展为一个横跨白色家电、黑色家电、米色家电（PC 等）、各种小家电以及制药、生物工程、金融服务等领域的多部门公司。海尔为适应其多产品的产业格局，在组织结构上完成了事业部制结构的改造，形成了成本中心、利润中心和资源调度中心的三级架构。

**要求：**

（1）根据该资料，分析海尔集团都采取了哪些战略。

（2）分别说明上述战略是属于公司战略、业务单位战略还是职能战略。

（3）分别阐述一下上述战略，并说明上述战略包括哪几类。

## 二、模拟试题(一)

一、单项选择题

1. 下列情形中,不适用于产品开发战略的有(　　)。
   A. 企业产品具有较高的市场信誉度和顾客满意度
   B. 企业存在过剩的生产能力
   C. 企业所在产业正处于高速增长阶段
   D. 主要竞争对手以类似价格提供更高质量的产品

2. 某旅行社在对旅游市场作出深入分析之后,决定把提供短途、收费较低的旅游服务作为主要业务。旅行社作出这一决定是基于对旅游市场的(　　)。
   A. 人口细分　　　　　　　　　　B. 地理细分
   C. 心理细分　　　　　　　　　　D. 行为细分

3. 一碗豆浆,两根油条是三顿美餐中的第一餐,这是长期以来许多中国人形成的饮食习惯。该习惯的形成体现了(　　)的影响。
   A. 经济环境因素　　　　　　　　B. 政治和法律因素
   C. 社会和文化因素　　　　　　　D. 技术环境因素

4. 下列各项属于直接产品替代的是(　　)。
   A. 苹果计算机取代王安计算机　　B. 人工合成纤维取代天然布料
   C. 电脑排版取代签字排版　　　　D. 以上均正确

5. 企业运营流程的可见性作为影响企业的运营方式和管理方式的重要因素之一,是指(　　)。
   A. 企业生产计划的可见程度
   B. 企业产能计划的可见程度
   C. 企业运营流程为客户所见的程度
   D. 企业产品和服务需求变动的可见程度

6. 下列各项关于应对风险的措施中,属于风险补偿的是(　　)。
   A. 甲公司与一家台资企业合资组建子公司
   B. 乙公司为了防止水灾,避免仓库进水,采取增加防洪门、加高防洪堤等措施
   C. 丙公司为其银行长期贷款利率风险进行套期保值
   D. 丁公司计提意外损失补偿基金

7. 以下战略发展方法属于内部发展的是(　　)。
   A. 某钢铁制造企业通过发行股票融资,用来投资一条新的汽车生产线
   B. 某航空公司为降低经营风险而并购一家石油公司
   C. 某几家民营科技企业为增强竞争力而合并
   D. 某汽车制造厂为实现规模经济而购买了另一家小型汽车制造厂

8. 甲公司是一个小企业,为了更好地发展,聘请了专门的咨询公司进行广告策划。甲公司的活动属于(　　)。
   A. 采购管理　　　　　　　　　　B. 内部后勤
   C. 生产经营　　　　　　　　　　D. 市场营销

9. 某公司是一家上市公司,主营业务为生产销售冰箱。20×3 年收购利多矿业 100% 的股权。由于该公司未从事过矿产资源的开采、生产和销售,在矿山经营管理和技术方面缺少经验。为防范可能发生的风险,该公司决定提取风险准备金。根据以上信息可以判断该公司的这种做法属于( )。

   A. 损失融资          B. 风险资本
   C. 应急资本          D. 套期保值

10. 操作风险管理策略最为普遍的是采用( )策略。

    A. 风险规避          B. 风险控制
    C. 风险转换          D. 风险补偿

11. 某公司某年的投资资本回报率为 7%,销售增长率为 10%,经测算该公司的加权平均资本成本为 7.5%,可持续增长率为 7%。该年该公司的业务属于财务战略矩阵中的( )。

    A. 增值型现金剩余    B. 增值型现金短缺
    C. 减损型现金剩余    D. 减损型现金短缺

12. 某计算机公司正处于成长阶段,下列各项属于该公司优势的是( )。

    A. 该公司的研发能力比较强      B. 国家出台了一系列的优惠政策
    C. 该公司的市场占有率比较小    D. 经济环境稳定

13. 当企业实施一个新的战略时,重要的组织要素会发生很大变化。这些变化大多与企业目前的文化有潜在的一致性。在这种情况下,企业处理战略与文化关系的重点是( )。

    A. 实施以企业使命为基础的变革  B. 加强协调作用
    C. 根据文化的要求进行管理      D. 重新制定战略

14. 信息系统的一般控制,也称为总体控制,下列不属于信息系统一般控制的有( )。

    A. 对重要岗位员工进行信息系统安全保密培训,并签署安全保密协议
    B. 要求系统访问者拥有合适的登录口令和文件访问权限
    C. 制定了灾难备份和灾难恢复措施以确保业务的连续性
    D. 确保系统按规定对数据进行处理

15. 甲公司是国内一家上市公司。甲公司对其各子公司实行全面预算管理,并通常使用增量预算方式进行战略控制,子公司预算需要经甲公司预算管理委员会批准后执行。20×2 年 10 月,甲公司投资了一个新的项目乙(子公司)。20×2 年 11 月,甲公司启动 20×3 年度预算编审工作,此时甲公司应要求乙项目编制( )。

    A. 增量预算          B. 零基预算
    C. 固定预算          D. 弹性预算

16. 能够有效帮助企业降低商业模式风险的蓝海战略原则是( )。

    A. 超越现有需求      B. 重建市场边界
    C. 遵循合理的战略顺序 D. 克服关键组织障碍

17. 下列选项中,关于市场渗透战略的说法正确的是( )。

    A. 现有产品和新市场  B. 现有产品和现有市场
    C. 新产品和现有市场  D. 新产品和新市场

18. 某公司是多元化经营的企业。涉足的产品包括针对儿童的营养液、针对时尚青年的果汁饮料,以及八宝粥。根据以上信息可以判断该企业的目标市场选择战略是( )。
A. 差异市场营销  B. 集中市场营销
C. 无差异市场营销  D. 全面市场营销

19. 下列选项中,不属于企业采用多货源策略的优点的是( )。
A. 能取得更多的知识和专门技术  B. 有利于对供应商压价
C. 供货中断产生的影响较低  D. 能产生规模经济

20. 下列各项完全不同于其他三种文化类型的是( )。
A. 权利导向型  B. 角色导向型
C. 任务导向型  D. 人员导向型

21. 企业目前投资资本回报率高于资本成本,销售增长率高于可持续增长率,且预计这种状况会持续较长时间,下列不属于企业应采取的措施包括( )。
A. 提高经营资产周转率  B. 提高税后经营利润率
C. 增发股利  D. 增发股份

22. 下列不属于信息系统访问过程中不相容岗位(或职责)一般应包括( )。
A. 加密技术  B. 审批
C. 操作  D. 监控

23. 盛泰公司是一家汽车整车制造企业。目前,该公司已具备年产90万辆整车、发动机和40万套变速箱的生产能力。盛泰公司拥有10多年汽车制造的经验及大型生产装配设施,20×0年其自主品牌轿车全国销量第四,出口全国第一,并在俄罗斯、伊朗、马来西亚、埃及设有装配工厂。产品覆盖乘用车、商用车、微型车领域。拥有120多项专利技术。根据上述信息,可以判断不属于盛泰公司所拥有的无形资源有( )。
A. 装配工厂  B. 组织经验
C. 品牌  D. 专利

24. 甲公司是上海一家集团公司,其核心业务为金融行业和贷款担保行业。最近,甲公司又涉足了仪器仪表生产行业和房地产行业。为配合甲公司的总体战略实施,甲公司不可以选择的组织结构类型有( )。
A. 产品/品牌事业部制组织结构  B. 职能制组织结构
C. M型企业组织结构  D. 控股集团组织结构

二、多项选择题

1. 在波士顿矩阵分析涉及的四类业务中,适合采用事业部制进行管理的业务有( )。
A. "明星"类业务  B. "现金牛"类业务
C. "问题"类业务  D. "瘦狗"类业务

2. 一家航空公司对从未乘过飞机的人很感兴趣。而从未乘过飞机的人又可以细分为害怕乘飞机的人、对乘飞机无所谓的人以及对乘飞机持肯定态度的人。在持肯定态度的人中,又包括高收入有能力乘飞机的人。于是这家航空公司就把力量集中在开拓那些对乘飞机持肯定态度,只是还没有乘过飞机的高收入群体。该细分过程属于( )。
A. 人口细分  B. 生活形态细分
C. 购买特性细分  D. 价值细分

3. 甲公司是一家中小型煤炭企业,属于简单的煤炭贸易公司,不具备煤炭深加工能力。受目前下游钢铁需求复苏缓慢的影响,煤炭价格持续低迷,该公司库存不断增加,业绩持续下滑。对于该公司,较为现实的选择就是采用(   )。

  A. 相关多元化战略      B. 成本领先战略
  C. 转向战略         D. 非相关多元化战略

4. 下列选项中,属于职能战略的是(   )。

  A. 甲钢铁公司研究开发出一项新的技术
  B. 乙餐饮公司投资建立食材基地
  C. 丙房地产公司通过降价以增加房产的销售
  D. 丁物流公司重整其人力资源管理,提升对员工的绩效管理

5. 下列各项属于一般基准的有(   )。

  A. 某理发店与航空公司进行比较
  B. 某企业进行内部各部门之间的学习与比较
  C. 某航空公司与另一家航空公司比较
  D. 某培训机构与酒店服务进行比较

6. 甲公司是全球领先的综合通信解决方案提供商。公司通过为全球140多个国家和地区的电信运营商提供创新技术与产品解决方案,让全世界用户享有语音、数据、多媒体、无线宽带等全方位沟通。公司成立于1985年,在香港和深圳两地上市。已跃居全球第四大手机厂商。甲公司管理层正在讨论分析公司面临的主要风险。下列各项风险中,属于市场风险的有(   )。

  A. 由于受到业绩的影响,该公司在二级市场的股价近期出现大幅度下跌
  B. 近期,美国联邦调查局正在调查该公司向伊朗出售遭禁运的美国电脑设备一事
  C. 由于该公司财务人员不熟悉外汇期货市场交易规则,发生错误的外汇套期操作指令
  D. 近期受一些事件的影响,该公司在印度出售电信设备的回款出现问题

7. 下列说法中,属于持内部控制与风险管理是一对既互相联系又互相差别的概念的观点有(   )。

  A. 内部控制与风险管理的相同点是两者均是合理保证目标实现的过程
  B. 内部控制是为了达到某些目的而进行的一种动态的管理过程
  C. 风险管理是围绕特定目标,通过各种手段对风险进行管理,为实现目标提供合理保证的过程和方法
  D. 风险管理更偏向内部控制过程的前端,更偏向于对影响目标实现的因素的分析、评估与应对

8. 变革的过程可能会对企业人员的健康产生一定的影响,变革受到抵制的原因可能有(   )。

  A. 迷失方向
  B. 工作地点和工作模式造成的
  C. 环境变化
  D. 不确定性可能导致无安全感

9. 甲公司是我国一家长期向 X 国出口摩托车的企业。20×3 年,X 国对我国出口的摩托车大幅提高了关税。面对这种情况,甲公司在 X 国与当地企业组建了一家合资公司,生产销售摩托车。甲公司在 X 国组建合资公司规避的风险有(　　)。

　　A. 运营风险　　　　　　　　　　　　B. 市场风险
　　C. 政治风险　　　　　　　　　　　　D. 产业风险

10. 以下属于成本领先战略在对抗竞争力方面的优势的有(　　)。

　　A. 甲钢铁生产企业依靠规模经济增加了新进入者的进入壁垒
　　B. 消费者对某品牌食用油的认可度高而造成新进入者难以进入该行业
　　C. 乙工厂由于改进技术而降低了产品的固定成本,面对原料供应商的提价有一定的弹性空间来应对
　　D. 丙名牌产品的高利润可以弥补供应商提价而产生的利润损失

11. 某家电销售公司准备并购一家空调生产厂家,在制定并购案时,公司管理层提出进行并购的风险很大,需要提前做好准备,分析可能导致并购失败的原因,防患于未然。下列各项中,可能导致并购失败的原因有(　　)。

　　A. 并购后不能很好地进行企业整合　　　B. 没有获取规模经济
　　C. 决策不当的并购　　　　　　　　　　D. 支付过高的并购费用

12. 下列属于 M 型组织结构优点的有(　　)。

　　A. 便于企业的持续成长
　　B. 董事会便于监控各个部门
　　C. 能够通过诸如资本回报率等方法对事业部的绩效进行财务评估和比较
　　D. 职权被分派到总部下面的每个事业部,并在每个事业部内部进行再次分派

13. 某公司是一家餐饮企业,主打菜品为北京传统风味。该公司在店面设计上采用老北京传统民宅的风格,服务人员全部招聘地道的北京人,口音纯正,配以老北京酒馆店小二服饰,营造出一种浓郁的老北京氛围。根据以上信息可以判断,不属于该企业的战略是(　　)。

　　A. 集中成本领先战略　　　　　　　　B. 集中差异战略
　　C. 目标集中战略　　　　　　　　　　D. 多元化战略

14. 甲公司是一家大型超市连锁店,为不同地区分店选择重点销售商品时会考虑到每个地区中居民的一般消费特性,其中一个分类是按居民的平均收入水平的高低,将居民消费者划分为高收入、中等收入及低收入三个客户群组。为保证划分过程有效,该公司应考虑的因素包括(　　)。

　　A. 可测量性　　　　　　　　　　　　B. 可进入性
　　C. 适应性　　　　　　　　　　　　　D. 客观性

## 三、简答题

1. 目标的制定过程基本上是一个政治过程,各不同利益集团之间讨价还价的结果形成了目标。事实上,公司的使命与目标也是公司主要的利益相关者利益与权力均衡的结果。因此,权力与利益相关者分析是公司战略分析的重要组成部分,公司战略的制定与实施和其各利益相关者利益与权力的均衡密不可分。

要求:
请简述企业涉及的主要利益相关者有哪些。

2. L公司经营四种品牌的化妆品,分别为A、B、C、D四类产品,各产品20×2年的销售情况如下表:

| 产品 | 销售额/万元 | 相对市场份额 | 市场增长率/% |
|---|---|---|---|
| A | 3 000 | 2 | 13 |
| B | 900 | 0.6 | 7 |
| C | 600 | 0.4 | 15 |
| D | 2 500 | 1.5 | 5 |

假设市场增长率和相对市场占有率分别以10%和1.0作为高低的界限标准。

要求:
(1)根据波士顿矩阵分析四种产品分别属于何种产品。
(2)L公司对D产品应该采用何种策略?

3. 天幕公司是一家从事精纺呢绒产品的生产、加工和销售的上市公司。该公司规模较大,单位生产成本较同类企业低6.5%以上,其利润水平长期处于行业前端。但由于劳动力等成本不断上升,天幕公司的利润空间也在逐年缩小。为了保持较高的利润水平,公司决定改变竞争战略。公司大量增加设计人员数量,设计样式、花纹等,并提高质量要求,努力营造出品牌效应,同时适当提高价格。

要求:
(1)简述天幕公司最初采用的竞争战略是什么,并描述该战略的风险。
(2)改变后,该公司采取的战略是什么,并描述该战略的优势。

## 三、模拟试题(二)

### 一、单项选择题

1. 丙公司是一家重型汽车生产企业。丙公司管理层正在考虑进军小轿车生产产业,并创立一个全新品牌的小轿车。丙公司在评估面临的进入障碍时,下列不属于应当考虑的因素有(　　)。
   A. 为加入小轿车产业而成立新厂所需的资金是否足够
   B. 政府是否出台限制某些公司进入小轿车产业的政策
   C. 丙公司是否能够承担从重型汽车生产到小轿车生产的转换成本
   D. 市场上汽车生产用合金材料供应商的数目及其议价能力

2. 每逢节假日,各大超市就采用促销的方式刺激消费,如买一送一、折扣优惠等营销方法。根据以上描述,此种战略属于(　　)。
   A. 市场渗透　　　　　　　　　　B. 市场开发
   C. 产品开发　　　　　　　　　　D. 多元化战略

3. 甲公司是一家以碳酸饮料起家的公司,将业务扩展到了茶饮料、果汁饮料、瓶装水等多个系列去配合不同年龄与饮食习惯的消费者,为整个企业带来了更高的利润,该公司采用的战略是(　　)。
   A. 相关多元化战略　　　　　　　B. 市场开发战略
   C. 非相关多元化战略　　　　　　D. 产品开发战略

4. 以下属于战略联盟的发展战略途径的是(　　)。
   A. 某石油公司为降低经营风险而并购一家汽车公司
   B. 某汽车制造企业为分散经营风险而投资高速公路
   C. 三元兼并三鹿
   D. 著名饮料企业授权批发商使用其品牌

5. 下列各项表述中可以作为企业使命的是(　　)。
   A. 为降低制造成本,在2027年要在主要生产操作岗位安装机器人
   B. 到2030年,进入世界500强
   C. 满足顾客需求,创造共有价值
   D. 在生产某产品时,融入低碳环保理念

6. 甲地税局信息系统对征费吨位10吨以上的运营货车根据交通运输业征收营业税有关"征费吨位10吨以上部分减半征收"的规定自动分段计算营业税。该信息系统的控制类别属于(　　)。
   A. 输入控制　　　　　　　　　　B. 过程控制
   C. 输出控制　　　　　　　　　　D. 一般控制

7. ABC集团公司在母公司的利益和价值判断下制定经营战略,其目的在于以高度一体化的形象和实力在国际竞争中占据主动,获得竞争优势。母公司集中进行产品的设计、开发、生产和销售协调,管理模式高度集中,经营决策权由母公司控制。ABC集团公司实施这一国际化战略后,节约了大量的成本支出,但缺点是产品对东道国当地市场的需求适应能力差。ABC集团公司实施的国际化经营战略属于(　　)。
   A. 本国化战略　　　　　　　　　B. 全球化战略

C. 多国本土化战略　　　　　　　　D. 跨国战略

8. 下列各项中,不属于加剧产业竞争的主要因素有(　　)。
   A. 竞争对手时常更换　　　　　　B. 产业已进入成熟期
   C. 产业进入障碍低而退出障碍高　D. 企业拥有稀缺资源

9. 将企业经营目标集中到企业总体市场中的某细分市场上,以寻求在细分市场上的相对优势的战略,属于(　　)。
   A. 成本领先战略　　　　　　　　B. 集中化战略
   C. 差异化战略　　　　　　　　　D. 稳定战略

10. 某公司是一家连锁经营川式火锅的公司,在行业景气度一般的情况下经营业绩高速增长,该公司在客人就餐时的竞争优势来自其优质的服务,包括每个分店都有一支长期训练有素的服务人员队伍,熟练表演"街舞拉面"的技艺,顾客都对公司的服务交口称赞,该公司的具有不可模仿性的资源是(　　)。
    A. 具有路径依赖性的资源
    B. 物理上独特的资源
    C. 具有经济制约性的资源
    D. 具有因果含糊性的资源

11. 某公司是一家传统行业企业,该行业初期投资要求巨大,且国家采用生产牌照制进行管理。作为传统行业,该行业技术进步速度缓慢,市场已趋于饱和。根据以上信息可以判断,适合该公司的研发选择是(　　)。
    A. 委托科研机构研发　　　　　　B. 购买专利
    C. 合作研发　　　　　　　　　　D. 企业内部研发

12. 下列各项关于应对风险的措施中,属于风险转移的是(　　)。
    A. 甲公司是一家稀有资源开发企业。按照国际惯例,甲公司每年向矿区所在地政府预付一定金额的塌陷补偿费
    B. 乙公司是一家股票上市的商品零售企业。为了筹建更多商场,扩大市场占有率,乙公司要求母公司为其金额为5亿元的中长期贷款提供担保
    C. 丙公司是一家区域性奶制品生产企业。为了推广高端乳酸菌饮料产品,丙公司决定按照"买一送一"的政策对乳酸菌饮料新产品和传统水果味酸奶产品进行捆绑销售
    D. 丁公司是一家规模较小的唱片制作企业。为了保护唱片版权,丁公司与其网络商场签订合作协议,由该网络商场每年支付固定版权费用,商场会员即可无限次下载受到版权保护的丁公司制作的唱片音乐

13. 某公司是全球领先的通信基础设施和智能终端提供商,该公司在网站上显著位置有如下说明:致力于把数字科技带入每个人、每个家庭、每个组织,构建万物互联的智能世界。该公司的上述说明体现了该公司的(　　)。
    A. 目的　　　　　　　　　　　　B. 宗旨
    C. 经营哲学　　　　　　　　　　D. 目标

14. 某公司在对自身所处产业进行分析时,发现产业表现出如下特征:(1)企业数量很多;(2)市场占有率分布较为平均;(3)缺乏龙头企业。针对以上特征,不适合该公司

采取的战略类型是( )。

　　A. 连锁经营

　　B. 集中经营自身特色产品

　　C. 提高现有产品差异化程度

　　D. 采取价格战吸引后来对价格敏感的购买者

15. 甲公司是一家日用洗涤品生产企业。甲公司在市场调研中发现,采购日用洗涤品的消费者主要是家庭主妇,他们对品牌的忠诚度不高,但对价格变动非常敏感。目前,甲公司主要竞争对手的各类产品与甲公司的产品大同小异。在这种市场条件下,最适合甲公司选择的业务单位战略是( )。

　　A. 成本领先战略　　　　　　　　B. 差异化战略

　　C. 集中化战略　　　　　　　　　D. 一体化战略

16. 某公司是一个小企业,为了更好地发展,聘请了专门的咨询公司进行广告策划。某公司的活动属于( )。

　　A. 采购管理　　　　　　　　　　B. 内部后勤

　　C. 生产经营　　　　　　　　　　D. 市场营销

17. 下列各项中,属于处于导入阶段的企业可以选择的财务战略是( )。

　　A. 采用高股利政策以吸引投资者

　　B. 通过债务筹资筹集企业发展所需要的资金

　　C. 采用权益融资筹集企业发展所需要的资金

　　D. 通过不断进行债务重组增加资金安排的灵活性

18. 某银行最近被监管部门发现由于内部流程的设计问题,导致发生了大量的客户洗钱行为。银行所暴露的风险是( )。

　　A. 舞弊风险和财务风险　　　　　B. 合规性风险

　　C. 合规性风险和操作风险　　　　D. 财务风险

19. 下列企业采用的发展战略中,属于多元化发展战略的是( )。

　　A. 甲化妆品公司将化妆品包装瓶子的颜色和形状不断变换以招徕顾客

　　B. 乙机械制造企业开始将其原在国内生产销售的施工机械出口到北非地区

　　C. 丙汽车制造厂原来只生产汽车,现在同时也生产拖拉机、柴油机等

　　D. 丁手机生产企业通过增加性能、规格、型号等,向现有市场提供改进产品

20. 随着网络技术的发展,人与人的交流和沟通更加方便了,使得生活水平有了一个质的提高。该资料体现的是( )的影响。

　　A. 经济环境因素　　　　　　　　B. 政治和法律因素

　　C. 社会和文化因素　　　　　　　D. 技术环境因素

21. 我国某福利机构利用五力模型分析,但是得出的结论是不合理的,从而给机构领导人造成困惑。造成该困惑的原因是( )。

　　A. 该分析模型是静态的

　　B. 假设战略制定者可以了解整个行业(包括所有潜在的进入者和替代品)的信息

　　C. 它低估了企业与供应商、客户或分销商、合资企业之间可能建立长期合作关系以消除替代品的威胁的可能性

D. 它能够确定行业的赢利能力,但是对于非营利机构,有关获利能力的假设可能是错误的

22. 在波士顿矩阵的分析中,通常有4种战略目标分别适用于不同的业务。其中不适合采用"收割"目标的可能有( )。
  A. "明星"类业务
  B. "现金牛"类业务
  C. "问题"类业务
  D. "瘦狗"类业务

23. 并购交易中的不相容岗位不包括( )。
  A. 并购合同协议的订立与相关会计记录
  B. 并购交易的申请与审批
  C. 并购交易的审批与执行
  D. 并购合同协议的订立与审核

24. 甲公司董事会对待风险的态度属于风险厌恶。为有效管理公司的信用风险,甲公司管理层决定将其全部的应收款项以应收总金额的80%出售给乙公司,由乙公司向有关债务人收取款项,甲公司不再承担有关债务人未能如期付款的风险。甲公司应对此项信用风险的策略属于( )。
  A. 风险控制
  B. 风险转移
  C. 风险保留
  D. 风险规避

二、多项选择题

1. 农家乐越来越受到城市居民的喜爱,王某在A市郊区开办了独具特色的农家乐,主要是面对在A市工作的年轻白领。根据资料可知王某考虑了( )。
  A. 地理细分
  B. 心理细分
  C. 人口细分
  D. 购买特性

2. 某公司是一家化肥厂,为有效应对市场竞争,经与另一家化肥厂协商,将双方的股权合并在一起,成立一家全新的化肥厂。这种方式称为( )。
  A. 友善并购
  B. 杠杆收购
  C. 横向并购
  D. 金融资本并购

3. 国家出台"每对夫妻可生有两个子女"的政策后,少儿智能学习机制造商A公司预测其产品的市场需求将明显增长,于是制定并实施了新的发展战略,扩大投资,提高生产能力,同时采用新智能技术实现产品升级。下列不属于A公司外部环境分析所采用的主要方法是( )。
  A. 五种竞争力分析
  B. 成功关键因素分析
  C. PEST分析
  D. 产业生命周期分析

4. 下列关于企业财务战略矩阵分析的表述中,正确的有( )。
  A. 对增值型现金短缺业务单位,应首先选择提高可持续增长率
  B. 对增值型现金剩余业务单位,应首先选择提高投资资本回报率
  C. 对减损型现金剩余业务单位,应首先选择提高投资资本回报率
  D. 对减损型现金短缺业务单位,应首先选择提高可持续增长率

5. 下列选项中,属于新兴产业早期进入障碍的是( )。
  A. 专有技术
  B. 经验造成的成本优势

C. 分销渠道         D. 政府政策限制

6. 甲公司通过鼓励冲突领域对话的方式有效降低员工对变革的抵制,并考虑以变革范围较小的方式进行。根据以上描述,体现的克服变革阻力的策略有( )。

  A. 管理者的态度        B. 变革的管理方式
  C. 变革的节奏         D. 变革的范围

7. 对于增值型现金短缺财务战略,可以采取的有效对策包括( )。

  A. 降低营运资金        B. 剥离部分资产
  C. 兼并"现金牛"企业       D. 增发股份

8. 截至目前,在苏丹有投资项目的中国企业已超过百家,近1万余人在当地从事各类工程承包等业务。其中,中石油则是在苏丹投资规模最大的中国公司,从上游至下游,中石油项目涵盖了勘探、开发、生产、输油管道、炼油、石油化工、成品油销售、服务等各个领域。中石油集团风险管理部派王某驻苏丹一石油开采项目担任中方管理人员,并负责该项目的风险管理工作。下列各项中,王某可以用以应对该项目政治风险的措施有( )。

  A. 在石油开采中,采用三维地理探测技术,避免了对地表雨林植被的破坏,保护了生物的多样性
  B. 购买关于防御政治风险的保险
  C. 建立一套针对苏丹投资的风险评估机制
  D. 设立公共基金,救助了400多名当地身患血液病的儿童

9. 某集团的经营范围涉及网络游戏、医药保健,最近该集团宣布进军电子金融领域。根据以上信息可以判断,下列不属于该集团进军电子金融领域的战略属于( )。

  A. 总体战略          B. 业务单位战略
  C. 一体化战略         D. 职能战略

10. 按照波特的五种竞争力分析模型,下列各项因素中,可能对某家航空公司获取行业竞争优势产生有利影响的有( )。

  A. 航空业的巨额资本投入
  B. 航空公司实行里程累积计划
  C. 高额的飞行员和技师培训费用
  D. 目前生产大型商用飞机的公司主要有波音和空中客车两家公司

11. ABC公司是一家有机蔬菜生产商,通过分析绿色蔬菜生产商对有机蔬菜产业盈利能力的影响,认为绿色蔬菜生产商的影响力主要是波特五种竞争力模型中所提及的( )。

  A. 购买者的议价能力        B. 潜在进入者的威胁
  C. 替代产品的威胁         D. 供应者的议价能力

12. 某研究报告指出,我国出境游市场进入成长期。支持该研究报告结论的市场现象包括( )。

  A. 从消费群体的构成来看,除了收入相对较高、注重生活方式的中产阶级以外,我国网民是出境旅游消费的第二支主力军
  B. 出境游产品较为丰富、时间更加灵活,能够较好地满足"出境自由行"游客的个性

化、多样化需求

C. 行业产品利润率及企业的市场占有率同时处于高位

D. 旅行社的战略目标是市场扩张,路径是市场营销

13. 下列属于全球产品分部结构特点的有( )。

A. 获得了更高的全球效率

B. 下属公司对母公司的依赖性程度较高

C. 形成经验曲线和规模经济效益

D. 对当地市场的反应能力较差

14. 面对不明朗的经济环境,丁公司管理层年初在公司内各部制定实施了开源节流的具体措施。为定期考察相关措施的绩效是否符合管理层的预期,及其在各部门的运作和顾客服务等方面是否与公司的战略目标相符,丁公司管理层可以采用的评价方法有( )。

A. SWOT 分析　　　　　　　　　　B. 预算控制

C. 平衡计分卡的业绩衡量　　　　　D. 蒙特卡罗模拟法

### 三、简答题

1. 企业领导为了更好地制定战略决策,准备使用产业五种竞争力进行外部环境的分析。但是一些中层领导认为该模型存在一定的缺陷,仅仅依靠该模型分析是不合适的。

**要求:**

简述该模型分析存在的局限性。

2. 华榜服饰有限公司(简称华榜服饰)成立于2015年,主营高档服装的生产与销售。2020年,随着宏观经济增速放缓,高档服装的销售明显下滑,行业陷入低迷状态,华榜服饰面临较大的经营压力。在此背景下,公司管理层提出如下调整措施:

(1)优化产业结构,实行以销定产。即对受市场欢迎的服装款式或系列,多生产;对滞销的服装款式或系列,少生产甚至停产。

(2)在行业复苏之前,公司高级管理人员减薪三分之一。

(3)定期或不定期向 VIP 推出 5 折以上的打折特惠活动。

(4)调整经营店铺的布局,关闭或者出售西北地区直营店,采用特许经营方式将处于盈亏平衡点附近的西南地区直营店外包。

(5)投资创建电子商务平台,形成线上线下一体化的营销体系,满足消费者日渐增加的网购需求,并获取其他高档服装品牌的独家销售权。

(6)针对经常健身现有的 VIP 会员,提供运动服装的个性化定制服务。

**要求:**

根据资料,简要分析华榜服饰在每项调整措施中所实施的企业总体战略类型(如果战略类型可以进一步细分,应将其进一步细分),并说明理由。

3. 天宇红酒生产企业,经过分析后,决定采用产品开发策略,针对本国现有的女性人群推出一种新型的红酒。为使产品打进市场,在对市场进行深入调查分析后,决定以白领女性顾客群体作为其目标市场。产品最初推向市场的时候,为使自己的产品获得稳定的销路,给消费者留下美好的印象,该公司从红酒定价入手,确定了一个很低的市场价格,吸引了很多的顾客,几年之后逐步占领了市场。但不曾想到的事情是,好景不长,由

于越来越多的女性消费者认识到红酒有一定危害,红酒销售数量开始急剧下降,造成该公司的产品销售下滑。针对这一情况,该公司决定改变策略,决定将女士红酒推向女性饮酒者数量很多的邻国。经过努力,该公司在邻国市场上取得良好的业绩,销售增长率显著提高,不过相对市场占有率较低,有待进一步提高。

**要求:**

根据以上资料回答下列问题:

(1) 该公司在本国市场上的战略失效属于什么类型?战略失效的原因是什么?

(2) 根据波士顿矩阵法,该公司产品在邻国市场上属于什么类型的产品?

(3) 该公司采用的是什么定价策略?

4. 乙公司是一家历史悠久的英国奶制品公司,业务遍布欧洲、亚洲和美洲,其规模在英国同行业排行第二。乙公司生产的主要产品包括婴儿奶粉、全脂成人奶粉、各类乳酪制品,并一直使用单一品牌在各地市场上销售。

乙公司在英国总部聘用了400余名营销人员,分别负责各地区的销售业务。大多数营销人员的大部分时间均出差在外国,与当地大型超市及经销商洽谈业务。乙公司生产总部的厂房与农场均设于英国市郊,采用劳动密集型的生产及包装模式。乙公司各生产线的生产成本占公司总运营成本的30%,比同行业平均水平高约5%。

近年来,某些地区兴起以瘦为美的理念、崇尚多样化口味的饮料等,导致奶制品市场竞争激烈。由于乙公司未能对各个地区市场变化采取应对措施,导致其总体市场份额和利润率均下降10%以上,在成人奶粉细分市场的份额下降了20%。

经研究分析,最高管理层发现乙公司在战略制定、内部组织结构和经营管理等方面存在缺陷,急需进行调整。最高管理层决定在乙公司内推行全新的运营模式,并拟将总部直接管理各地区业务的业务管理模式调整为区域事业部制的组织结构。

**要求:**

(1) 简述选择战略变革的时机的三种类型,并确定乙公司战略变革时机的所属类型;

(2) 简要分析乙公司在成人奶粉市场面对的挑战,并提出可以增强乙公司竞争优势的可选战略建议;

(3) 简要分析乙公司实施"区域事业部制"组织结构的好处,并提出乙公司应如何组织"区域事业部制"组织结构的建议。

## 第四部分

## 参考答案

# 项目一 战略与战略管理的基础认知

## 一、单选题

1. 【答案】C
   【解析】企业首先需要明确自身的目标和使命,才能选择合适的组织结构。
2. 【答案】B
   【解析】业务单位战略属于竞争战略。
3. 【答案】D
   【解析】决策是计划的前提,计划是决策的具体延续。决策和计划是其他管理职能的基础和依据;组织、领导和控制是有效管理的重要环节和必要手段,为了决策和计划的顺利完成的保障;创新则贯穿于整个管理的过程之中。
4. 【答案】B
   【解析】公司战略的现代特征是应变性、竞争性和风险性。
5. 【答案】C
   【解析】企业使命是要阐明企业组织的根本性质与存在理由,企业目标是企业使命的具体化。选项A属于战略范畴(职能战略);选项B属于企业目标;选项C属于企业使命;选项D属于执行计划(或)预算(即策略范畴)。
6. 【答案】C
   【解析】本题考查对于管理职能间关系的理解。其中ABD三种说法均正确,分析了计划、决策、组织、领导、控制职能的重要作用。管理的五大职能的协调配合才能保证组织目标的顺利达成,每一种职能都不可缺少,因而没有主次之分。选项C的说法错误,创新则贯穿于整个管理的过程之中。
7. 【答案】B
   【解析】公司目的是企业组织的根本性质和存在理由的直接体现。组织按其存在理由可以分为两大类:营利组织和非营利组织。以营利为目的而成立的组织,其首要目的是为其所有者带来经济价值。
8. 【答案】B
   【解析】经营哲学是公司为其经营活动方式所确立的价值观、基本信念和行为准则,是企业文化的高度概括。经营哲学主要通过公司对利益相关者的态度、公司提倡的共同价值观、政策和目标以及管理风格等方面体现出来。

## 二、多选题

1. 【答案】ABD
   【解析】战略的层次包括公司战略、业务单位战略和职能战略。
2. 【答案】ABD
   【解析】战略管理过程包含战略识别、战略环境分析、战略评估与选择和战略执行。
3. 【答案】AB
   【解析】战略被分为总体战略、业务单位战略和职能战略三个层次。

4.【答案】ABC

【解析】企业的外部环境分析包括宏观环境分析、产业环境分析、竞争对手分析和消费者需求分析。

5.【答案】BCD

【解析】评估备选方案时一般有三个标准：一是适宜性标准，即考虑选择的战略是否扬长避短，是否利用了外部环境提供的机会，削弱外部威胁；二是可接受性标准，即考虑选择的战略能否被企业利益相关者所接受；三是可行性标准，即考虑企业是否有相应的资源和能力来实施该战略。

6.【答案】ABC

【解析】战略的现代概念更强调战略的应变性、竞争性和风险性。

7.【答案】ABC

【解析】业务单位战略，是指在总体战略指导下，一个业务单位进行竞争的战略，也称为竞争战略。业务单位战略的目标是取得竞争优势，选项A正确。总体战略是统筹其他层次的战略，是企业最高管理层控制企业的最高行动纲领。所以，选项B正确、职能战略是由职能部门领导或者经理制定的，选项C正确。业务单位是按市场划分的，由于面向的市场不同，不同的业务单位需要制定不同的战略，生产战略和营销战略属于企业的职能战略，故选项D错误。

8.【答案】AD

【解析】公司的使命是要阐明企业组织的根本性质与存在理由，公司目标是公司使命的具体化，选项A正确；公司目标体系既包括公司财务目标体系，也包括公司战略目标体系，选项B、C错误；公司中的每一个单元都必须有一个具体的、可测度的业绩目标，其中，各个单元的目标必须与整个公司的目标相匹配，所以，公司目标体系的建立需要所有管理者的参与，选项D正确。

## 三、简答题（部分）

2.【答案】

一个公司的战略可以划分为三个层次，即公司层战略、业务单位战略和职能战略。

（1）总体战略是企业总体的最高层次的战略。它的研究对象是整个组织，其主要内容包括公司存在的基本逻辑关系或者基本原因。所强调的问题是"我们应该做什么业务"和"我们怎样去管理这些业务"。

（2）业务单位战略有时也称为经营战略或竞争战略，涉及的决策问题是在选定的产品－市场领域，在什么样的基础上进行竞争，以取得超过竞争对手的竞争优势。

（3）职能战略是管理层为其业务所选择的运营方法以及增加价值的行为方式。直接处理的问题是在实施竞争战略过程中，公司各个部门或各种职能应该发挥什么作用。

　　3.一个规范的、全面的战略管理过程可分为四个步骤，即战略识别，战略环境的分析，战略的选择和评估和战略执行。在战略环境分析前需要确定组织当前的宗旨、目标以及重新评价宗旨和目标。战略环境分析和战略评估与选择是描述组织必须进行的计划工作，但是战略执行也很重要。如果管理层没有正确地实施制定的战略，即便是再好的战略也可能会失败。

## 四、任务训练（略）

# 项目二　战略分析

## 一、单选题

1. 【答案】A
   【解析】波特的五力模型是用来分析某个产业的竞争强度和盈利水平的,所以选项A正确。

2. 【答案】A
   【解析】选项A是半岛酒店难以被竞争对手模仿的有形资源。

3. 【答案】D
   【解析】选项D属于社会和文化环境因素。

4. 【答案】C
   【解析】这是考虑的中国地区的文化传统因素。

5. 【答案】C
   【解析】本题考核企业能力的分类。王老吉通过开拓餐饮渠道,提高了王老吉的销售活动能力,使得更多的消费者购买王老吉,引导消费,因此是一种营销能力的体现。

6. 【答案】C
   【解析】该公司在战略分析中考虑的是文化传统,属于社会和文化因素。

7. 【答案】B
   【解析】波士顿矩阵的纵坐标表示的是产品的市场增长率,横坐标表示本企业相对市场占有率。根据市场增长率和相对市场占有率的不同组合,可以将企业的业务分成四种类型:明星业务、现金牛业务、问题业务和瘦狗业务,其中市场增长率高的业务包括明星业务和问题业务。

8. 【答案】D
   【解析】核心能力,就是企业在具有重要竞争意义的经营活动中能够比其竞争对手做得更好的能力。容易获取的能力一般不能直接成为企业的竞争优势,如聘用生产外包商。

9. 【答案】C
   【解析】企业具有很高的知名度和较高的消费者忠诚度属于企业的优势。

10. 【答案】A
    【解析】这属于沃尔玛超市本身的优势。

## 二、多选题

1. 【答案】ABCD
   【解析】企业核心竞争力的判别标准包含有价值性、难以模仿性、不可替代性、稀缺性。

2. 【答案】BCD
   【解析】替代品较多,购买商的选择较多,所以讨价还价能力增强;购买商对于产品的信息很熟悉,也会加大议价能力;大量购买,可以增加购买商的讨价还价能力。

3.【答案】BCD

【解析】PEST为宏观环境分析,分析的关键因素包括:政治和法律因素、经济因素、社会和文化因素、技术因素。选项A不是外部环境的分析。

4.【答案】BCD

【解析】A为有形资产,BCD都可通过题干判断出。

5.【答案】CD

【解析】常用于外部评估的工具包括:PEST分析、五力模型分析。

6.【答案】BCD

【解析】进入航空业需要大量的资本投入,表明航空业进入结构性障碍高,有助于保护现有航空公司获取产业竞争优势,即对现有航空公司获取产业竞争优势产生有利影响,所以,选项A错误;航空产业的产业增长率开始处于下降趋势,新进入者为了寻求发展机会,就需要从竞争者那里争夺市场份额,导致产业竞争程度增强,对现有航空公司获取产业竞争优势产生不利影响,所以,选项B正确;选项C、D属于替代产品的威胁都将对现有航空公司获取产业竞争优势产生不利影响,所以,选项C、D正确。

7.【答案】CD

【解析】企业的资源主要分为有形资源、无形资源。其中,无形资源是指企业长期积累的、没有实物形态的、甚至无法用货币精确度量的资源。有形资源是指那些可以看见的、能够量化的资源。因此,A错误,B错误,D正确。无形资源一般都难以被竞争对手了解、购买、模仿或替代,因此,无形资源是一种十分重要的企业核心竞争力的来源。所以,选项C正确。

8.【答案】ABC

【解析】消费心理指消费者进行消费活动时所表现出的心理特征与心理活动的过程。大致有四种消费心理,分别是:从众、求异、攀比、求实。消费者的心理特征包括消费者兴趣、消费习惯、价值观、性格、气质等方面的特征。"女人和孩子的钱好赚"主要分析的因素是消费心理。

9.【答案】ACD

【解析】乳制品行业增长缓慢,属于外部威胁,公司市场占有率高属于内部优势,应该采用ST战略,因此选项B错误。

10.【答案】ABCD

【解析】选项A和D属于有形资源;选项B属于无形资源,选项C属于人力资源。

## 三、简答题(略)

## 四、任务训练(略)

# 项目三 战略选择

## 一、单选题

1. 【答案】C
   【解析】集中化战略是针对某一特定购买群、产品细分市场或区域市场,采用成本领先或差异化以获取竞争优势的战略。

2. 【答案】C
   【解析】本题考核的是发展战略的类型。选项A属于密集型战略中的市场渗透战略;选项B属于密集型战略中的市场开发战略;选项C属于多元化战略中的相关多元化战略;选项D属于密集型战略中的产品开发战略。

3. 【答案】A
   【解析】对于增值型现金短缺的企业,暂时性高速增长的资金可以通过借款来解决,而长期性高速增长的资金有两种解决途径:(1)提高可持续增长率;(2)增加权益资本。

4. 【答案】C
   【解析】在财务战略矩阵中,处于第三象限的财务战略:(1)销售增长率与可持续增长率的差额为负数,表示企业现金剩余;(2)投资资本回报率与其资本成本的差额为负数,表示减损股东价值。因此,属于减损型现金剩余。

5. 【答案】A
   【解析】选项A适合采用差异化战略;选项B、C适合采用成本领先战略;选项D适合采用集中化战略。

6. 【答案】D
   【解析】本题考核的是质量成本。外部损失成本是指产品或服务在交付顾客之后,因未能满足规定的产品或服务质量要求所发生的成本费用损失。如替换不合格零配件的料、工、费及责任赔偿成本。

7. 【答案】D
   【解析】选项D,提高可持续增长率是在增值型现金短缺长期性高速增长下的战略。

8. 【答案】D
   【解析】潘婷针对部分群体专门推出强韧防脱系列洗发水,属于密集型战略中的产品开发战略,因此,选项D正确。

9. 【答案】A
   【解析】产品差别定价法是指企业对同种同质的产品或服务以两种或两种以上的价格来销售,价格的不同并不是基于成本的不同,而是企业为满足不同消费层次的要求而构建的价格结构。这家航空公司的定价属于时间差别定价。

10. 【答案】D
    【解析】外部质量保证成本是指为提供用户要求的客观证据所支付的费用,包括特殊的和附加的质量保证措施费用、产品质量验证费、质量评定费用。

11. 【答案】D

【解析】由于要在国外市场(新市场)销售新型流感的疫苗(新产品),按照安索夫矩阵,新产品与新市场组合属于多元化战略。

【试题点评】本题解题的关键是"乙公司为国内经营多年的制药公司"、"预防新型流感的疫苗"、"进军国外市场的计划",所以由此可以判断乙公司采用的是"新产品+新市场"组合的战略,依照教材"企业成长矩阵"的图例就可以较容易判断出乙公司采用的是"多元化战略"。

如果本题改为"乙公司将新型流感疫苗投向国内市场",那么就是"新产品+现有市场"组合,属于"产品开发战略"。

如果本题改为"乙公司为国外经营多年的制药公司,最终将新型流感疫苗投向国内市场",那么就是"新产品+新市场"组合,也属于多元化战略。

12. 【答案】D

【解析】企业收购、兼并或联合竞争企业的战略属于横向一体化战略。一家事务所合并另一家事务所属于横向一体化战略。

13. 【答案】A

【解析】该题目属于按照人口细分中的收入进行的细分,所以,选项A正确;消费细分中没有财富细分这种分类,其实是属于人口细分的范畴,所以,选项B错误;购买特性细分是依照购买者的购买量、卖场的类型和包装量来进行的细分,所以,选项C错误;价值细分,即"价值矩阵",价值矩阵(也就是说,如何在同类竞争产品中向顾客展示某种产品的价格和好处)作为一种创新方法引起了人们的关注。在价值矩阵中,一条轴表示"顾客对价格的关注",另一条轴表示"顾客对利益的关注",各种竞争产品被设想为其间一个个独立的点。企业可以使用这些矩阵辨认当前产品定位上的弱点,找出缺陷,制定销售目标,并根据关注价格和关注利益所排列的"等价值线"制定营销策略。对于选项D,价值细分是基于"价值矩阵"理念所进行的细分,即二维模式,既要考虑消费者对产品和服务的满意度,又要考虑产品和服务的价格,是两者权衡的结果。所以,选项D错误。

14. 【答案】B

【解析】撇脂定价法是指在新产品上市之初确定较高的价格,并随着生产能力的提高逐渐降低价格。这一方法旨在产品生命周期的极早阶段获取较高的单位利润。

15. 【答案】B

【解析】本题考核的是平衡产能与需求的方法。资源订单式生产适用于每个客户的需求各不相同,因此无法准确提前预测需求的情形。企业在取得订单的基础上,仅购买完成订单所需的材料并在需要时才开始生产所需的产品或提供所需的服务,其特征是"订单—资源—生产"。

16. 【答案】D

【解析】外部损失成本是指产品或服务在交付顾客之后,因未能满足规定的产品或服务质量要求所发生的成本费用损失。如替换不合格零配件的料、工、费及责任赔偿成本。

17. 【答案】C

【解析】处于导入阶段的企业,尽量使用权益筹资,避免债务筹资,一般不支付股利。

18. 【答案】D

【解析】网络控制在于防止未经授权的访问,并确保数据的完整性。最常用的网络控制措施有防火墙、数据加密、授权和病毒维护。数据加密就是指数据在传输前被转化成非可读格式,在传输后重新转换回来。所以,选项D正确。

19. 【答案】B

【解析】全球化战略是指在全世界范围内生产和销售同一类型和质量的产品或服务。企业根据最大限度地获取低成本竞争优势的目标来规划其全部的经营活动,它们将研究与开发、生产、营销等活动按照成本最低原则分散在少数几个最有利的地点来完成,但产品和其他功能则采取标准化和统一化以节约成本。全球化战略强调集权,强调由母国总部控制,不同国家的战略业务单元相互依存,而总部试图将这些业务单元整合。所以,根据题意最佳选项是B。

20. 【答案】B

【解析】选项A属于市场渗透战略;选项B属于产品开发战略;选项C属于市场开发战略;选项D属于多元化战略。

## 二、多选题

1. 【答案】ACD

【解析】属于增值型现金剩余,首选战略是利用剩余现金加速增长。

2. 【答案】BC

【解析】当企业属于减损价值型现金短缺时,如果是本企业的独有问题,彻底重组;如果是整个行业的衰退引起,整体出售。

3. 【答案】ABD

【解析】乙公司是一家初创期的高科技企业,表明该公司经营风险较高,易采用财务风险较低的权益筹资,而且适合选择引入风险投资者投资,同时,初创期需要大量投资,因此,适宜采用零股利政策。所以,选项A、B、D正确。

4. 【答案】ABD

【解析】企业采用产品开发战略的动因有:(1)充分利用企业对市场的了解;(2)保持相对于竞争对手的领先地位;(3)从现有产品组合的不足中寻求新的机会;(4)使企业能继续在现有市场中保持安全的地位。选项C属于市场开发战略的动因。

5. 【答案】ABCD

【解析】多国本土化战略让各国子公司的管理者有权将企业产品个性化来满足本地消费者的特殊需求和爱好,因此该战略采用高度分权的方式,同时能使企业面对各个市场的异质需求时的反应最优化。但是不同国家的业务单元在不同的市场上采用不同的战略,将增加公司整体的不稳定性,该战略也不利于公司实现规模效应,因此成本更高。与多国本土化战略相反,全球化战略认为不同国家市场上的产品会日趋标准化,因此全球化战略更加集权,强调由母国总部控制。全球化战略强调在不同国家市场销售标准化产品并由总部确定竞争战略。采用全球化战略的企业注重规模经济。跨国战略是让企业可以实现全球化的效率和本土化的敏捷反应的一种国际化战略。因此,跨国化战略融合了多国本土化战略和全球化战略的优点。

199

6. 【答案】AC

【解析】选项A属于相关多元化；选项B属于市场开发战略；选项C属于非相关多元化；选项D属于后向一体化战略。

7. 【答案】ABCD

【解析】JIT的基本思想可概括为"在需要的时候,按需要的量生产所需的产品",追求一种无库存,或库存达到最小的生产系统。JIT以产品生产工序为线索,组织密切相关的供应链,一方面降低企业协作中的交易成本,另一方面保证稳定需求与及时供应,以整个大生产系统为优化目标。JIT源于日本,深受东方文化影响,在专业分工时强调相互协作及业务流程的精简。JIT强调个人对生产过程的干预,尽力发挥人的主观能动性,同时强调协调,对员工个人的评价也是基于长期的表现。这种方法更多地将员工视为企业团体的成员,而非机器。

8. 【答案】ABCD

【解析】选项A、B、C、D四项都符合企业发展四个时期的特征。

9. 【答案】ABC

【解析】处于成熟阶段的财务战略要点包括:(1)资本结构:由于经营风险降低,应当扩大负债筹资的比例;(2)资本来源:留存收益兼顾负债筹资;(3)股利政策:提高股利支付率或用多余现金回购股票。

10. 【答案】ABCD

【解析】信息系统开发和变更过程中不相容岗位(或职责)一般应包括:开发(或变更)、立项、审批、编程、测试。

11. 【答案】ABC

【解析】并购按被并购方的态度分类可分为友善并购和敌意并购,友善并购是并购方与被并购方通过友好协商确定并购条件,在双方意见基本一致的情况下实现产权转让的一类并购;敌意并购是并购方不顾被并购方的意愿强行收购对方企业的一类并购。按收购资金来源分类可分为杠杆收购和非杠杆收购。杠杆收购收购方的主体资金来源为对外负债;非杠杆收购收购方的主体资金来源是自有资金。按并购双方的行业分,可分为横向并购、纵向并购和混合并购。

12. 【答案】AC

【解析】该制造商实施规模经济,属于成本领先战略;针对3岁以下的幼儿设计独有的"幼童速成学习法"玩具系列,属于集中差异战略,所以,选项A、C正确。

13. 【答案】BCD

【解析】本题考核的是经营风险与财务风险的搭配。高经营风险与高财务风险的匹配具有很高的总风险,该种匹配不符合债权人的要求,而符合风险投资者的期望。所以,选项A错误。高经营风险与低财务风险的匹配以及低经营风险与高财务风险的匹配,具有中等程度的总风险,该种匹配是一种可以同时符合股东和债权人期望的现实搭配。所以,选项B、C正确。经营风险与财务风险的反向搭配是制定资本结构的一项战略性原则,所以,选项D正确。

14. 【答案】AC

【解析】对于增值型现金短缺业务单位,首先应判明这种高速增长是暂时性的还是长期性的。如果高速增长是暂时的,企业应通过借款来筹集所需资金,等到销售增长率下降后企业会有多余现金归还借款。如果预计这种情况会持续较长时间,不能用短期周转借款来解决,则企业必须采取战略性措施解决资金短缺问题。长期性高速增长的资金问题有两种解决途径:一是提高可持续增长率,使之向销售增长率靠拢;二是增加权益资本,提供增长所需的资金。

不管增长是暂时性的还是长期性的,由于企业目前处于现金短缺的状况,应该首先提高可持续增长率来缓解现金短缺。所以,选项A正确。对于增值型现金剩余业务单位,应首先选择加速增长,充分利用剩余现金,所以,选项B错误。对于减损型现金剩余业务单位,其存在的主要问题是盈利能力差,而不是增长率低,简单的加速增长很可能是有害无益的,应首先选择提高投资资本回报率或降低资本成本的途径,使得投资资本回报率超过资本成本。所以,选项C正确。对于减损型现金短缺业务单位,应选择彻底重组。所以,选项D错误。

15.【答案】ABD

【解析】信息管理战略能确保将信息提供给用户且不会生成多余的信息。所以,选项A正确。信息技术系统战略定义了满足企业信息需求所必需的特定系统,包括硬件、软件和操作系统等。所以,选项B正确。信息系统战略应当遵循企业的经营战略,并且必须确保在经营战略实施的过程中,可获得、保存、共享和使用恰当的信息。所以,选项C错误。企业的信息战略应当随着企业目标的改变、新信息技术的发展、软件硬件的更新以及企业的发展和多样化而变化。所以,选项D正确。

16.【答案】ABD

【解析】本题考核的是信息战略的类型。信息管理战略能确保将信息提供给用户且不会生成多余的信息。所以,选项A正确。信息技术系统战略定义了满足企业信息需求所必需的特定系统,包括硬件、软件和操作系统等。所以,选项B正确。信息系统战略应当遵循企业的经营战略,并且必须确保在经营战略实施的过程中,可获得、保存、共享和使用恰当的信息。所以,选项C错误。企业的信息战略应当随着企业目标的改变、新信息技术的发展、软件硬件的更新以及企业的发展和多样化而变化。所以,选项D正确。

17.【答案】BD

【解析】后向一体化战略有利于企业有效控制关键原材料等投入的成本、质量及供应可靠性,确保企业生产经营活动稳步进行。该公司为控制质量、再降成本,应采取后向一体化战略。

18.【答案】ABD

【解析】市场渗透战略的基础是增加现有产品或服务的市场份额,或增加正在现有市场中经营的业务,来增加产品的使用频率。为了扩大信用卡的发行量,推出签账回赠礼品、签账换航空飞行里程等营销措施,使信用卡的使用数量增加了,属于市场渗透战略。

## 三、简答题(略)

## 四、任务训练(略)

# 项目四 战略实施

## 一、单选题

1. 【答案】A
   【解析】与多国本土化战略相配套的组织结构是全球区域分部结构。

2. 【答案】B
   【解析】职能制组织结构适用于以单一产品或单一产品为主导的经营;事业部制组织结构和控股公司组织结构适用于多种产品或产业的经营;矩阵制组织结构适用于以项目、产品为中心的经营。

3. 【答案】D
   【解析】人员导向型文化常见于俱乐部、协会、专业团体和小型咨询公司。

4. 【答案】C
   【解析】当企业实施一个新战略,主要的组织要素变化不大,但多与企业组织目前的文化不大一致。在这种情况下,企业处理战略与文化关系的重点是根据文化的要求进行管理。

5. 【答案】C
   【解析】矩阵制组织结构是为了改进职能制组织结构横向联系差,缺乏弹性的缺点而形成的一种组织结构。它的特点表现在围绕某项专门任务成立跨职能部门的专门机构上,例如组成一个专门的产品(项目)小组去从事新产品开发工作,在研究、设计、试验、制造各个不同阶段,由有关部门派人参加,力图做到条块结合,以协调有关部门的活动,保证任务的完成。这种组织结构的形式是固定的,人员却是变动的,需要谁,谁就来,任务完成后就可以离开。项目小组和负责人也是临时组织和委任的。任务完成后就解散,有关人员回原单位工作。因此,这种组织结构非常适用于横向协作和攻关项目。

6. 【答案】A
   【解析】戴富特在1992年对企业为了适应环境和在市场条件下生存而推行的战略变革进行了分类,共有4种类型:(1)技术变革;(2)产品和服务变革;(3)结构和体系变革;(4)人员变革。

7. 【答案】B
   【解析】本题考核的是战略变革的时机选择。反应性变革是指企业已经存在有形的可感觉到的危机,并且已经为延迟变革付出了一定的代价。因此,选项B正确。

8. 【答案】C
   【解析】选项A、B、D属于财务指标,选项C属于非财务指标。

9. 【答案】D
   【解析】平衡计分卡最大的优点是将创新与学习角度列为四个角度之一。

10. 【答案】B
    【解析】"国际战略"是企业国际化经营早期的战略类型。这时企业发挥全球协作程度低,产品对东道国市场的需求的适应能力也比较弱,此时适合使用国际部结构。

11.【答案】D

【解析】矩阵制组织结构是为了处理非常复杂项目中的控制问题而设计的。这种结构在职能和产品或项目之间起到了联系的作用。

12.【答案】A

【解析】当企业实施一个新的战略时,重要的组织要素会发生很大变化。这些变化大多与企业目前的文化有潜在的一致性。这种企业由于有企业固有文化的大力支持,实行新战略没有大的困难。在这种情况下,企业处理战略与文化关系的重点是实施以企业使命为基础的计划变革。

13.【答案】B

【解析】乙化肥厂属于甲公司全新的子公司,甲公司计划全面改变乙化肥厂的经营策略,因此,乙化肥厂之前的预算已变得不具有任何可比性,乙化肥厂应编制零基预算。

14.【答案】B

【解析】同时按产品和职能划分部门以及实施双重授权制属于矩阵制组织结构。

15.【答案】C

【解析】小型咨询公司的企业文化一般为人员导向型,所以选项A错误;在人员导向型企业,员工通过示范和助人精神来互相影响,而不采用正式的职权,所以选项B错误;角色导向型十分重视合法性、忠诚和责任,可能导致高效率,所以选项C正确;权力导向型文化强调企业的变革主要由企业中心权力来决定,所以选项D错误。

16.【答案】D

【解析】选项A属于平衡计分卡的财务角度内容;选项B属于平衡计分卡的创新与学习角度内容;选项C属于平衡计分卡的内部流程角度内容;选项D属于平衡计分卡的顾客角度内容。

## 二、多选题

1.【答案】BC

【解析】战略控制方法包括预算控制、企业业绩衡量指标、平衡计分卡的业绩衡量方法和统计分析与专题报告。所以,选项B、C正确。

2.【答案】ACD

【解析】战略业务单位组织结构的优点有:(1)降低了企业总部的控制跨度。采用这种结构后,企业层的管理者只需要控制少数几个战略业务单位而无需控制多个事业部;(2)由于不同的企业单元都向总部报告其经营情况,因此控制幅度的降低也减轻了总部的信息过度情况;(3)这种结构使得具有类似使命、产品、市场或技术的事业部之间能够更好地协调;(4)由于几乎无需在事业部之间分摊成本,因此易于监控每个战略业务单位的绩效。战略业务单元组织结构使企业总部与事业部和产品层关系变得更疏远,选项B错误。所以,选项A、C、D正确。

3.【答案】ABCD

【解析】角色导向型文化,即各司其职的文化,在大型且注重既定程序的公司里经常可见,每个人的角色、工作程序,以及授权程度,均清楚界定。在这种文化之下,既定的工作说明与工作程序比个人特质重要。这类组织相当稳定而规律化,但也缺乏弹性、步调迟缓。这种企业被称作官僚机构。角色导向型文化十分重视合法性、忠诚和责任。这类企业的权力仍在上层,这类结构十分强调等级和地位,权利和特权是限定的,大家必须遵守。角色导向型文化具有稳定性、持续性的优点。

4.【答案】ABCD

【解析】英国当代最知名的管理大师查尔斯·汉迪在1976年提出的关于企业文化的分类至今仍具有相当重要的参考价值。他将文化类型从理论上分为四类,即:权力(Power)导向型、角色(Role)导向型、任务(Task)导向型和人员(People)导向型。

5.【答案】ACD

【解析】当企业在实施一个新战略时,组织的要素会发生重大的变化,又多与企业现有的文化很不一致,或受到现有文化的抵制。在这种情况下,企业首先要考察是否有必要推行这个新战略。如果没有必要,企业则需要考虑重新制订战略。反之,在企业外部环境发生重大变化,企业考虑到自身长远利益,必须实施不能迎合企业现有的文化的重大变革,企业则必须进行文化管理,使企业文化也做出相应重大的变化。为了处理这种重大的变革,企业需要从四个方面采取管理行动:一是企业的高层管理人员要痛下决心进行变革,并向全体员工讲明变革的意义。二是为了形成新的文化,企业要招聘或从内部提拔一批与新文化相符的人员。三是改变奖励结构,将奖励的重点放在具有新文化意识的事业部或个人的身上,促进企业文化的转变。四是设法让管理人员和员工明确新文化所需要的行为,形成一定的规范,保证新战略的顺利实施。

6.【答案】ACD

【解析】该公司涉及多个业务,会有多个生产线,可以企业产品的种类为基础设置产品部,采用产品/品牌事业部制组织结构;随企业经营规模和范围的不断扩张,企业需要将职权和责任分派给专门单元的管理者,实行M型企业组织结构,所以,选项A、C正确。控股企业/控股集团结构较多地出现在由多元化合并而形成的企业之中,这种结构使合并后的各子公司保持了较大的独立性。子公司可分布在完全不同的行业,而总公司则通过各种委员会和职能部门来协调和控制子公司的目标和行为,所以,选项D正确。职能制组织结构适合单一业务的组织结构。

7.【答案】AD

【解析】增量预算的缺点在于:(1)它假设经营活动以及工作方式都以相同的方式继续下去;(2)不能拥有启发新观点的动力;(3)没有降低成本的动力;(4)它鼓励将预算全部用光以便明年可以保持相同的预算;(5)它可能过期,并且不再和经营活动的层次或者执行工作的类型有关。选项B、C属于零基预算的缺点。

8.【答案】BD

【解析】业务流程角度包括一些驱动目标,它们能够使企业更加专注于客户的满意度,并通过开发新产品和改善客户服务来提高生产力、效率、产品周期与创新。选项A是创新与学习角度;选项C是顾客角度所关注的活动。

9.【答案】BD

【解析】选项A、C适用于单一业务经营的企业。

10.【答案】ABCD

【解析】事业部制组织结构可以按照产品、服务、市场和地区四个方面定义出不同的事业部。

11. 【答案】BCD

【解析】鲍莫尔的销售最大化模型、马里斯的增长最大化模型和威廉森的经理效用最大化模型均用来描述投资者与经理人员的利益矛盾与均衡。列昂惕夫模型是用来描述企业员工与企业(股东或经理)之间的利益矛盾与均衡。

12. 【答案】ABD

【解析】任务导向型企业文化强调的是速度和灵活性,专长是个人权力和职权的主要来源,并且决定一个人在给定情景中的相对权力。这类文化常见于新兴产业中的企业,特别是一些高科技企业。本题中该公司是高科技公司,在处理多样化的问题时,鼓励员工、部门合作,这些都是任务导向型企业文化的特点。所以选项ABD为本题答案。

13. 【答案】AC

【解析】该公司涉及多个业务,会有多个生产线,以企业产品的种类为基础设置产品部,采用产品/品牌事业部制组织结构;随着企业经营规模和范围的不断扩张,企业需要将职权和责任分派给专门单元的管理者,实行M型企业组织结构,所以,选项A、C正确。创业型组织结构是多数小型企业的标准组织结构模式。职能制组织结构适合单一业务的组织结构。

14. 【答案】BCD

【解析】选项A属于内部流程角度的内容;造项B、C、D均属于与客户满意度有关的驱动指标,即属于顾客角度的内容。

## 三、简答题(部分)

1. 【答案】

(1)该企业采用的组织结构是职能制组织结构。职能制组织结构被大多数人认为是组织结构的典型模式。这一模式表明结构向规范化和专门化又迈进了一步。

(2)职能制组织结构的优点:①能够通过集中单一部门内所有某一类型的活动来实现规模经济;②有利于培养职能专家;③由于任务为常规和重复性任务,因而工作效率得到提高;④董事会便于监控各个部门。

职能制组织结构的缺点:①由于对战略重要性的流程进行了过度细分,在协调不同职能时可能出现问题;②难以确定各项产品产生的盈亏;③导致职能间发生冲突、各自为政,而不是出于企业整体利益进行相互合作;④等级层次以及集权化的决策制定机制会放慢反应速度。

## 四、任务训练(部分)

2. 【答案】

快乐寿司店设计的平衡计分卡可包括如下4个方面,每个方面的首要两个计量方法可以设置如下:

(1)财务角度

①收入的增长;

②顾客订单的增加。

（2）顾客角度

　　①订单到交货所需的时间；

　　②产品新鲜度（按照食品包装处理的天数计量）。

（3）内部业务流程角度

　　①处理单个订单的时间；

　　②产品可得性信息更新到网站上的速度。

（4）学习与成长角度

　　①所提供的产品范围内不同产品的数量；

　　②送货团队覆盖的送货区域。

# 项目五　风险管理

## 一、单选题

1. 【答案】D
   【解析】风险评估包括风险辨识、风险分析、风险评价三个步骤。
2. 【答案】B
   【解析】一般认为,风险管理可分为三个阶段,即简单风险管理阶段、商务风险管理阶段和全面风险管理阶段。
3. 【答案】C
   【解析】全面风险管理的特征有:(1)战略性;(2)全员化;(3)专业性;(4)二重性;(5)系统性。
4. 【答案】B
   【解析】以风险为基点进行分类,风险管理成本包括:预防成本、纠正成本、惩治成本和损失成本。
5. 【答案】B
   【解析】《企业内部控制评价指引》要求,内部控制评价报告应当报经董事会或类似权力机构批准后对外披露或报送相关部门,即企业董事会或类似权力机构应当对内部控制评价报告的真实性负责。
6. 【答案】B
   【解析】操作风险是指企业在进行基本的操作时经受的风险。例如,人员、程序、技术及对外部的依赖而发生损失的可能。换句话说,操作风险是指因不充分的或失灵的内部程序、人员和系统或者外部事件而发生损失的风险。
7. 【答案】B
   【解析】选项A、C、D属于内部风险包含的内容。
8. 【答案】C
   【解析】法律风险是指企业在经营过程中因自身经营行为的不规范或者外部法律环境发生重大变化而造成的不利法律后果的可能性。
9. 【答案】D
   【解析】选项A属于风险转移;选项B属于风险控制;选项C属于风险对冲;选项D属于风险补偿。
10. 【答案】B
    【解析】企业可以采用压力测试、返回测试、穿行测试以及风险控制自我评估等方法对风险管理的有效性进行检验,根据变化情况和存在的缺陷及时加以改进。
11. 【答案】B
    【解析】用以评估风险影响的常见的定性方法是制作风险评估系图。
12. 【答案】A
    【解析】在COSO内部控制框架中,企业目标的类别可分为运营、财务报告及合规三个类别。

13.【答案】C

【解析】市场风险包括利率风险、汇率风险、商品价格风险、股票价格风险和信用风险。

14.【答案】A

【解析】宏观政治风险对一国之内的所有企业都有潜在影响。"恐怖活动"、"内战"或"军事政变"等剧烈变化的事件都可能对企业产生威胁。

15.【答案】C

【解析】自然环境风险,是指企业由于其自身或影响其业务的其他方造成的自然环境破坏而承担损失的风险。该公司在设备处理的过程中,产生了核废弃物,影响了附近居民的健康,造成了对自然环境的直接影响,因此,选项C正确。

16.【答案】D

【解析】属于政治风险中限制向当地银行借款。

## 二、多选题

1.【答案】ABCD

【解析】我国《中央企业全面风险管理指引》设定了风险管理如下的总体目标:(1)确保将风险控制在与公司总体目标相适应并可承受的范围内;(2)确保内外部,尤其是企业与股东之间实现真实、可靠的信息沟通,包括编制和提供真实、可靠的财务报告;(3)确保遵守有关法律法规;(4)确保企业有关规章制度和为实现经营目标而采取重大措施的贯彻执行,保障经营管理的有效性,提高经营活动的效率和效果,降低实现经营目标的不确定性;(5)确保企业建立针对各项重大风险发生后的危机处理计划,保护企业不因灾害性风险或人为失误而遭受重大损失。

2.【答案】BC

【解析】以风险管理为基点进行分类,风险管理成本包括:进入成本、维持成本、评估成本和处置成本。

3.【答案】ABC

【解析】决策树法是一种定量分析方法。

4.【答案】ABC

【解析】可用来确定风险对企业影响的工具包括情景设计、敏感性分析、决策树、计算机模拟、软件包等。所以,选项A、B、C正确。平衡计分卡是用于企业综合绩效评价的方法,属于战略控制的工具。

5.【答案】ABCD

【解析】选项A、B、C、D均正确。

6.【答案】ABCD

【解析】内部控制与风险管理是一对既互相联系又互相差别的概念的观点认为:内部控制是为了达到某些目的而进行的一种动态的管理过程,这个过程是通过纳入管理的大量制度及活动实现的;风险管理则是围绕特定目标,通过各种手段对风险进行管理,为实现目标提供合理保证的过程和方法;内部控制与风险管理的相同点是两者均是合理保证目标实现的过程。风险管理更偏向内部控制过程的前端,更偏向于对影响目标实现的因素的分析、评估与应对;相对于内部控制,风险管理是一个更为独立的过程;内部控制更加重视实施,嵌入企业各业务流程的具体业务活动中,融合在企业的各项规章制度之中,使企业在正常运营过程中自发地防止错误,提高效率,从而合理保证目标的实现。

7. 【答案】ABCD

   【解析】在风险管理整合框架中,企业的目标有4个,即战略目标、经营目标、报告目标和合规目标。

8. 【答案】ABC

   【解析】在风险管理整合框架中,风险管理要素有8个,即内部环境、目标设定、事项识别、风险评估、风险应对、控制活动、信息与沟通、监督。

9. 【答案】ABCD

   【解析】选项A、B、C、D均正确。

10. 【答案】ABCD

    【解析】风险管理可分为三个阶段,即简单风险管理阶段、商务风险管理阶段和全面风险管理阶段。

11. 【答案】ABCD

    【解析】善用当地的员工可更好地使公司尊重当地的风俗习惯,融入当地的社会生活。企业遭到政治风险时,企业的当地员工面临失业问题会迫使当地政府慎重决策;向国际保险公司对该项目政治风险投保,把被保险人的政治风险转移给保险人,从而减小损失;当厄瓜多尔出现自然灾害时,主动进行捐助,属于媒体公关;在东道国进行本地采购,这样做既可以使东道国的相关公司受益,又能使东道国政府不情愿作出对铜矿不利的行为,因为东道国对外国公司的干预将会使东道国相关企业遭受经济上的损失。所以,选项A、B、C、D均正确。

12. 【答案】BCD

    【解析】信用风险属于市场风险;项目风险属于运营风险。

13. 【答案】AD

    【解析】"基差"的概念用来表示标的物的现货价格与其期货价格之差。基差在期货合约到期日为零,在此之前可正可负。一般而言,离到期日越近,现货价格与期货价格的走势越一致,基差就越小。期货的套期保值原理就在于某一特定商品的期货价格和现货价格受相同经济因素的影响和制约。

14. 【答案】BD

    【解析】电子图书的冲击和网上售书模式的兴起,属于市场风险。通过优化图书结构和经营模式吸引消费者,规避的是运营风险。

三、简答题(略)

四、任务训练(略)

# 一、案例分析题

**1.【答案及解析】**

（1）因素1属于新的进入者的威胁因素；因素2属于供应商讨价还价的能力因素；因素3属于客户讨价还价的能力因素；因素4属于替代品的威胁因素。

（2）对于该行业存在新进入者，这会对现有企业带来竞争压力。新进入者来自于国内和国外两个方面。由于本行业是资本和技术密集型的行业，因此具有一定的进入壁垒，在一定程度上限制了新进入者的威胁。同时，由于国家有一定限制以对本行业进行必要的保护，因此来自于国外的新进入者的威胁不大。对于供应商的议价能力分析：由于产品的主要原材料供应商十分集中，采购量在各供应商之间分布较均匀，主要原材料暂无替代品，因此供应商的议价能力较强。对于购买商的议价能力分析：由于不同企业产品的差异性越来越小，顾客的选择机会较多，转换成本相对较低，因此，购买商的议价能力较强。对于替代品威胁分析：市场上已经出现了性能更高的同类产品，存在替代品威胁。但由于替代品目前的价格还略高于传统产品，因此短期内威胁不明显。

（3）E公司SWOT分析内部环境

| 内部优势 | 内部劣势 |
| --- | --- |
| √ 研发能力强 | √ 资金紧张 |
| √ 产品性能处于中上水平 | √ 管理不完善 |
| √ 生产设备较先进 | √ 销售商拖延结款 |
| √ 行业技术进步 | √ 销售渠道不够完善 |
| 外部机会 | 外部威胁 |
| √ 一定的政策扶持 | √ 新的替代产品出现 |
| √ 金融环境宽松 | √ 竞争对手结盟 |

（4）E公司相对市场份额为该公司市场份额与最大竞争对手市场份额之比，即5%÷28%＝0.18。根据案例材料可知，E公司产品销售增长速度很快，属于市场增长率较高，而相对市场份额较低，因此属于问题业务。

（5）问题业务是一些投机性产品，带有较大的风险。这些产品可能利润率很高，但占有的市场份额很小。这往往是一个公司的新业务，为发展问题业务，公司必须建立工厂，增加设备和人员，以便跟上迅速发展的市场，并超过竞争对手，这些意味着大量的资金投入。"问题"非常贴切地描述了公司对待这类产品的态度，因为这时公司必须慎重回答"是否继续投资，发展该产品？"这个问题。只有那些符合企业发展长远目标、企业具有资源优势、能够增强企业核心竞争力的产品才得到肯定的回答。得到肯定回答的问题业务适合于采用战略框架中提到的增长战略，目的是扩大业务战略单位的市场份额，甚至不惜放弃近期收入来达到这一目标，因为要把问题业务发展成为明星业务，其市场份额必须有较大的增长。得到否定回答的问题业务则适合采用收缩战略。

**2.【答案及解析】**

根据相关资料可知，C公司采用了成本领先战略和差异化战略。

C公司主要面临的不利因素有：给顾客一种服务较差的不良印象；安全性和可靠性受到怀疑；销售渠道不为大众熟悉；面临同行业竞争对手的威胁。

C公司可以采取以下措施：（1）努力改善服务质量，可在飞机上适当增加一些低成本的免费餐饮；（2）在适当的平台投放适量的广告，宣传其安全度和经济性，减少顾客在安全性和可靠性方面的疑虑；（3）加强与知名售票网站的合作，增加其机票获取的容易度，建立顾客会员制，留住老顾客；（4）专注于自己的目标顾客群，努力提高服务质量，让竞争对手无机可趁。总之，成本控制固然非常重要，但也不能无底线地"节省"，一些必要支出不可省去，C公司应该努力寻找一个较好的平衡点。

3.【答案及解析】

（1）X公司的财务行为不合适。主要原因在于：该公司处于低市场份额的初创期，产品风险较高，此时获得银行借款会进一步提高财务风险，银行也不会对其进行融资；此外，对于未来发展具有很大不确定性的企业，上市融资也会比较困难；由于此阶段经营风险大，风险权益资本是最适合企业现阶段发展的融资战略，风险投资要求减少股利发放也是合理的，初创期的企业应不发放现金股利，以保留资金用于发展。

（2）Y公司的外部筹资行为不正确，但采取的股利政策正确。因为Y公司产品属于成长期，市场处于上升和膨胀的过程，公司应扩大市场规模。Y公司通过大幅增加负债融资的行为不妥，因为成长期企业可以适度负债，但此时经营风险仍然较大，不适宜大量负债融资，尤其是公司负债率已高达70%。另外，Y公司减少股利支付额度是正确的财务行为，通过内部资金来源支撑企业发展更为稳健，也符合成长期财务战略的基本要求。

（3）Z公司的财务经理的质疑不合理。因为Z公司属于衰退期，由于公司的销售出现了负增长，缺乏好的投资机会，此阶段经营风险较低；公司可以向银行借款发放现金股利和股票回购来为股东提供稳定回报。

（4）X公司为初创阶段的企业，预算目标重点是产品开发和市场开发；Y公司为成长阶段企业，利润目标是预算重点。

4.【答案及解析】

（1）甲事业部：

投资资本回报率11%>资本成本9%，创造价值；销售增长率5%<可持续增长率8%，现金剩余。

乙事业部：

投资资本回报率7%>资本成本6%，创造价值；销售增长率10%>可持续增长率7.5%，现金短缺。

（2）甲事业部：

处于财务战略矩阵的第二象限，属于增值型现金剩余。有关的财务战略选择如下：

①利用剩余的现金加速增长，途径包括内部投资和收购相关业务；②分配剩余现金，途径包括增加股利支付和回购股份。

乙事业部：

处于财务战略矩阵的第一象限，属于增值型现金短缺。有关的财务战略选择如下：

对于暂时性高速增长的资金可以通过短期借款来解决。长期性高速增长的资金有两种解决途径：提高可持续增长率和增加权益资本。提高可持续增长率的方法包括提高经营效率和改变财务政策两种；增加权益资本包括增发股份和兼并成熟企业。

5.【答案及解析】

（1）竞争战略，又称业务单位战略，是指在给定的一个业务或行业内，企业用于区分自己与竞争对手业务的方式，或者说是企业在特定市场环境中如何营造、获得竞争优势的途径或方法。企业在市场竞争中获得竞争优势的途径虽然很多，但有三种最基本的战略，即成本领先战略、差异化战略和集中化战略。

①成本领先战略是指企业通过在内部加强成本控制，在研究开发、生产、销售、服务和广告等领域把成本降到最低限度，成为产业中的成本领先者的战略。

适用范围：产品具有较高的价格弹性，市场中存在大量的价格敏感用户；产业中所有企业的产品都是标准化的产品，产品难以实现差异化；购买者不太关注品牌，大多数购买者以同样的方式使用产品；价格竞争是市场竞争的主要手段，消费者的转换成本低。

②差异化战略是指企业向顾客提供的产品和服务在产业范围内独具特色，这种特色可以给产品带来额外的加价，如果一个企业的产品或服务的溢出价格超过因其独特性所增加的成本，那么，拥有这种差异化的企业将获得竞争优势。适用范围：产品能够充分地实现差异化，且为顾客所认可；顾客的需求是多样化的；企业所在产业技术变革较快，创新成为竞争的焦点。

③集中化战略是针对某一特定购买群体、产品细分市场或区域市场，采用成本领先或产品差异化以获取竞争优势的战略。

适用范围：购买者群体之间在需求上存在着差异；目标市场在市场容量、成长速度、获利能力、竞争强度等方面具有相对的吸引力；在目标市场上，没有其他竞争对手采用类似的战略；企业资源和能力有限，难以在整个产业实现成本领先或差异化，只能选定个别细分市场。

根据案例材料所给信息可知，格兰仕集团在微波炉市场上采取的是成本领先战略。

（2）企业选择成本领先战略必须考虑企业外部环境条件和内部资源与能力条件。

外部环境条件：

①现有竞争企业之间的价格竞争非常激烈；②企业所处产业的产品基本上是标准化或者同质化的；③实现产品差异化的途径很少；④多数顾客使用产品的方式相同；⑤消费者的转换成本很低；⑥消费者具有较大的降价谈判能力。

内部资源与能力条件：

①持续的资本投资和获得资本的途径；②生产加工工艺技能；③认真的劳动监督；④设计容易制造的产品；⑤低成本的分销系统；⑥培养技术人员。

6.【答案及解析】

（1）差异化战略。该公司进军华东市场时，在快递价格上明显低于竞争对手，在其他企业代客户回收款项收取一定手续费的情况下采取免费代客户回收款项，表明采取了差异化的战略。

（2）该战略的适用条件：

①产品能够充分地实现差异化，且为顾客所认可；

②顾客的需求是多样化的；

③企业所在产业技术变革较快,创新成为竞争的焦点。

该战略的风险主要包括:

①企业形成产品差别化的成本过高;

②市场需求发生变化;

③竞争对手的模仿和进攻使已建立的差异缩小甚至转向。

(3) 内部环境:业务员改单、不交款成风,表明在企业文化与沟通方面出现了问题;公司在扩大业务规模的同时,对递送人员的招聘和甄选控制不足,说明在人力资源政策和实务方面存在问题。

风险评估:该公司缺乏对风险的评估。该公司采取的免费代客户回收款项是在代客户回收的款项上打时间差,将本该过几天还给客户的回收款挪用来扩张公司连锁经营。这种做法有很大风险,一旦亏损就会造成拖欠客户货款等大问题,但公司负责人并未把这件事放在心上,认为只要公司业务有足够的发展,盈利是必然的。显示出对风险意识不足。

控制活动:缺乏必要的控制活动。该公司对代收客户的款项和递送人员的控制活动不足。

## 7.【答案及解析】

(1) 宏观环境中的技术环境:率先采用石英技术和电子技术,成功推出石英表、电子表等以取代机械表。

社会与文化环境因素:日本钟表厂商充分利用其熟知本土地理文化的优势,说明考虑了社会文化因素。

经营环境中的竞争对手分析:发现瑞士厂家在日本经营钟表并无强有力的分销系统,而仅凭借大规模的广告活动。

(2) 日本钟表厂商逐步建立他们自己的分销渠道和经销网点使用的是前向一体化战略;通过增强研发能力,率先采用石英技术和电子技术,成功推出石英表、电子表,使用的是产品开发战略;并大幅降低手表的成本,以低价策略冲击整个市场表明其使用的是成本领先战略。

(3) 差异化战略。瑞士厂家决定以高端的机械表为突破口,强调自身机械表的优良品质,塑造高端品牌,从而占据巨大的市场份额,表明采用的是差异化战略。

## 8.【答案及解析】

(1) 主张进入钢铁行业,采用的是后向一体化战略;主张进入农用拖拉机行业,采用的是相关多元化(同心多元化)战略。

(2) 后向一体化战略就是获得供应商的所有权或加强对其控制权。

该战略的适宜条件是:①供应商成本较高、可靠性较差而难以满足企业需要;②供应商数量少而需求方竞争者众多;③企业所在产业增长潜力较大;④企业具备后向一体化所需的资金、人力资源等;⑤供应环节的利润率较高;⑥企业产品价格的稳定对企业十分关键。

该战略面临的主要风险:①不熟悉新业务领域所带来的风险;②后向一体化,一般涉及的投资数额较大且资产专用性较强,增加了企业在该产业的退出成本。相关多元化战略是指企业以现有业务为基础进入相关产业的战略,该战略有利于企业利用原有优势来获得融合优势。相关性可以是生产、技术、市场等方面的类似。

该战略的适宜条件是：企业在产业内有较强竞争优势，而该产业成长性或吸引力逐渐下降时，适宜采用该战略。

该战略面临的主要风险：①来自原有经营产业的风险；②市场整体风险；③产业进入风险；④产业退出风险；⑤内部经营整合风险。

9.【答案及解析】

（1）多元化战略是指企业进入与现有产品和市场不同的领域。可将多元化战略分为相关多元化和不相关多元化两类。

相关多元化是指企业以现有业务或市场为基础进入相关产业或市场的战略。有利于企业用产品、生产技术、管理技能、营销渠道、营销技能、用户等获得融合优势。适用条件：企业在产业内具有较强的竞争优势，而该产业的成长性或吸引力逐渐下降。

不相关多元化是指企业进入与当前产业和市场均不相关的领域的战略。目标是从财务上考虑平衡现金流或者获得新的利润增长点，规避产业或市场的发展风险。适用条件：企业当前产业或市场缺乏吸引力，而企业也不具备较强的能力和技能转向相关产品或市场。

（2）该企业采用的是非相关多元化，该企业原有的业务是生产干巾和纸巾，而现在投资于食品、化妆品行业，它们都与干巾和纸巾不相关，所以属于非相关多元化。

（3）多元化战略的优点：①分散风险，当现有产品及市场失败时，新产品或新市场能为企业提供保护。②能更容易地从资本市场中获得融资。③在企业无法增长的情况下找到新的增长点。④利用未被充分利用的资源。⑤运用盈余资金。⑥获得资金或其他财务利益，例如累计税项亏损。⑦运用企业在某个产业或某个市场中的形象和声誉来进入另一个产业或市场，而在另一个产业或市场中要取得成功，企业形象和声誉是至关重要的。但该战略也存在分散企业资源，增加管理难度和运作费用等问题。

10.【答案及解析】

发展型战略是以发展壮大企业为基本导向，致力于使企业在产销规模、资产、利润或新产品开发等某一方面或几方面获得成长的战略。发展型战略是最普遍采用的企业战略。发展型战略主要包括三种基本类型：密集型战略、一体化战略和多元化战略。

（1）密集型战略，是指企业充分利用现有产品或服务的潜力，强化现有产品或服务竞争地位的战略。密集型战略主要包括三种类型：市场渗透战略、市场开发战略和产品开发战略。

（2）一体化战略是指企业对具有优势和增长潜力的产品或业务，沿其经营链条的纵向或横向延展业务的深度和广度，以扩大经营规模，实现企业增长。一体化战略按照业务拓展的方向可以分为横向一体化和纵向一体化。

（3）多元化战略是指在现在业务领域基础上增加新的业务领域的经营战略。根据现有业务领域与新的业务领域之间的关联程度，可将多元化战略分为相关多元和非相关多元化两类。

资料一中采取的是密集型战略，具体是其中的产品开发战略；

资料二中采取的是一体化战略，具体是其中的后向一体化战略；

资料三中采取的是多元化战略，具体是其中的相关多元化战略；

资料四中采取的是多元化战略，具体是其中的非相关多元化战略。

11.【答案及解析】

（1）第一，董事会应包含独立董事，并以独立董事的人数超过执行董事的人数为宜。能够确保董事会做出独立和客观的决策。

第二，领导董事会的董事会主席与负责公司运营的首席执行官应由不同的人担任。能够确保任何职位的人员均不会对公司的运营造成太大影响，并确保公司内部权力平衡。

第三，企业应要求首席执行官和首席财务官以书面形式向董事会报告，而不是口头形式。

第四，首席执行官负责公司外聘审计师业务，并对外部审计师的表现和独立性进行评估，并与内外部审计师每两年会面一次不合理。应当由审计委员会负责聘用和解聘外部审计师，对外部审计师的表现和独立性的评估以及审计客观性的评估，每年至少与内外部审计师会面一次。

第五，审计委员会的组成不当。审计委员会是董事会下设的委员会，全部由独立、非执行董事组成，他们至少拥有相关的财务经验。而甲公司审计委员会的构成由执行董事及公司监事会组成，不符合这一规定。

第六，内部审计部门的设置不当。公司内部审计部门的主管应由公司审计委员会批准，同时，内部审计师或内部审计的管理者应直接且定期向董事会报告。内部审计部门借调了公司财务部门的若干员工不合理，内部审计部门应当独立于被复核的职能部门，包括管理层、公司首席执行官等，保持独立性，以确保提供公正而无偏见的判断。甲公司为上市公司，为大型企业，内部审计部门职责应当由董事会分派。

（2）甲公司审计委员会应承担的与外聘审计师有关的主要责任包括：

①承担就任命、重新任命或解聘外聘审计师向董事会提出建议的主要责任；

②监督新审计师的选择过程；

③批准外聘审计师的业务条款及审计服务的报酬；

④复核审计师的审计工作范畴，并确信该审计范畴是充分的；

⑤确保于每次年审开始之时已为审计制定了适当的计划，审计委员会执行完工后的复核；

⑥为企业制定关于由外聘审计师提供非审计服务的政策，并向董事会提出相关建议，提供非审计服务时，不得损害审计师的独立性或客观性；

⑦制定一项政策，明确外聘审计师不得提供的服务类型，并说明外聘审计师能够提供的无需请示审计委员会的服务。

（3）审计委员会的义务是确保充分且有效的内部控制。首先，负责监督内部审计部门的工作。监察和评估内部审计职能在企业整体风险管理系统中的角色和有效性。它应检查内部审计的有效性，并批准对内部审计主管的任命和解聘。它还应确保内部审计部门能直接与董事会主席接触，并负有向审计委员会说明的责任。审计委员会复核及评估年度内部审计工作计划。审计委员会收到关于内部审计部门工作的定期报告，复核和监察管理层对内部审计的调查结果的反映。其次，确保内部审计部门提出的建议已执行。第三，审计委员会有助于保持内部审计部门对压力或干涉的独立性，确保内部审计部门正在有效运作。第四，在四个主要方面对内部审计进行复核，即组织中的地位、职能范围、技术才能和专业应尽义务。

12.【答案及解析】

（1）职能制组织结构的缺点如下：①由于对战略重要性的流程进行了过度细分，在协调不同职能时可能出现问题；②难以确定各项产品产生的盈亏；③导致职能间发生冲突\各自为政，而不是出于企业整体利益进行相互合作；④等级层次以及集权化的决策制定机制会放慢反应速度。

（2）在事业部制组织结构内可按产品、服务、市场或地区为依据进行细分。具体分为：①区域事业部制结构；②产品/品牌事业部制结构；③客户细分或市场细分事业部制结构；④M型企业组织结构（多部门结构）。

（3）该企业的电信产品事业部属于"产品事业部制结构"。产品事业部制结构的优点：①生产和销售不同产品的不同职能活动和工作可以通过事业部/产品经理来予以协调和配合；②各个事业部可以集中精力在其自身的区域。这就是说，由于这种结构更具灵活性，因此更有助于企业实施产品差异化；③易于出售或关闭经营不善的事业部。产品事业部制的缺点：①各个事业部会为了争夺有限资源而产生摩擦；②各个事业部之间会存在管理成本的重叠和浪费；③若产品事业部数量较大，则难以协调；④若产品事业部数量较大，高级管理层会缺乏整体观念。

13.【答案及解析】

摩托罗拉公司面临的风险属于战略风险。战略风险是指未来的不确定性对企业实现其战略目标的影响。

我国《企业内部控制应用指引第2号——发展战略》从企业制定与实施发展战略角度阐明企业战略风险具体体现在以下三个方面：

（1）缺乏明确的发展战略或发展战略实施不到位，可能导致企业盲目发展，难以形成竞争优势，丧失发展机遇和动力。

（2）发展战略过于激进，脱离企业实际能力或偏离主业，可能导致企业过度扩张，甚至经营失败。

（3）发展战略因主观原因频繁变动，可能导致资源浪费，甚至危及企业的生存和持续发展。

14.【答案及解析】

（1）"五力"分别是指：①行业新进入者的威胁；②供应商的议价能力；③购买商的议价能力；④替代产品的威胁；⑤同业竞争者的竞争强度。

（2）①行业新进入者的威胁：基因技术和需要大量的研发投资是进入本行业的主要门槛，另外，国家政策对基因药物进口的限制相对也较多，行业新进入者的威胁小。

②供应商的议价能力：本行业的供应商较为分散，菲亚特公司面对的供应商较少，可供选择的产品或服务不多，供应商的议价能力高。

③购买商的议价能力：患者对药物的选择基本处于被动地位，而且消费群很零散，购买者的议价能力低。

④替代产品的威胁：由于专业性的特点，药品消费者本身对替代品的选择主动权不大，但是可能的替代品在价格上更有优势。

⑤同业竞争者的竞争强度：目前基因药物市场的规模并不是很大，并且该行业专

技术性强,再加上国家政策加以限制,行业的竞争对手有限,集中度高,竞争并不太激烈。

（3）核心竞争力是指能为企业带来竞争优势的资源和能力,是企业所特有的、能够经得起时间考验的、具有延展性,并且是竞争对手难以模仿的技术或能力。核心竞争力的三个要素是：对顾客有价值；与企业的竞争对手相比有优势；很难被模仿或复制。

### 15.【答案及解析】

（1）江康公司向原料药材业务延伸（建设5个原料药材现代化种植基地、收购在这一领域具有优势地位的常丽制药公司）是后向一体化战略。后向一体化战略是指获得供应商的所有权或加强对其控制权。后向一体化有利于企业有效控制关键原材料等投入的成本、质量及供应可靠性,确保企业生产经营活动稳步进行。"为了保障原料药的稳定供给与产品质量,降低产业链中的交易成本"；"以增强公司在特色原料药生产的竞争实力"。

江康公司向医药分销领域延伸是前向一体化战略,其研发向后期的毒理学试验延伸也是前向一体化战略。前向一体化战略是指获得下游企业的所有权或加强对他们的控制权的战略。前向一体化战略有利于企业控制和掌握市场,增强对消费者需求变化的敏感性,提高企业产品的市场适应性和竞争力。"实现从新药研发到临床前试验一体化的业务整合,提高研发效率"。

（2）发展战略一般可以采用3种途径,即外部发展（并购）、内部发展（新建）与战略联盟。

江康公司向原料药材业务延伸采用了新建与并购两种途径,"建设了五大原料药材现代化种植基地"是新建,"收购在这一领域具有优势地位的常丽制药公司"是并购。

江康公司向医药分销领域延伸采用了并购方式,"江康公司收购了两家医药分销公司"。向研发毒理学试验延伸采用了战略联盟方式,"江康公司以合作研究开发协议的方式与通健公司进行合作"。

### 16.【答案及解析】

（1）金宝集团战略变革的类型有：

①产品和服务变革。指企业的产出的变革,包括开发新产品或改进现有产品。"2005年之前金宝集团着重于公用事业,主要围绕城市燃气来推动企业发展,从2005年开始金宝集团专注于清洁能源的开发和利用"。

②结构和体系变革。指企业运作的管理方法的变革,包括结构变化、政策变化和控制系统变化。"集团的原有3大产业集团调整为能源分销、能源装备、能源化工、生物化工等产业板块,总部下设的支持保障机构也做了相应的变更"。

③人员变革。指企业员工价值观、工作态度、技能和行为方式的转变,目的是确保职工努力工作,完成企业目标。"金宝集团启动科技人才梯队建设,……建立科技人才激励机制。……以引导技术人员创造性地工作"。

（2）钱德勒的组织结构服从战略理论可以从以下两个方面展开：(此问可以选择学习)

①战略的前导性与结构的滞后性。这是指企业战略的变化快于组织结构的变化,企业组织结构的变化常常慢于战略的变化速度。企业应努力缩短结构反应滞后的时间,使结构配合战略的实施。

②企业发展阶段与结构。企业发展到一定阶段,其规模、产品和市场都发生了变化。

这时,企业应采用合适的战略,并要求组织结构做出相应的反应。

本案例中"从2005年开始金宝集团专注于清洁能源的开发和利用",体现战略前导性;"随着集团清洁能源战略目标的日益清晰,金宝集团组织结构也在不断调整",体现结构的滞后性;也体现出当企业发展到一定阶段,企业会采用合适的战略,并要求组织结构做出相应的反应。

(3)金宝集团还可采取以下人力资源战略措施:
①精确识别出企业为实现短期、中期和长期的战略目标所需要的人才类型。
②通过培训、发展和教育来激发员工潜力。
③尽可能地提高任职早期表现出色的员工在员工总数中所占的比重。
④招聘足够的、有潜力成为出色工作者的年轻新就业者。
⑤确保采取一切可能的措施来防止竞争对手挖走企业的人才。
⑥招聘足够的、具备一定经验和成就的人才,并使其迅速适应新的企业文化。

17.【答案及解析】

(1)①革新和改造前:豆浆机由于渣浆分离操作不便和内桶豆渣难清理而在市场上没有获得广泛认同,市场的份额处于低位而当时的豆浆机市场是一个低增长的市场。根据波士顿矩阵,在低市场份额和低市场增长率的情况下,这类产品属于瘦狗产品。瘦狗产品只能为企业带来一般的现金流,是融资的现金陷阱,并且投资回报不高。同时,这类产品由于缺乏吸引力而不会引入市场过分竞争。如果企业未能继续利用促销手段维持企业发展或进行革新,这类产品可能会被市场淘汰。

②革新和改造后:豆浆机在广大中老年人市场上逐渐获得了良好的口碑,销量快速增加,产品供不应求。随着消费者喜好的改变,豆浆机处于高增长阶段。根据波士顿矩阵,在高增长市场中占有高份额的情况下,改造后的豆浆机是明星产品。这类产品短期需要资本投入超过产生的现金,以便保持它们市场的地位,但是未来会为企业带来高额的回报。可是高增长率可能会吸引新来者和竞争者,甲公司须大量投入现金以维持其现有的地位并加以巩固。

(2)根据上文信息,有关决定财务战略矩阵中所属象限的因数是:
①销售增长率 - 可持续增长率 = 60% - 45% = 15%
②投资资本回报率 - 资本成本 = 25% - 15% = 10%

根据甲公司2011年的预测信息中,甲公司在财务战略矩阵中的象限属于增值型现金短缺业务。这一象限的业务可为股东创造价值,但自身经营产生的现金未必足够能支持销售增长,因而遇到现金短缺。甲企业的管理层应判断由销售增长率大于可持续增长率所出现的高速增长状态是暂时性还是长期性的。如果高速增长状态是暂时性的,企业可以通过借款来筹集所需资金,待销售增长率下降后企业会有多余现金归还借款。但是,当企业预计高速增长的状态则是长期性的,除了考虑通过借款解决资金短缺外,比较长远的方法是增加权益资本,这可以通过增发股份或兼并成熟企业来实现。根据甲公司的状况,增发股份应是较为合适的。

(3)要提高税后经营利润率,甲企业可考虑两个方面:①降低成本。进行豆浆机生产过程的分析,消除无增值的工序或考虑增加自动化生产,提高生产的效率。②提高价格。改变豆浆机销售价格,在维持利润的同时抑制销售增长,减少资金需要。

18.【答案及解析】
（1）总经理杨某的发言不存在不当之处。
（2）总会计师朱某的发言存在不当之处。
不当之处：采用卖出套期保值方式对进口铁矿石进行套期保值。
理由：卖出套期保值主要防范价格下跌风险。买入套期保值（或：多头套期保值；或：买期保值）才能防范价格上涨风险。
（3）风险管理部经理胡某的发言存在不当之处。
①不当之处：开展套期保值业务应当坚持衍生品市场和现货市场买卖商品方向相同原则。
理由：坚持方向相同原则无法在期货和现货市场建立盈亏冲抵机制，达到套期保值目的。
或：应当坚持衍生品市场和现货市场买卖商品方向相反原则。
②不当之处：在市场发生特殊变化时可先交易后补办报批手续。
理由：境外衍生品交易应当按照相互制衡原则，在具体操作前应当履行必要的报批手续。

19.【答案及解析】
（1）根据上述信息，A公司面临的风险包括：
①操作风险。a．会计方面。利润空间一直在减少的原因虽然尚未弄清，但是可能表明存在舞弊违规行为，而这可能是由于会计处理过程中的差错或舞弊行为导致销售收入减少。b．技术方面。与公司所采用电子系统的技术有关，比如可能在传输过程中产生差错。
②市场风险中的汇率风险。公司因用塔卡进行采购而面临外汇风险，从而导致采购成本上涨。
③运营风险。公司在中国独家代理的防辐射服装存在的安全问题，可能损害公司声誉，影响其产品的销售。扩张速度加快，管理水平却没有得到相应提高。
④战略风险。2008年，借助全民参与奥运的运动热情，通过一系列的商业赞助和营销，实现高速增长，店铺数量激增至1500家，没有明确的发展战略规划。
⑤财务风险。向银行借款借入大笔资金，还款压力剧增。
一般情况下，对战略、财务、运营风险，可采取风险承担、风险规避、风险转换、风险控制等方法。对能够通过保险、期货、对冲等金融手段进行理财的风险，可以采用风险转移、风险对冲、风险补偿等方法。
（2）A公司风险管理解决方案可以分为外部和内部解决方案。外部解决方案是指B公司将风险管理工作外包出去，如使用投资银行、信用评级公司、保险公司、律师事务所、会计师事务所、风险管理咨询公司等专业机构，将有关方面的工作外包，可以降低企业的风险，提高效率；内部解决方案是指A公司自己建立风险管理体系，一般可以综合采用以下几种手段：风险管理战略；组织职能；内部控制（简称"内控"），包括政策、制度、程序；信息系统，包括报告体系；风险理财措施。
（3）A公司面临多重风险，可能付出的成本是以风险为基点的成本，主要包括预防成本、纠正成本、惩治成本和损失成本。
预防成本是指为了防止风险的发生，而在组织内部采取目标制定、跟踪监督、事项识别和应对防范措施所花费的成本费用,以及因此增加了控制和管理环节而降低了业务效率所造成的直接、间接损失。

纠正成本是指发现了风险苗头而对其实施检查、追究、处置、复原所花费的成本费用。它是以风险先兆为前提的。纠正成本是预防成本的追加和补充。

惩治成本是指当风险发生且对组织内部和外部(包括对社会)造成了现实危害,因而对其进行处罚、整治而支付的成本费用。

损失成本是风险发生后对企业带来的直接的、间接的、有形的、无形的、经济的、社会的、短期的、长远的、现实的和潜在的经济损失。

(4)根据我国《中央企业全面风险管理指引》,简要分析企业风险管理的总体目标。
我国《中央企业全面风险管理指引》设定了风险管理如下的总体目标:
①确保将风险控制在与公司总体目标相适应并可承受的范围内;
②确保内外部,尤其是企业与股东之间实现真实、可靠的信息沟通,包括编制和提供真实、可靠的财务报告;
③确保遵守有关法律法规;
④确保企业有关规章制度和为实现经营目标而采取重大措施的贯彻执行,保障经营管理的有效性,提高经营活动的效率和效果,降低实现经营目标的不确定性;
⑤确保企业建立针对各项重大风险发生后的危机处理计划,保护企业不因灾害性风险或人为失误而遭受重大损失。

20.【答案及解析】
(1)在每一个产业中都存在5种基本竞争力量,即潜在进入者进入威胁、替代品的替代威胁、供应者讨价还价能力、购买者讨价还价能力、产业内现有企业的竞争。在一个产业中,这5种力量共同决定产业竞争的强度以及产业利润率,最强的一种或几种力量占据着统治地位并且从战略形成角度来看起着关键性作用。

A地区生猪市场5种竞争力分析:
①潜在进入者进入威胁。"国家对内地出口A地区生猪实行配额管理及审批制度","进入障碍很高",说明目前潜在进入者进入威胁不大,但随着配额管理政策的放开,"潜在进入者的威胁也不容忽视。"
②替代品的替代威胁。"由于A地区传统消费习惯的长期存在,其他肉类对猪肉的替代性不大"。替代品的威胁不大。
③供应者讨价还价能力。"原材料市场还处于买方市场……从目前国内情况来看,主要原材料产业均是竞争比较激烈的产业,供应商数量较多"。供应者讨价还价能力不大。
④购买者讨价还价能力。"产品价格高于内地市场价,但质量要求也较高。由于供A地区生猪业务不仅是经济行为,还是一项政治任务,因此,当内地生猪供应量减少、内地猪肉价格急剧上升时,A地区生猪供应量和价格不会迅速做出相应的调整"。说明购买者讨价还价能力较强。
⑤产业内现有企业的竞争。"市场竞争激烈","各出口企业始终把质量和安全作为核心竞争力,努力把政策性的盈利模式变为市场性的盈利模式,从而在市场中立足"。说明产业竞争激烈,竞争对手实力较强。

（2）①外部发展是指企业通过取得外部经营资源谋求发展的战略。外部发展的狭义内涵是并购，并购包括收购与合并，收购指一个企业（收购者）收购和吸纳了另一个企业（被收购者）的股权。合并指同等企业之间的重新组合。

②内部发展指企业利用自身内部资源谋求发展的战略，内部发展的狭义内涵是新建，即建立一个新的企业。

战略联盟是指两个或两个以上经营实体之间为了达到某种战略目的而建立的一种合作关系。合并或兼并意味着战略联盟的结束。

建安公司的战略定位和目标一要"扩大生猪养殖和出口规模，形成规模化养殖，至2015年实现出口生猪规模50万头（即原有规模10万头的5倍）"；二要"积极打造生猪产业链，全面整合原材料供给、生猪养殖、出口销售产业链，扩展业务空间"；而其资源能力的主要劣势又是"生猪养殖规模较小"、"在整个供A地区生猪产业链中创造价值点单一"。因此公司的发展定位、目标与其资源能力存在很大差距，如果采用内部发展途径，一时难以解决发展瓶颈问题。

（3）促使战略联盟形成的主要动因可以归结为以下6个方面：

①促进技术创新；

②避免经营风险；

③避免或减少竞争；

④实现资源互补；

⑤开拓新的市场；

⑥降低协调成本。

建安公司与宏达公司结成战略联盟的主要动因体现在①、④、⑤、⑥。

①促进技术创新。建安公司"技术水平、管理水平较低"，而宏达公司"技术力量雄厚，创新能力较强"。建安公司通过战略联盟方案实施，促进技术创新。

④实现资源互补。建安公司"有50多年的供A地区生猪生产与出口的历史和经验"，"掌握向A地区出口配额许可权，有在国家商务部注册的供A地区生猪的两个定点猪场"，但是，"生猪养殖规模较小"，在整个供A地区生猪产业链中创造价值点单一"，"技术水平、管理水平较低"；而宏达公司"生产规模大，具有生猪经营完整的产业链，技术力量雄厚……但是，该公司没有获得向A地区出口配额许可权，其猪场也不是在商务部注册的供A地区生猪的定点猪场"。双方实现资源互补动机明显。

⑤开拓新的市场。一方面，建安公司战略定位要"扩大公司出口A地区市场业务份额"，另一方面，"A地区市场的开发对宏达公司的发展至关重要"，所以双方通过战略联盟开拓新的市场战略动机明显。

⑥降低协调成本。与并购方式相比，战略联盟的方式不需要进行企业的整合，可以降低协调成本。本案例中，建安公司认为，如果采用并购方式"并购方与被并购方需要很长时间的整合和协调"，所以建安公司决定采用战略联盟方式降低协调成本动机明显。

（4）从股权参与和契约联结的方式角度来看，可以将企业战略联盟归纳为三种类型：

①合资企业。是指将各自不同的资产组合在一起进行生产，共担风险和共享收益。与一般意义上的合资企业相比，它更多体现了联盟企业之间的战略意图，而并非仅仅限于寻求较高的投资回报率。

②相互持股投资。是指联盟成员之间通过交换彼此的股份而建立起一种长期的相互合作的关系。与合资企业不同的是,这种方式不需要将彼此的设备和人员加以合并,只是便于双方在某些领域采取协作行为。与合并或兼并也不同,这种方式仅持有对方少量股份,联盟企业之间仍保持相对独立性,而且股权持有往往是双向的。

③功能性协议。这是一种契约式的战略联盟,与前面两种有股权参与的方式明显不同,企业之间决定在某些具体领域进行合作。

建安公司与宏达公司采用的战略联盟类型属于第三种——功能性协议。这种方式的优点是,在经营灵活性、自主权和经济效益等方面比股权式战略联盟具有更大的优越性;不足之处在于企业对联盟的控制能力差、松散的组织缺乏稳定性和长远利益、联盟内成员之间的沟通不充分、组织效率低下等。

(5) 依据《中央企业全面风险管理指引》,分析市场风险可以考虑以下几个方面:
①产品或服务价格及供需变化带来的风险。
②能源、原材料、配件等物资供应的充足性、稳定性和价格的变化带来的风险。
③主要客户、主要供应商的信用风险。
④税收政策和利率、汇率、股票价格指数的变化带来的风险。
⑤潜在进入者、竞争者、与替代品的竞争带来的风险。

根据案例中建安公司提出的战略联盟方案实施过程中可能存在的内部与外部两类风险,其应该考虑的市场风险主要体现在①、③、⑤。

①产品或服务价格及供需变化带来的风险。"生猪价格波动、生猪疾病疫情",都可能带来这一风险。

③市场风险,主要供应商的信用风险。"由于双方利益分配不均、管理协调不畅导致双方战略意图无法实现"可能对建安公司带来其主要供应商宏达公司的信用风险。

⑤潜在进入者带来的风险。"生猪出口配额管理体系变化"可能带来潜在进入者进入的风险。

(6) 依据《中央企业全面风险管理指引》,企业风险管理组织体系包括:
①规范的公司法人治理结构;
②风险管理委员会;
③风险管理职能部门;
④审计委员会;
⑤企业其他职能部门及各业务单位;
⑥下属公司。

风险管理委员会对董事会负责,主要履行以下职责:
①提交全面风险管理年度报告;
②审议风险管理策略和重大风险管理解决方案;
③审议重大决策、重大风险、重大事件和重要业务流程的判断标准或判断机制,以及重大决策的风险评估报告;
④审议内部审计部门提交的风险管理监督评价审计综合报告;
⑤审议风险管理组织机构设置及其职责方案;
⑥办理董事会授权的有关全面风险管理的其他事项。

21.【答案及解析】

（1）公司管理层可以采用的战略控制方法包括预算与预算控制、企业业绩衡量指标、平衡计分卡的业绩衡量方法和统计分析与专题报告四种。

（2）平衡计分卡从从四个角度衡量公司业绩，具体包括：财务角度、顾客角度、内部流程角度和创新与学习角度。

BSC 中财务角度的驱动指标有：利润、销售增长率、投资回报率以及现金流；

BSC 中顾客角度有：市场份额、客户保留率、新客户开发率、客户满意度、交货时间等。

BSC 中的内部流程角度有：在新工作中与顾客相处的时间、每个雇员的收入、收益率、工程进度完成率。

BSC 中的创新与学习角度，包括新产品占销售的比例、雇员调查、主要员工保留率、员工能力评价和发展。

平衡计分卡的作用：可以激励管理层的行为，使之符合企业战略的要求；由于其应用的广泛性，它可以被用来作为企业变革的修正动因；它强调作业的过程而不是企业的部门，可以支持以能力为基础的战略；平衡计分卡不仅可以应用于以营利为目的的企业，还可以应用于非营利的组织，这是因为平衡计分卡同样看重财务与非财务指标在企业实现其战略目标中的作用。

（3）荣升集团可能面临的风险有：

①技术风险。技术风险就是技术在创新过程中，由于技术本身复杂性和其他相关因素变化产生的不确定性而导致技术创新遭受失败的可能性。该公司的风力发电产品属于较新的产品，面临的技术风险比较大。

②法律风险和合规风险。由于国家相关环境保护政策，企业需受到相关法律的限制和相关部门的监管，因此面临一定的法律风险和合规风险。

③财务风险。由于行业的资产负债率平均水平为 30%，但该企业的资产负债率约为 40%（10 002 /（10 002+14 998）≈ 40.01%），超出行业平均水平，负债水平过高。一旦企业缺乏可用资金而无法支付到期应付款项，则会引起财务风险。

④产业风险。产业风险是指在特定产业中与经营相关的风险。这一风险与企业选择在哪个产业中经营直接相关。在考虑企业可能面对的产业风险时，以下几个因素是非常关键的：产业（产品）生命周期阶段、产业波动性和产业集中程度。但是对该公司来说，垄断产业的改革、国家企业私有化、关税壁垒降低等政策的实施，都有可能使企业面临新的产业风险。

（4）波士顿矩阵（BCG Matrix），又称市场增长率——相对市场份额矩阵。该矩阵纵坐标表示产品市场增长率，通常用 10% 平均增长率作为增长高、低的界限。横坐标表示本企业的相对市场占有率（以企业某项业务的市场份额与这个市场上最大的竞争对手的市场份额之比），相对市场占有率的分界线为 1.0（在该点本企业的某项业务与该业务市场上最大竞争对手市场份额相等），划分为高、低两个区域。

根据市场增长率和相对市场占有率的不同组合，会出现四种不同性质的产品类型，形成不同的产品发展前景：①市场增长率和相对市场占有率"双高"的产品群（明星业务）；②市场增长率和相对市场占有率"双低"的产品群（瘦狗业务）；③市场增长率高、相对市场占有率低的产品群（问题业务）；④市场增长率低、相对市场占有率高的产品群（现金牛业务）。

荣升集团的风力发电产品属于问题业务。目前荣升集团风力发电产品市场占有率低，但项目将有十分广阔的发展前景，说明市场增长率高，因此判断属于问题业务。

22.【答案及解析】

（1）按收购资金来源划分，此次收购属于杠杆收购。

（2）并购的主要动机有：

①避开进入壁垒，迅速进入，争取市场机会，规避各种风险。

②获得协同效应。协同效应产生于互补资源，而这些资源在正在开发的产品或市场是相互兼容的，协同效应通常通过技术转移或经营活动共享来得以实现。用系统理论剖析这种协同效果，可以分为三个层次：第一，并购后的两个企业的"作用力"的时空排列得到有序化和优化，从而使企业获得"聚焦效应"。第二，并购后的企业内部不同"作用力"发生转移、扩散、互补，从而改变了公司的整体功能状况。第三，并购后两个企业内的"作用力"发生耦合、反馈、互激振荡，改变了作用力的性质和力量。

③克服企业负外部性，减少竞争，增强对市场的控制力。

（3）企业并购失败的主要原因一般有以下几个方面：

①并购后不能很好地进行企业整合。企业文化的整合是最基本、最核心也是最困难的工作。企业文化是否能够完善地融为一体影响着企业生产运营的各个方面。如果并购企业与被并购企业在企业文化上存在很大的差异，企业并购以后，被并购企业的员工不喜欢并购企业的管理作风，并购后的企业便很难管理，而且会严重影响企业的效益。

②决策不当的并购。企业在并购前，或者没有认真地分析目标企业的潜在成本和效益，过于草率地并购，结果无法对被并购企业进行合理的管理；或者高估并购后所带来的潜在的经济效益，高估自己对被并购企业的管理能力，结果遭到失败。

③支付过高的并购费用。当企业想以收购股票的方式并购上市公司时，对方往往会抬高股票价格，增加并购的代价。另外，企业在采用竞标方式进行并购时，也往往要支付高于标的价格才能成功并购。这种高代价并购会增加企业的财务负担，使企业从并购的一开始就面临着效益的挑战。

④跨国并购面临政治风险。对于跨国并购而言，规避政治风险日益成为企业国际化经营必须重视的首要问题。

23.【答案及解析】

远期外汇套期保值：

（1）买入180天的远期英镑200 000

（2）180天远期所需美元 =200 000×1.47=294 000

货币市场套期保值：

借入美元，兑换成英镑，用英镑投资，180天后归还美元贷款。

（1）投资的英镑金额 =200 000/（1+0.045）=191 388

（2）兑换英镑所需要的美元金额 =191 388×1.50=287 082

（3）180天后美元贷款本息 =287 082×（1+0.05）=301 436

货币期权套期保值（买入期权）：

购入买入期权(单位执行价为1.48美元,单位期权费为0.03美元)

| 180天后<br>可能的即期利率 | 单位期权费 | 履行期权<br>与否 | 单价<br>(包括期权费) | 购买20万英<br>镑总价 | 概率 |
|---|---|---|---|---|---|
| $1.43 | $0.03 | 不 | $1.46 | $292 000 | 20% |
| $1.46 | $0.03 | 不 | $1.49 | $298 000 | 70% |
| $1.52 | $0.03 | 履行 | $1.51 | $302 000 | 10% |

当市场汇率是$1.43和$1.46时,企业不履行期权合约,按市场利率交易。

当市场汇率是$1.52时,企业履行期权合约,按事先约定的期权合约($1.48+0.03)履行交易。

根据上述计算,决策如下:

①远期外汇套期保值与货币市场套期保值的比较

由于远期外汇套期保值的成本($294 000)小于货币市场套期保值成本($301 436),所以远期外汇套期保值优于货币市场套期保值。

②远期外汇套期保值与货币期权套期保值的比较

用买入期权套期保值时,其成本不像远期外汇套期保值和货币市场套期保值那么一目了然,而要取决于180天后的即期汇率。

买入期权套期保值的成本期望值:

$292 000×20%+$298 000×70%+$302 000×10%=$297 200

因此,远期外汇套期保值可能是最优的套期保值方案。

**24.【答案及解析】**

(1)根据该资料,海尔集团在发展过程中,主要采取了以下几种战略。

①差异化战略。海尔在实施品牌战略的阶段,别的企业上产量,而海尔扑下身子抓质量,最终在消费者心目中树立起质量超群的国产品牌形象,并且海尔以星级服务为特色的营销方式和顾客导向的产品改进与开发,三位一体形成了一个高效率、高品质的经营管理体系,由此可见,海尔从品牌和服务方面采取了差异化战略。

②成本领先战略。90年代初,海尔集团年利润不过3 000多万元。因此其发展必须采取低成本扩张的方式。由此可以看出,海尔采用了成本领先战略。

③多元化战略。海尔在90年代将自己扩展为一个横跨白色家电、黑色家电、米色家电(PC等)、各种小家电以及制药、生物工程、金融服务等领域的多部门公司。海尔为适应其多产品的产业格局,在组织结构上完成了事业部制结构的改造,形成了成本中心、利润中心和资源调度中心的三级架构。由此可以看出,海尔采用了多元化战略。

(2)差异化战略和成本领先战略属于业务单位战略,多元化战略属于公司战略。

(3)差异化战略:差异化战略是指企业针对大规模市场,通过提供与竞争者存在差异的产品或服务以获取竞争优势的战略。这种差异性可以来自设计、品牌形象、技术、性能、营销渠道或客户服务等各个方面。差异化战略包括了产品差异化战略、服务差异化战略、人事差异化战略、形象差异化战略等。

成本领先战略:成本领先战略也称为低成本战略,是指企业通过有效途径降低成本,使企业的全部成本低于竞争对手的成本,甚至是在同行业中最低的成本,从而获取竞争优势的一种战略。通过低成本生产,制造商在价格上可以与行业中的任一制造商竞争,并赚取更高的单位利润。

根据企业获取成本优势的方法不同,我们把成本领先战略概括为如下几种主要类型:

①简化产品型成本领先战略,即通过对产品的非实用功能等的简化降低成本;
②改进设计型成本领先战略,即通过改进产品设计降低成本;
③材料节约型成本领先战略,即通过材料消耗的节约降低成本;
④人工费用降低型成本领先战略,即通过提高劳动生产率,减少人工费用降低成本;
⑤生产创新及自动化型成本领先战略,即通过技术创新降低成本。

多元化战略:多元化战是指在现在业务领域基础上增加新的业务领域的经营战略。根据现有业务领域与新的业务领域之间的关联程度,可将多元化战略分为相关多元化和不相关多元化两类。

# 二、模拟试题(一)

## 一、单项选择题

1.【答案】B

【解析】产品开发战略适用于以下几种情况:(1)企业产品具有较高的市场信誉度和顾客满意度;(2)企业所在产业属于适宜创新的高速发展的高新技术产业;(3)企业所在产业正处于高速增长阶段;(4)企业具有较强的研究和开发能力;(5)主要竞争对手以类似价格提供更高质量的产品。选项B属于市场开发战略的适用情形。

2.【答案】D

【解析】行为细分是企业按照消费者购买或使用某种产品的时机、消费者所追求的利益、使用者情况、消费者对某种产品的使用率、消费者对品牌(或商店)的忠诚程度、消费者待购阶段和消费者对产品的态度等行为变量来细分消费者市场。决定把提供短途、收费较低的旅游服务作为主要业务,这属于根据使用者情况来划分市场,即属于行为细分。

3.【答案】C

【解析】饮食习惯的形成,属于社会和文化因素的影响。

4.【答案】A

【解析】直接产品替代,即某一种产品直接取代另一种产品;选项A属于直接替代品;间接产品替代,即由能起到相同作用的产品非直接地取代另外一些产品。选项B、C属于间接替代品。

5.【答案】C

【解析】企业运营流程的可见性是指其运营流程为客户所见的程度。

6.【答案】D

【解析】选项A属于风险转移;选项B属于风险控制;选项C属于风险对冲;选项D属于风险补偿。

7.【答案】A

【解析】内部发展也称内生增长,指企业在不收购其他企业的情况下利用自身的内部资源来实现扩张,选项A正确。

8.【答案】A

【解析】采购管理,指采购企业所需投入品的职能,而不是被采购品的投入品本身。这里的采购是广义的,既包括生产原材料的采购,又包括其他资源投入的管理。

9.【答案】B

【解析】风险资本即除经营所需的资本之外,公司还需要额外的资本用于补偿风险造成的财务损失。传统的风险资本表现形式是风险准备金,选项B正确。损失融资是为风险事件造成的财物损失融资,是从风险理财的角度进行损失事件的事后管理。应急资本是一个金融合约,规定在某一个时间段内、某个特定事件发生的情况下公司有权从应急资本提供方处募集股本或贷款(或资产负债表上的其他实收资本项目),并为此按时间向资本提供方缴纳权力费。

10.【答案】B

【解析】与可保风险或大多数经营风险不同,操作风险的重点不是重大的不确定性。企业要应对的是在实施已确立的程序时出现的故障。会出现的问题及其后果是众所周知。因此,操作风险管理策略最为普遍的是采用风险控制策略,即控制风险事件发生的动因、环境、条件等,来达到减轻风险事件发生时的损失或降低风险事件发生的概率的目的。

11.【答案】D

【解析】投资资本回报率7%小于加权平均资本成本7.5%,属于价值减损;销售增长率10%大于可持续增长率7%,属于现金短缺。因此该年该公司的业务属于财务战略矩阵中的减损型现金短缺。选项D正确。

12.【答案】A

【解析】选项A属于优势;选项B、D属于机会;选项C属于劣势。

13.【答案】A

【解析】当企业实施一个新的战略时,重要的组织要素会发生很大变化。这些变化大多与企业目前的文化有潜在的一致性。这种企业由于有企业固有文化的大力支持,实行新战略没有大的困难。在这种情况下,企业处理战略与文化关系的重点是实施以企业使命为基础的计划变革。

14.【答案】D

【解析】信息系统控制分为一般控制和应用控制;选项A属于信息系统一般控制中的人员控制;选项B属于信息系统一般控制中的逻辑访问控制;选项C属于信息系统一般控制中的业务连续性控制;选项D属于信息系统应用控制中的过程控制。

15.【答案】B

【解析】乙子公司属于甲公司全新的子公司,没有可以参考的基数,预算编制者必须根据自己的经验和判断,加上对周围环境变化的预期来做预算。因此,乙子公司应编制零基预算。

16. 【答案】C

 【解析】重建市场边界降低搜寻风险,超越现有需求降低规模风险,克服关键组织障碍降低组织风险。

17. 【答案】B

 【解析】市场渗透战略针对的是现有产品和现有市场。

18. 【答案】A

 【解析】目标市场涵盖战略包括三种:无差异市场营销、差异市场营销和集中市场营销。题干表明甲公司针对不同细分市场推出不同产品,因此属于差异市场营销。

19. 【答案】D

 【解析】选项A、B、C均属于采购方选择多货源策略的优点,选项D属于采用单一货源策略的优点。

20. 【答案】D

 【解析】人员导向型文化完全不同于上述三种。在这种情况下的企业存在的目的主要是为其成员的需要服务,企业是其员工的下属,企业的生存也依赖于员工。

21. 【答案】C

 【解析】选项C应当改为停发股利;选项A、B、D都是增值型现金短缺情况下长期性高速成长时企业应采取的战略选择措施。

22. 【答案】A

 【解析】信息系统控制分为一般控制和应用控制,信息技术控制分为软件控制和网络控制。加密技术控制类别属于网络控制,因此,选项A不正确。而信息系统访问过程中不相容岗位(或职责)一般应包括:申请、审批、操作、监控。

23. 【答案】A

 【解析】无形资源,是指企业长期积累的、没有实物形态的、甚至无法用货币精确度量的资源,通常包括品牌、商誉、技术、专利、商标、企业文化及组织经验等。盛泰公司拥有10多年汽车制造的经验,说明组织经验;同时拥有自主品牌和专利技术,所以,选项B、C、D属无形资源。选项A,装配工厂属于有形资源。

24. 【答案】B

 【解析】该公司涉及多个业务,会有多个生产线,可以企业产品的种类为基础设置产品部,采用产品/品牌事业部制组织结构;随企业经营规模和范围的不断扩张,企业需要将职权和责任分派给专门单元的管理者,实行M型企业组织结构,所以,选项A、C为可选组织结构。控股企业/控股集团结构较多地出现在由多元化合并而形成的企业之中,这种结构使合并后的各子公司保持了较大的独立性。子公司可分布在完全不同的行业,而总公司则通过各种委员会和职能部门来协调和控制子公司的目标和行为,所以,选项D也为可选组织结构。职能制组织结构适合单一业务的组织结构。

## 二、多项选择题

1. 【答案】AB

   【解析】对于"现金牛"业务,适合用事业部制进行管理,其经营者最好是市场营销型人物。"明星"类业务的管理组织也最好采用事业部形式,由对生产技术和销售两方面都很内行的经营者负责。

2. 【答案】AB

   【解析】从未乘过飞机的人可以细分为害怕乘飞机的人、对乘飞机无所谓的人以及对乘飞机持肯定态度的人(细分标准是态度,即生活形态细分)。在持肯定态度的人中,又包括高收入有能力乘飞机的人(细分标准是收入能力,即人口细分)。

3. 【答案】CD

   【解析】甲公司经营效益下滑,适合采用转向战略,选项C适宜。如果企业当前产业或市场缺乏吸引力,而企业也不具备较强的能力和技能转向相关产品或服务,较为现实的选择就是采用非相关多元化战略,选项D适宜。

4. 【答案】ACD

   【解析】公司战略是根据企业的目标,选择企业可以竞争的经营领域,合理配置企业经营所必需的资源,使各项经营业务相互支持、相互协调。选项B表明乙公司在原有业务的基础上进入新的业务领域,因此属于公司层战略。选项A属于研发战略,选项C属于营销战略,选项D属于人力资源战略。

5. 【答案】AD

   【解析】选项A、D属于一般基准;选项B属于内部基准;选项C属于竞争性基准。

6. 【答案】AD

   【解析】选项A属于市场风险(股票价格风险);选项B属于法律风险;选项C属于操作风险;选项D属于市场风险(信用风险)。

7. 【答案】ABCD

   【解析】持内部控制与风险管理是一对既互相联系又互相差别的概念的观点认为:内部控制是为了达到某些目的而进行的一种动态的管理过程,这个过程是通过纳入管理的大量制度及活动实现的;风险管理则是围绕特定目标,通过各种手段对风险进行管理,为实现目标提供合理保证的过程和方法;内部控制与风险管理的相同点是两者均是合理保证目标实现的过程;风险管理更偏向内部控制过程的前端,更偏向于对影响目标实现的因素的分析、评估与应对;相对于内部控制,风险管理是一个更为独立的过程;内部控制更加重视实施,嵌入企业各业务流程的具体业务活动中,融合在企业的各项规章制度之中,使企业在正常运营过程中自发地防止错误,提高效率,从而合理保证目标的实现。

8. 【答案】ABCD

   【解析】变革可能会对人们的境遇甚至下列领域的健康产生重要的影响:(1)生理变化;(2)环境变化;(3)心理变化。选项A、D属于心理变化,选项B属于生理变化,所以选项A、B、C、D正确。

9.【答案】BC

【解析】税收风险指由于税收政策变化使企业税后利润发生变化产生的风险,X国对我国出口的摩托车大幅提高了关税,组建合资公司可以有效规避高关税引发的利润变化风险,所以选项B正确。同时,关税也是政治风险的一个组成因素,组建合资公司同样可以规避政治风险,所以选项C正确。

10.【答案】AC

【解析】选项A是成本领先战略在对抗竞争者方面的优势;选项B是差异化战略在对抗竞争者方面的优势;选项C是成本领先战略在对抗供应商方面的优势;选项D是差异战略在对抗供应商方面的优势。

11.【答案】ACD

【解析】并购失败的主要原因包括:(1)并购后不能很好地进行企业整合;(2)决策不当的并购;(3)支付过高的并购费用。选项B与本题无关。

12.【答案】ACD

【解析】M型组织结构的优点:一是便于企业的持续成长。随着新产品线的创建或收购,这些新产品线可能被整合到现有的事业部中,或者作为新开发的事业部的基础。二是由于每一个事业部都有其自身的高层战略管理者,因此首席执行官所在总部员工的工作量会有所减轻。这样,首席执行官就有更多的时间分析各个事业部的经营情况以及进行资源配置。三是职权被分派到总部下面的每个事业部,并在每个事业部内部进行再次分派。四是能够通过诸如资本回报率等方法对事业部的绩效进行财务评估和比较。

13.【答案】ACD

【解析】该公司主打产品为北京传统风味,且采取各种招式营造出种浓郁的老北京氛围,可以判断该企业采用的是集中差异战略。

14.【答案】AB

【解析】市场细分的有效标志包括:可测量性、可进入性和可营利性。

## 三、简答题

1.【答案】

企业主要利益相关者可分为内部利益相关者和外部利益相关者。

企业内部利益相关者主要有:①向企业投资的利益相关者,包括股东与机构投资者。②经理阶层。一般指对企业经营负责的高、中层管理人员。他们向企业提供管理知识和技能,将各种生产力要素结合成整体。③企业员工。企业员工是一个包括企业操作层劳动者、专业技术人员、基层管理人员及职员在内的具有相当厚度的阶层。他们向企业提供各种基本要素,是企业的基本力量。

企业外部利益相关者主要有:①政府。政府向企业提供许多公共设施及服务,如道路、通讯、教育、安全等,制定各种政策法规,协调国内外各种关系,这些因素都是企业生产经营必不可少的环境条件。②购买者和供应者。购买者包括消费者和推销商,他们是企业产品(或服务)的直接承受者,是企业产品实现价值的基本条件。③贷款人。贷款人与投资者一道,向企业提供资金,但与投资者不同的是,企业以偿付贷款本金和利息的方式给予贷款人回报。

2.【答案】

(1)产品A属于明星产品,市场增长率高,市场占有率也高。产品B属于瘦狗产品,市场增长率低,市场占有率低。产品C属于问题产品,市场增长率高,市场占有率低。产品D属于现金牛产品,市场增长率低,市场占有率高。

(2)对这一象限内的大多数产品,市场增长率的下跌已成不可阻挡之势,因此可采用收获战略,即所投入资源以达到短期收益最大化为限。①把设备投资和其他投资尽量压缩;②采用榨油式方法,争取在短时间内获取更多利润,为其他产品提供资金。对于这一象限内的市场增长率仍有所增长的业务,应进一步进行市场细分,维持现存市场增长率或延缓其下降速度。

3.【答案】

(1)天幕公司最初采用的竞争战略是成本领先战略。

采取成本领先战略的风险:

①技术的变化可能使过去用于降低成本的投资(如扩大规模、工艺革新等)与积累的经验一笔勾销。

②产业的新加入者或追随者通过模仿或者以高技术水平设施的投资能力,用较低的成本进行学习。

③市场需求从注重价格转向注重产品的品牌形象,使得企业原有的优势变为劣势。

(2)改变后,该公司采取的战略是差异化战略。

采用差异化战略的优势,主要表现在以下几方面:

①形成进入障碍。由于产品的特色,顾客对该产品或服务具有很高的忠实程度,从而使该产品和服务具有强有力的进入障碍。潜在的进入者要与该企业竞争,则需要克服这种产品的独特性。

②降低顾客敏感程度。由于顾客对企业产品和服务有某种程度的忠实性,当这种产品价格发生变化时,顾客对价格的敏感程度不高。生产该产品的企业便可以运用差异化战略,在产业的竞争中形成一个隔离地带,避免竞争的侵害。

③增强讨价还价能力。差异化战略可以为企业产生较高的边际收益,降低企业的总成本,增强企业对付供应者讨价还价的能力。同时,由于购买者无其他选择,对价格的敏感程度又低,企业可以运用这一战略削弱购买者讨价还价能力。

④防止替代品威胁。替代品能否替代老产品,主要取决于两种产品的性能—价格比的比较。差异化战略通过提高产品的性能来提高产品的性能—价格比,可以抵御替代品的威胁。

# 三、模拟试题（二）

## 一、单项选择题

1. 【答案】D

   【解析】选项A属于影响产业进入障碍的资金需求；选项B属于影响产业进入障碍的政府政策；选项C，属于战略群组的移动障碍，即一个战略群组转向另一个战略群组的障碍，属于丙公司在评估面临的进入障碍时，应当考虑的因素；选项D影响的是供应商的讨价还价的能力，所以，选项D错误。

2. 【答案】A

   【解析】市场渗透——现有产品和现有市场。这种战略强调发展单一产品，试图通过更强的营销手段获得更大的市场占有率。

3. 【答案】A

   【解析】相关多元化也称同心多元化，是指企业以现有业务为基础进入相关产业或市场的战略。相关多元化的相关性可以是产品、生产技术、管理技能、营销技能以及用户等方面的类似。

4. 【答案】D

   【解析】战略联盟的常见形式有合营企业、特许经营和OEM。只有选项D正确。

5. 【答案】C

   【解析】本题考核的是企业的使命和目标的层级结构关系。企业使命是企业在社会经济的整体发展方向中所担当的角色和责任，也是企业的根本任务或其存在理由。一般来说，绝大多数企业的使命是高度概括和抽象的，企业使命不是对企业经营活动具体结果的表述，而是企业开展活动方向、原则和哲学。选项A、D属于执行计划/预算（即策略范畴）；选项B属于企业目标；选项C属于企业使命。

6. 【答案】B

   【解析】过程控制确保系统按规定对数据进行处理，包括：能够对经济业务进行正常处理；业务数据在处理过程中没有丢失、增加、重复或不恰当的改变；处理中错误能够发现并得到及时更正。该信息系统的控制类别属于应用控制中的过程控制。

7. 【答案】B

   【解析】全球化战略的特点：(1)企业根据最大限度地获取低成本竞争优势的目标来规划其全部的经营活动，它们将研究与开发、生产、营销等活动按照成本最低原则分散在少数几个最有利的地点来完成，但产品和其他功能则采取标准化和统一化以节约成本；(2)全球化战略更加集权，强调由母国总部控制。不同国家的战略业务单元相互依存，而总部试图将这些业务单元整合；(3)全球化战略对本地市场的反应相对迟钝，并且由于企业需要跨越国界的协调战略和业务决策，所以难以管理。

8. 【答案】D

【解析】竞争对手时常更换、产业已进入成熟期和产业进入障碍低而退出障碍高均属于加剧产业竞争的主要因素；企业拥有稀缺资源会缓解产业竞争。

9. 【答案】B

【解析】集中化战略是针对某一特定购买群体、产品细分市场或区域市场，采用成本领先或产品差异化以获取竞争优势的战略。

10. 【答案】A

【解析】具有路径依赖性的资源是指那些必须经过长期的积累才能获得的资源。题干中"每个分店都有一支长期训练有素的服务人员队伍，在客人就餐时熟练表演'街舞拉面'的技艺"。选项A正确。

11. 【答案】D

【解析】如果技术进步速度缓慢、市场增长率适中，并且新的市场进入者有很大的进入障碍，则企业内部研发是最佳选择。原因在于成功的研发能够为企业带来可以利用的、暂时性的产品或流程垄断。

12. 【答案】D

【解析】本题考核的是风险应对策略的类型。选项A、B属于风险补偿；选项C属于风险控制；选项D属于风险转移。

13. 【答案】B

【解析】公司宗旨旨在阐述公司长期的战略意向，其具体内容主要说明公司目前和未来所从事的经营业务范围。"致力于把数字科技带入每个人、每个家庭、每个组织，构建万物互联的智能世界"属于公司宗旨。

14. 【答案】D

【解析】该产业属于零散产业，零散产业的战略选择有三类：克服零散（获得成本优势），增加附加价值（提高产品差异化程度），专门化（目标集聚）。选项D是新兴产业的竞争战略。

15. 【答案】A

【解析】本题考核的是竞争战略的选择。成本领先战略适用于市场中存在大量的价格敏感用户、产品难以实现差异化以及购买者不太关注品牌的情形。

16. 【答案】A

【解析】采购管理，指采购企业所需投入品的职能，而不是被采购品的投入品本身。这里的采购是广义的，既包括生产原材料的采购，又包括其他资源投入的管理。

17. 【答案】C

【解析】处于导入阶段的企业，尽量使用权益筹资，避免债务筹资，一般不支付股利。

18. 【答案】C

【解析】合规性风险是指不符合法律或法规要求的风险。操作风险是指由于员工、过程、基础设施或技术或对运作有影响的类似因素（包括欺诈活动）的失误而导致亏损的风险。

19. 【答案】C

【解析】本题考核的是发展战略的类型。选项A属于密集型发展战略中的市场渗透战略；选项B属于密集型发展战略中的市场开发战略；选项C属于多元化战略中的相关多元化战略；选项D属于密集型发展战略中的产品开发战略。

20.【答案】D

【解析】技术的发展使得人们的生活水平发生改变，属于技术环境的影响，所以选项D正确。

21.【答案】D

【解析】五力模型的局限性：(1)分析模型基本上是静态的。(2)能够确定行业的赢利能力，但是对于非营利机构，有关获利能力的假设可能是错误的。(3)基于这样的假设：即一旦进行了这种分析，企业就可以制定企业战略来处理分析结果。这只是一种理想的方式。(4)假设战略制定者可以了解整个行业(包括所有潜在的进入者和替代品)的信息。这个假设在现实中不存在。对任何企业来说，制定战略时掌握整个行业的信息既不可能也无必要。(5)低估了企业与供应商、客户或分销商、合资企业之间可能建立长期合作关系以消除替代品的威胁的可能性。在现实中的商业世界中，同行之间，企业与上下游企业之间不一定完全是你死我活的关系。强强联手，或强弱联手，有时可以创造更大的价值。

22.【答案】BCD

【解析】收割战略主要是为了获得短期收益，目标是在短期内尽可能地得到最大限度的现金收入。对处境不佳的"现金牛"类业务及没有发展前途的"问题"类业务和"瘦狗"类业务应视具体情况采取这种策略。

23.【答案】A

【解析】并购交易的执行与相关会计记录是不相容岗位，但是并购合同协议的订立与相关会计记录相容，可以由同一人执行。

24.【答案】B

【解析】风险转移是将风险转移给另一家企业、公司或机构。甲公司将应收款项出售给乙公司，应对此项信用风险的策略属于风险转移。

## 二、多项选择题

1.【答案】AC

【解析】针对A市的年轻白领，所以考虑了地理细分、人口细分。

2.【答案】AC

【解析】双方都是化肥厂，属于横向并购；双方经协商完成合并，属于友善并购。

3.【答案】ABD

【解析】本题考核"宏观环境分析"。国家出台"二孩"政策，该公司根据政策出台预测其产品需求会增长，属于宏观环境分析中的政治和法律环境对企业的影响。"采用新智能技术实现产品升级"体现的是技术环境。

4.【答案】AC

【解析】对于增值型现金短缺业务单位，首先应判明这种高速增长是暂时性的还是长期性的。如果高速增长是暂时的,企业应通过借款来筹集所需资金,等到销售增长率下降后企业会有多余现金归还借款。如果预计这种情况会持续较长时间,不能用短期周转借款来解决,则企业必须采取战略性措施解决资金短缺问题。长期性高速增长的资金问题有两种解决途径:一是提高可持续增长率,使之向销售增长率靠拢;二是增加权益资本,提供增长所需的资金。不管增长是暂时性的还是长期性的,由于企业目前处于现金短缺的状况,应该首先提高可持续增长率来缓解现金短缺。所以,选项A正确。对于增值型现金剩余业务单位,应首先选择加速增长,充分利用剩余现金,所以,选项B错误。对于减损型现金剩余业务单位,其存在的主要问题是盈利能力差,而不是增长率低,简单的加速增长很可能是有害无益的,应首先选择提高投资资本回报率或降低资本成本的途径,使得投资资本回报率超过资本成本。所以,选项C正确。对于减损型现金短缺业务单位,应选择彻底重组。所以,选项D错误。

5. 【答案】ABC
【解析】新兴产业常见的早期进入障碍有:①专有技术;②获得分销渠道;③得到适当成本和质量的原材料和其他投入(如熟练劳动力);④经验造成的成本优势;⑤风险。

6. 【答案】BCD
【解析】在处理变革的阻力时,管理层应当考虑变革的三个方面:变革的节奏、变革的管理方式和变革的范围。选项B、C、D正确。

7. 【答案】ABCD
【解析】应当设法筹资以支持高增长,创造更多的市场增加值。即通过外部筹资或盘活现有资金来支持高增长。

8. 【答案】ABCD
【解析】在石油开采中,公司采用三维地理探测技术,避免了对地表雨林植被的破坏,保护了生物的多样性;通过设立公共基金,救助了400多名当地身患血液病的儿童,在投资目的国关注社会问题,保护当地环境,投身公益事业,创造友好和谐的投资外部环境,有利于降低政治风险。所以,选项A、D正确。购买关于防御政治风险的保险,把被保险人的政治风险转移给保险人,从而减小损失。随着产品市场和单个国家经济全球化进程的发展,要求提供减少政治风险机制的需求日益增强,一些国际组织、单个国家政府以及私营保险公司现在都可以提供政治风险的承保业务。所以,选项B正确。在具体的政治风险评估方式中,除了应该密切关注一些国际知名风险测评机构公布的主权评级和国家风险指数之外,建立一套针对苏丹投资的风险评估机制有助于降低政治风险。所以,选项C正确。

9. 【答案】BCD
【解析】总体战略是根据企业的目标,选择企业可以竞争的经营领域,合理配置企业经营所必需的资源,使各项经营业务相互支持、相互协调。该集团进军电子金融领域表明该集团选择了新的业务领域,所以属于总体战略。

10. 【答案】ABC
【解析】进入航空业需要大量的资本投入,表明航空业进入壁垒高,有助于保护现有航空公司获取行业竞争优势,即对现有航空公司获取行业竞争优势产生有利影响,所以,选项 A 正确。航空公司实行里程累积计划表明消费者的转换成本高,高额的飞行员和技师培训费用表明航空业需要大量资本金投入,这都阻止新进入者的威胁,导致行业竞争程度减弱,对现有航空公司获取行业竞争优势产生有利影响,所以,选项 B、C 正确。目前生产大型商用飞机的公司主要有波音和空中客车两家公司,表明航空业供应商的议价能力强,对现有航空公司获取行业竞争优势产生不利影响,所以,选项 D 错误。

11.【答案】BC

【解析】作为有机蔬菜生产商,绿色蔬菜生产商首先体现的是替代品的威胁。其次,绿色蔬菜生产商也可以进入有机蔬菜产业,因此属于潜在进入者的威胁。

12.【答案】ABCD

【解析】在成长期,顾客对产品已经熟悉,大量的新顾客开始购买,市场逐步扩大。企业的销售额迅速上升,利润也迅速增长,选项 A、C 正确。成长期产品的可靠性、质量、技术性能和设计产生差异,所以,选项 B 正确。成长期的战略目标是市场扩张,路径是市场营销,所以,选项 D 正确。

13.【答案】ABCD

【解析】全球化战略是向全世界的市场推销标准化的产品和服务,并在较有利的国家集中地进行生产经营活动,由此形成经验曲线和规模经济效益,以获得高额利润。从优势的角度看,全球产品分部结构的好处是获得了更高的全球效率。全球产品分部结构最大的弱点是,随着时间的推移,下属公司越来越形成对母公司的依赖,母公司与下属公司的互动缺乏创造力,从而导致公司对市场的反应能力的限制。

14.【答案】BC

【解析】战略控制方法包括预算控制、企业业绩衡量指标、平衡计分卡的业绩衡量方法和统计分析与专题报告。所以,选项 B、C 正确。

## 三、简答题

1.【答案】

波特五力模型在分析企业面临的外部环境时是有效的,但它也存在着局限性,包括:

(1)该分析模型基本上是静态的。然而,现实中竞争环境始终在变化。这些变化可能从高变低,也可能从低变高,其变化速度比模型所显示的要快得多。

(2)能够确定行业的获利能力,但是对于非营利机构,有关获利能力的假设可能是错误的。

(3)基于这样的假设:即一旦进行了这种分析,企业就可以制定企业战略来处理分析结果。这只是一种理想的方式。

(4)假设战略制定者可以了解整个行业(包括所有潜在的进入者和替代品)的信息。这个假设在现实中不存在。对任何企业来说,在制定战略时掌握整个行业的信息既不可能也无必要。

(5)低估了企业与供应商、客户或分销商、合资企业之间可能建立长期合作关系以消除替代品的威胁的可能性。在现实中的商业世界中,同行之间,企业与上下游企业之间不一定完全是你死我活的关系。强强联手,或强弱联手,有时可以创造更大的价值。

2.【答案】

(1)收缩战略(转向战略)理由:通过以销定产的方式重新定位或调整现有的产品。

(2)收缩战略(转向战略)理由:通过高级管理人员减薪方式削减人工成本。

(3)收缩战略(转向战略)理由:通过大幅度降价方式调整营销策略。

(4)收缩战略(放弃战略)理由:通过关店或特许经营方式减少亏损。

(5)属于多元化战略(相关多元化)理由:以现有业务和市场为基地,进入全新的电子商务领域和其他高档服装品牌的独家销售权市场。

(6)属于成长型战略中密集型战略(市场渗透战略和新产品开发战略)理由:为满足现有消费者健身着装的个性化需求,利用现有设计、研发等优势,提供运动服装个性化定制服务。

3.【答案】

(1)由于该公司推出新型红酒后,最初销售状况良好。但随着市场环境发生改变,企业面对的现实市场状况与最初的预测开始产生越来越大的差距,战略所依据的基础就显得越来越糟,从而使失效率大为提高,这属于战略失效中的晚期失效。失效的主要原因是企业外部环境发生了较大变化,而现有战略一时难以适应。

(2)由于该产品推向邻国后,在邻国市场上取得良好的业绩,销售增长率显著提高,不过相对市场占有率较低,有待进一步提高,由此可以判断属于波士顿矩阵中"问题"产品。

(3)渗透定价法是指在新产品投放市场时确定一个非常低的价格,以便抢占销售渠道和消费者全体,从而使竞争者较难进入市场。该公司从红酒定价入手,确定了一个很低的市场价格,几年之后逐步占领了市场,说明采用的是渗透定价法。

4.【答案】

(1)战略变革的时机可分为三类:

①提前性变革:这是一种及时发生的变革。当管理者能及时预测未来的危机或对业务的威胁,提前进行必要的变革。

②反应性变革:这发生于当企业已存在有形的危机或威胁当中,并为企业带来不利影响,如利润率或市场份额下降等。

③危机性变革:这发生于当企业出现根本性危机或威胁,在不变革的情况下将使得企业面临倒闭或破产。例如,政府突然改变政策而对企业产生严重不利影响。这是一种被迫性的变革。

由于乙公司正意识到导致企业在总体市场份额和利润率下降的种种迹象,而决定作出反应,进行战略变革。这属于反应性变革。

(2)乙公司正面对的挑战包括:

①高生产成本,比同业高约5%。

②在某些市场中未能满足顾客的需要,例如:全脂成人奶粉与某些市场兴起的"以瘦为美"文化互相抵触。

③市场竞争力开始减弱。

面对挑战,乙公司可采用竞争战略中的成本领先或差异化战略,以获得竞争优势。

①成本领先战略就是通过规模经济或改善生产技术来降低生产成本,超越同业的竞争者。

现在乙公司以劳动密集型的生产模式运作,加上厂房,在英国劳动成本很高,乙公司可考虑以技术改善生产过程,由目前的劳动为主的方式转为系统化生产或分散部分生产线到成本较低的国家。

②差异化战略是通过与竞争者存在差异来获得优势。

乙公司可以通过增加其产品的多样化,包括提供不同类型的成人奶粉供消费者选择,如不同的口味(如草莓、巧克力)的奶粉或低脂奶粉,或以其他品牌推出同类产品。

(3)利用"区域事业部制"组织结构可使乙公司实现更好更快的地区决策,为海外业务的环境变化作出及时反应,并进行有效管理。与一切皆由总部来运作相比,更可以削减营销员工长期出差的成本。

乙公司可按销售区或国家地区来进行划分,如分为北美、东南亚及欧洲等国家来管理,如有需要,可再进行进一步的细分。

# 【参考文献】

[1] 汤普森,等.战略管理:获取竞争优势[M].蓝海林,等译.北京:机械工业出版社,2006.
[2] 张玉杰.公司战略:谋划与执行[M].北京:企业管理出版社,2012.
[3] 希特,等.战略管理:概念与案例(第8版)[M].吕巍,译.北京:中国人民大学出版社,2009.
[4] 罗宾斯,等.管理学(第11版)[M].李原,等译.北京:中国人民大学出版社,2012.
[5] 吴泗宗.市场营销学[M].2版.北京:清华大学出版社,2005.
[6] 中国注册会计师协会.公司战略与风险管理[M].北京:经济科学出版社,2013.
[7] 刘志海,李松玉.管理中的小故事与大道理[M].北京:人民邮电出版社,2006.
[8] 波特.竞争优势[M].陈小悦,译.北京:华夏出版社,1997.
[9] 郭毅,李玉刚.战略管理案例[M].北京:清华大学出版社,2005.
[10] 黄旭.战略管理:思维与要径[M].北京:机械工业出版社,2007.
[11] 周三多.管理学[M].2版.北京:高等教育出版社,2005.
[12] 戴维.战略管理(第10版)[M].李克宁,译.北京:经济科学出版社,2006.
[13] 希尔,等.战略管理(第7版)[M].孙忠,译.北京:中国市场出版社,2008.
[14] 明茨伯格.公司战略计划[M].张艳,等译.昆明:云南大学出版社,2002.
[15] 张秀霞,李岩,龚玲玲.风险管理[M].大连:大连理工大学出版社,2011.
[16] 科罗赫,等.风险管理[M].曾刚,等译.北京:中国财政经济出版社,2005.
[17] 顾孟迪,雷鹏.风险管理[M].北京:清华大学出版社,2005.
[18] 王健康.风险管理原理与实务操作[M].北京:电子工业出版社,2008.
[19] 财政部会计资格评价中心.高级会计实务[M].北京:经济科学出版社,2021.